石宙善紀念博物館 出土服飾 9

전주이씨 탐릉군 耽陵君 이변 李忭 묘 출토복식

1636-1731

석주선기념박물관 편
단국대학교출판부

일러두기

1. 이 책은 단국대학교 석주선기념박물관 민속·복식 분야 제42회 특별전(2023.05.19~07.21)의 전시 도록입니다.

2. 도판과 실측도의 순서는 유물의 종류순으로 구성하였습니다.

3. 유물의 크기는 ㎝ 단위로 하였습니다.

치 례

발간사

제42회 단국대학교 석주선기념박물관 출토 복식 특별전 "용인 사람, 탐릉군의 패션'展의 개최를 진심으로 축하합니다.

우리 석주선기념박물관은 아시는 것처럼 한국 출토 복식 연구를 개척하고 선도적으로 이끌어 왔습니다. 1978년 출토 복식 발굴 조사를 시작으로 국내에서 최초로 출토 복식에 대한 본격적인 조사와 연구를 시작했습니다. 1983년 한국 복식 관련 전문 학술지인『한국복식』을 창간하고 제1회 국제 학술제를 개최한 이후 지금까지 약 40년 동안 전통 복식의 발굴과 연구, 전시를 통해 학계는 물론 대학과 사회에 봉사해 왔습니다.

이 도록은 1981년 조선 왕실의 종친으로 대대로 용인에 살았던 탐릉군(耽陵君) 이변(李忭, 1636.5.13~1731.6.30)의 무덤에서 출토된 유물에 관한 연구 성과를 수록하였습니다. 발굴 당시에도 이 유물에 대한 학술 연구와 전시가 있었습니다. 올해 다시 이 유물에 대한 학술 연구 발표와 전시를 개최하는 것은 지난 40여 년 동안 쌓아온 한국 전통 복식에 대한 학술적 연구 성과를 토대로 깊이 있는 조사와 새로운 시각을 통해 출토 복식 중 명품이라 할 수 있는 탐릉군 유물을 다시 보기 위한 것이라 하겠습니다.

지난 시기의 성과를 묻어 두지 않고 오늘의 관점으로 다시 살피고 연구해 관람자와 연구자들에게 새롭게 제시하여 과거를 통해 새로운 문화 발전에 기여하는 우리 박물관을 자랑스럽게 생각합니다.

끝으로 소중한 유물을 우리 대학에 기증해 주신 전주이씨 순화군파 종친과 어려운 여건 속에서도 출토 유물을 수습하고 연구해 오늘 우리에게 전해주신 故 석주선 박사께 다시 한번 존경의 인사를 전합니다. 또한 특별전 도록이 발간되기까지 수고를 아끼지 않은 석주선기념박물관 관장님을 비롯한 박물관 관계자 여러분들에게 감사와 치하를 드립니다.

2023년 5월

단국대학교 총장 김 수 복

인사말

단국대학교 석주선기념박물관은 신록의 빛깔이 절경을 이루는 5월을 맞이하여 민속·복식 분야 제42회 특별전 '용인 사람, 탐릉군의 패션'展을 개최합니다. 경기도와 용인시의 "2023년 박물관·미술관 지원사업"으로 진행되는 이번 전시는 조선 왕실의 종친으로 용인에 세거하였던 탐릉군(耽陵君) 이번(李竷)의 무덤에서 출토된 복식 유물을 새롭게 공개하는 자리입니다.

탐릉군은 선조(宣祖, 1552~1608)의 증손(曾孫)으로 해안군(海安君, 1613~1655) 억(億)과 경주이씨 사이에서 2남으로 태어났습니다.

탐릉군은 높은 인재(人才)로 국가 대사(大事)에 자문을 하였다고 알려져 있는데, 현종부터 영조에 이르기까지 4대에 걸쳐 벼슬을 하였고, 도총부부총관(都摠府副摠管)을 끝으로 관직에서 물러나 96세로 사망하였습니다. 탐릉군은 탐계군(耽溪君) 이면(李冕)과 함께 어머니를 모시고 용인시 처인구 김량장동 오리골로 흩어져 자리를 잡음으로써 각기 집성촌을 이루었고, 탐릉군을 비롯한 일가의 묘소가 경기도 용인시 김량장동 별학원(別鶴原)에 자리하게 되었습니다.

탐릉군 묘 출토 복식은 1981년 6월 11일 탐릉군을 위시한 20여 기의 이씨 종중 묘를 이장하는 과정에서 확인되어 석주선 관장님에 의해 일괄 발굴 수습 조사되었습니다. 출토된 복식 유물은 1982년 석주선기념민속박물관 개관 1주년을 기념하는 제2회 수의 특별전에 일부를 공개하였으나, 당시에는 모든 유물의 보존처리가 이루어지지 않아 일부만 전시하는 데에 그쳤습니다. 그동안 우리 박물관은 유물의 보관뿐 아니라 보존처리와 복원 사업들을 진행하였고, 그 결과로 탐릉군묘 출토 복식 전체를 40여 년 만에 공개하게 되었습니다. 이번 특별전은 17~18세기 왕실 종친의 복식 문화를 살펴보는 동시에 300여 년 전 용인에 살았던 용인 사람, 탐릉군과 전주이씨들의 삶이 재조명되는 기회가 될 것입니다.

이번 전시회가 무사히 개최될 수 있도록 많은 도움을 주신 경기도와 용인시청 관계자 여러분, 그리고 항상 각별한 관심과 지원을 아끼지 않으시는 단국대학교 장호성 이사장님과 김수복 총장님께 감사의 말씀을 올립니다. 아울러 전시와 도록 발간을 위해 노력한 학교 및 박물관 직원 여러분들에게 감사의 인사를 전합니다.

끝으로 우리 단국대학교 석주선기념박물관이 지역 사회와 연계한 다양한 역사문화 콘텐츠를 발굴하고, 시민의 문화 향유권 증진을 위한 노력을 지속함으로써 사회에 공헌하는 결실을 맺어 나아갈 수 있도록 많은 관심과 성원을 부탁드립니다.

2023년 5월

단국대학교 석주선기념박물관장 **이 종 수**

축사

단국대학교 석주선기념박물관은 우리나라 복식 연구의 선구자인 석주선 선생님의 명성을 이어받아 꾸준히 활동함으로써 국내 복식 연구에 있어 명실공히 가장 뛰어난 업적을 쌓고 있습니다. 특히 40년 넘게 이어진 출토 복식 특별전은 단국대학교의 전통이 되었고, 단국대학교를 품은 용인시는 그 혜택을 온전히 누리고 있습니다. 시민의 한 사람으로서 참으로 감사한 마음을 가지고 있습니다.

올해는 특별히 용인 출토 복식에 대한 특별전을 연다는 반가운 소식을 들었습니다. 민속·복식 분야 제42회 특별전 및 학술대회는 '용인 사람, 탐릉군(1636~1731)의 패션'이라는 주제를 다룹니다. 조선 제14대 왕 선조의 증손인 탐릉군 이변은 병자호란이 발발한 1636년(인조 14)에 태어나 1731년(영조 7)까지 96년이라는 긴 삶 속에서 6명의 임금을 보았으며, 그의 형 탐계군과 함께 용인시 김량장동 오리골(현 중앙동 행정복지센터 일원)에 살다가 영면하였습니다. 그로부터 용인시 김량장동에 전주이씨 집성촌이 형성되었습니다.

사후 250년이 지난 1981년 국도 42호선 공사 시행을 위한 토목공사 중 탐릉군 묘를 비롯한 20여 구의 전주이씨 종중 묘가 확인되었는데 탐릉군 관 내에서 66점의 의류와 명정이 출토되었습니다. 다행히 석주선 선생님의 수습으로 오늘날 우리가 귀한 유물을 마주할 수 있다는 사실에 놀랍고 감사할 따름입니다.

탐릉군 묘의 조사 이후 또 42년이라는 세월이 흘렀고, 단국대학교 석주선기념박물관은 용인 시민들이 탐릉군의 패션을 다시금 음미할 수 있는 기회를 마련해 주셨습니다. 탐릉군은 왕족의 일원으로 분묘에 매장된 옷들은 18세기의 최상품 의복에 해당하여 비단과 명주만으로 조성되었다고 하니 조선시대의 명품 컬렉션이라 할 수 있겠습니다.

흔히 볼 수 없는 조선 왕가의 명품 복식을 감상할 수 있도록 특별전과 학술대회를 열어주신 김수복 총장님과 이종수 박물관장님을 비롯한 관계자 여러분께 고마운 마음을 전합니다. 단국대학교의 노력과 열정으로 전통 복식이 현대적 의미로 재탄생하고 새로운 패션산업으로 확대되길 기원합니다. 감사합니다.

2023년 5월

용인특례시장 **이 상 일**

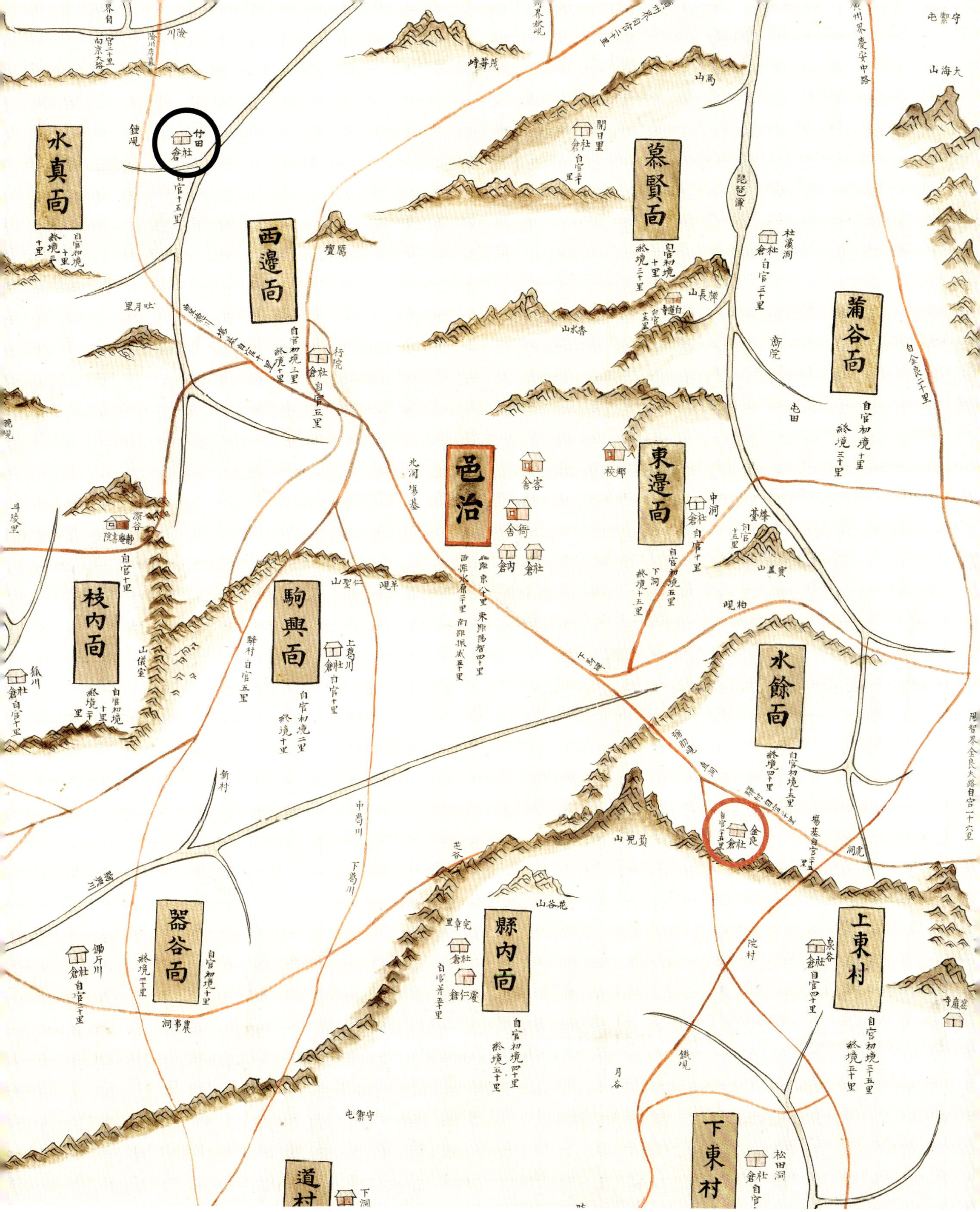

1872년 경기도 용인의 모습,『용인현지도』, 규장각 한국학연구원 소장.

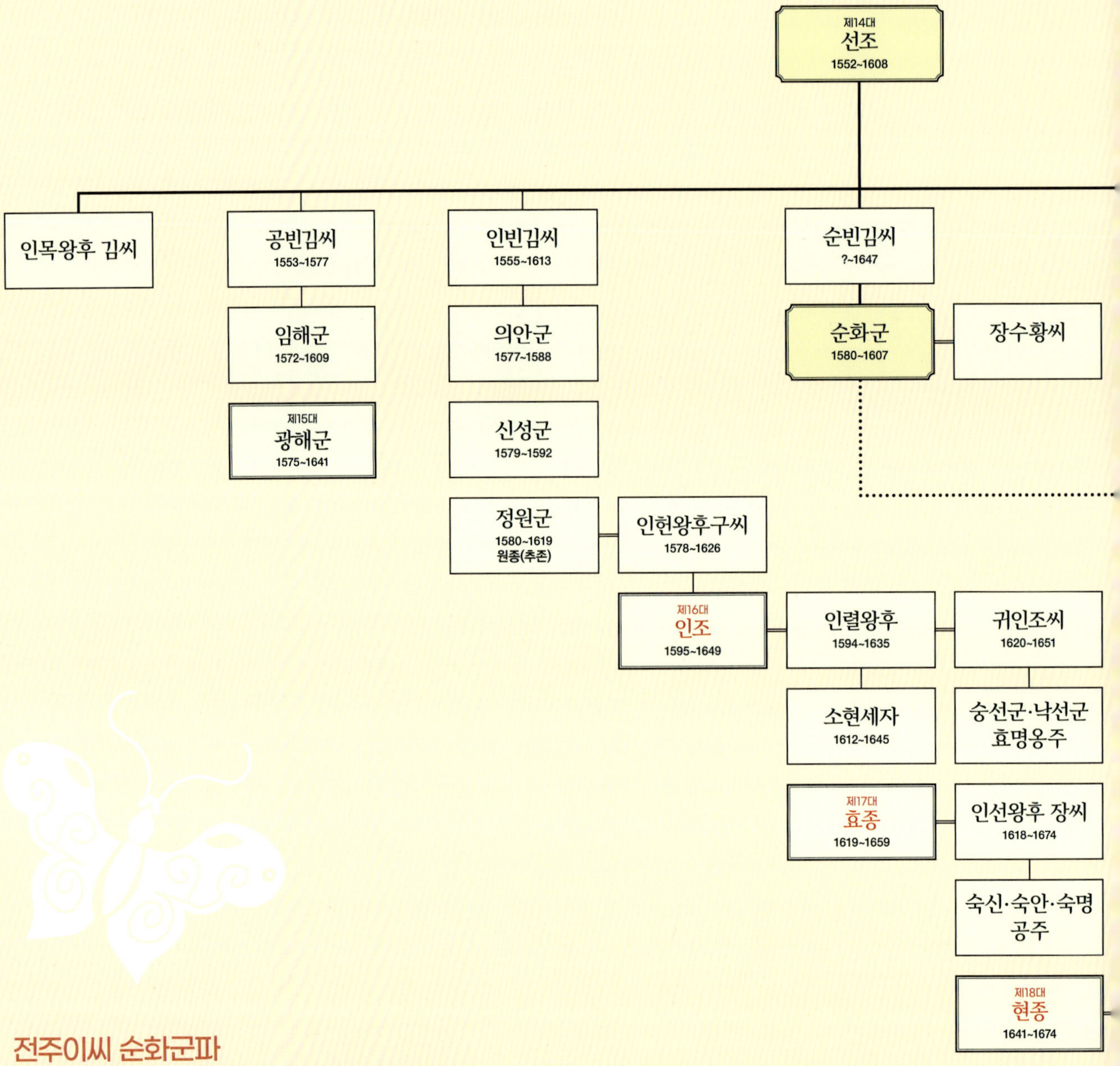

전주이씨 순화군파

탐릉군 이변의 가계

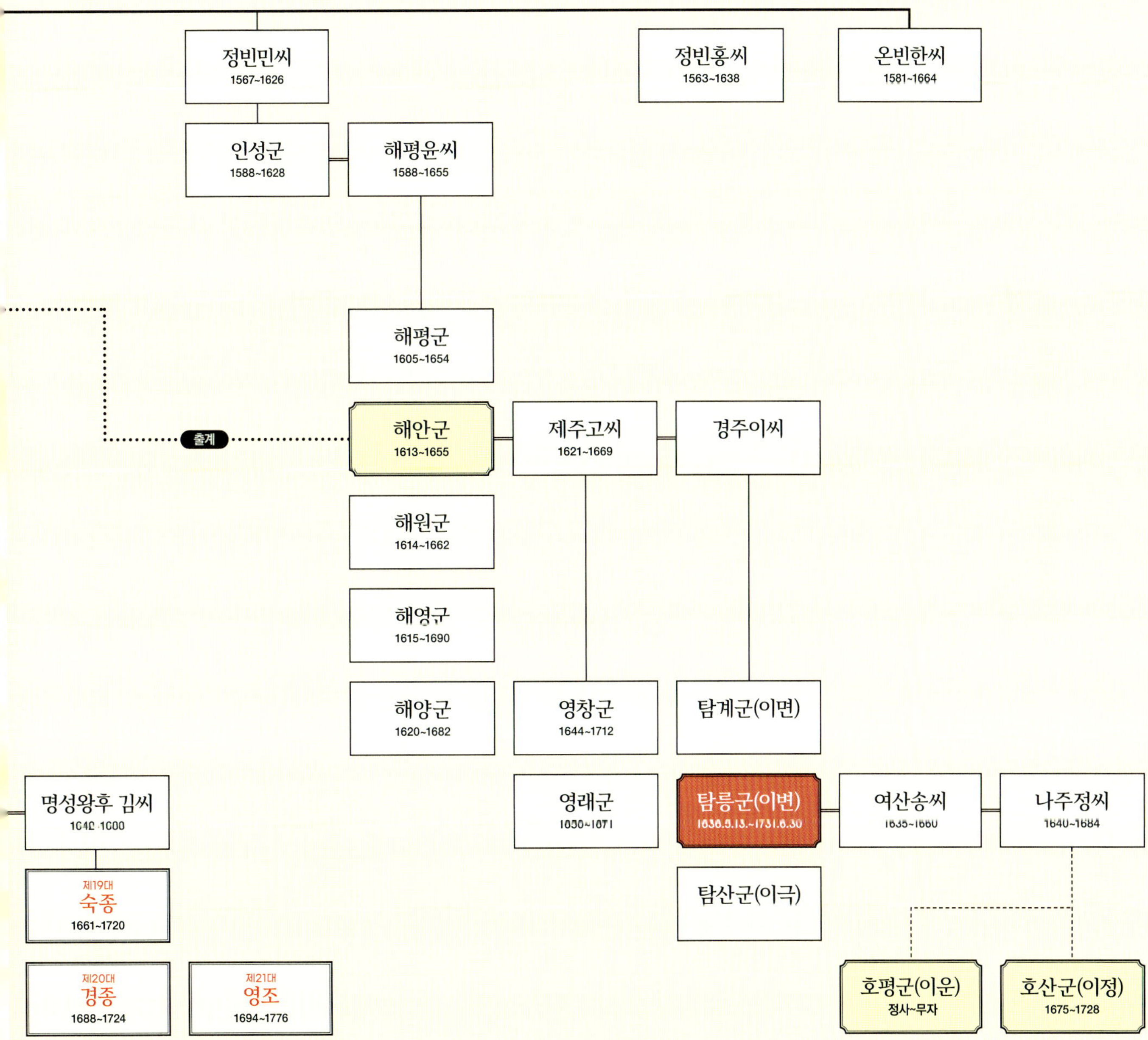
정빈민씨
1567~1626
정빈홍씨
1563~1638
온빈한씨
1581~1664
인성군
1588~1628
해평윤씨
1588~1655
해평군
1605~1654
출계
해안군
1613~1655
제주고씨
1621~1669
경주이씨
해원군
1614~1662
해영군
1615~1690
해양군
1620~1682
영창군
1644~1712
탐계군(이면)
명성왕후 김씨
영래군
탐릉군(이변)
1636.5.13.~1731.6.30
여산송씨
1635~1660
나주정씨
1640~1684
탐산군(이극)
제19대
숙종
1661~1720
제20대
경종
1688~1724
제21대
영조
1694~1776
호평군(이운)
정사~무자
호산군(이정)
1675~1728

용인 사람,

탐릉군의 패션

용인 김량장동 이변 묘 출토 복식

Fashion,
Prince Tamneung in Yongin (1636-1731)

I

탐릉군의 생애와 출토 경위

탐릉군 이변(李忭)의 가계

오호석 단국대학교 석주선기념박물관

탐릉군(耽陵君) 이변(李忭)은 자(字)는 명신(命新)이며, 호는 도성(濤聲)이다.

인조(仁祖) 14년(丙子, 1636) 5월 13일 태어났다. 조선 제14대 임금인 선조(宣祖, 1552~1608)의 증손(曾孫)으로 아버지는 해안군(海安君, 1613~1655) 억(億)이며, 어머니는 경주이씨이다.

해안군은 순화군(順和君, ?~1607) 보(玒)의 계자(繼子)가 되었는데, 생부(生父)는 선조와 정빈민씨(靜嬪閔氏, 1567~1626) 사이에서 태어난 인성군(仁城君, 1588~1628) 공(珙)이다. 1597년(선조 30) 12월에 인성군에 봉해졌으며, 1603년 의정부 좌참찬(議政府左參贊) 등을 역임한 윤승길(尹承吉, 1540~1616)의 딸과 혼인하였다. 1604년(선조 37)에 순화군, 의창군(義昌君, 1589~1645)과 함께 호성원종공신(扈聖原從功臣) 1등에 책록되었으며, 1608년 광해군 즉위 후에는 사옹원의 도제조를 맡기도 하였다. 1623년 인조반정 후 왕의 숙부로서 예우받았으나, 1624년 이괄(李适)의 난의 혐의를 뒤집어쓰고 강원도 간성과 원주에 유배되었으며, 이후 1628년 유효립(柳孝立) 등에 의해 왕으로 추대되었다고 하여 진도에 유배되었다가 죽었다.

해안군은 1627년(인조 5)에 해안정(海安正)에 봉해지고 그 뒤 군(君)으로 진봉되었으나, 1628년 어머니, 부인 군부인 해평윤씨와 형 해평군(海平君), 그리고 동생들인 해원군(海原君), 해령군(海寧君), 해양군(海陽君) 등과 함께 진도로 유배되었다가 1628년(인조 6) 6월 왕명에 의해

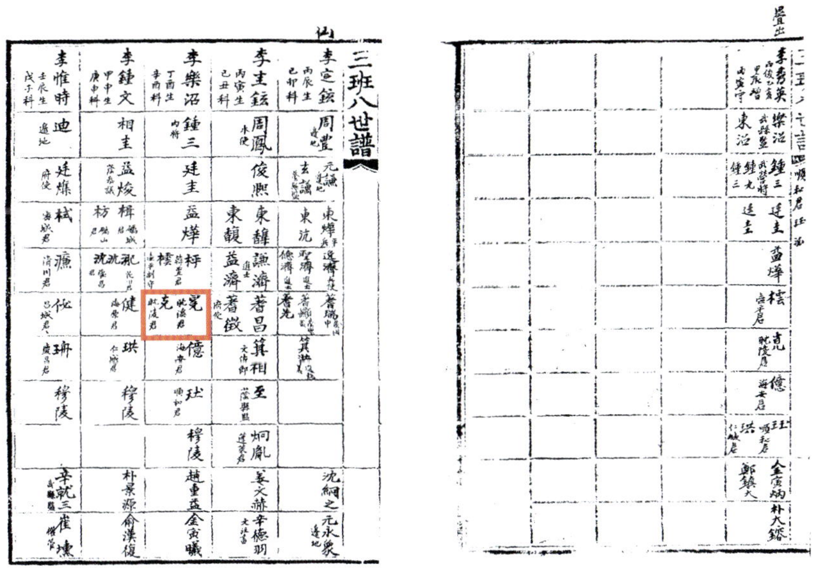

무보(武譜)에 기록된 탐릉군의 가계 (출처: 한국학디지털아카이브)

제주의 정의군(旌義郡)으로 유배지를 옮겼다. 1635년(인조 13) 8월에 군부인 해평윤씨와 해령군, 해양군은 특별 사면되어 한양으로 돌아갔으나, 해안군은 형 해평군과 3남 해원군과 함께 강원 양양으로 옮겨지게 되었다. 1636년(인조 14)에 병자호란이 일어나자 유배에서 풀리고 곧 복관되었다. 인조가 노성으로 돌아와 해안군에게 성혼(成婚)을 권하였으나 이미 제주 정의군에 유배돼 있을 때 경주이씨(慶州李氏)와 혼인하여 탐산군(耽山君), 탐계군(耽溪君), 탐릉군 3남과 2녀를 둔 처지라 다시 성취(成娶)할 수 없어 3년을 끌기도 하였다. 결국 8세 연하인 선교랑(宣敎郎) 고상의(高尙義)의 딸, 제주고씨와 혼인하여 다시 영창군(瀛昌君) 심(沈)·영래군(瀛萊君) 속(涑)과 3녀를 두었다.

이후 10년의 유배를 마치고 풀려났는데, 1655년(효종 6) 5월 18일에 향년 43세로 죽었으며, 시호는 정의(靖懿)이다.

이상에서 탐릉군은 선조의 제7 왕자인 인성군의 손자로서 선조 제6 왕자인 순화군(順和君, 1580~1607)으로 출계하였다. 순화군은 좌찬성 황혁(黃赫, 1551~1612)의 딸인 장수황씨를 부인으로 맞이하였으나 자식이 없이 사망하였고, 후사가 없어서 익성군(益城郡) 이향령(李享齡)의 아들 진릉군(晉陵君) 이태경(李泰慶, 1594~1612)을 후사(後嗣)로 삼았으나, 진릉군이 무옥(誣

獄) 사건으로 파양되어 이를 대신해 인성군의 차남인 해안군이 순화군의 후사를 잇게 되었다.

탐릉군은 찰방(察訪) 송영업(宋榮業, 1588~1650)의 딸인 여산송씨와의 사이에서 2남 3녀를 낳았는데, 아들은 호평군(壺平君) 이운(李櫄)과 호산군(壺山君) 이정(李檉)이며 딸은 각각 한석징(韓碩徵), 조하성(曺夏成), 남필량(南弼良)에게 출가하였다. 호평군은 남종만(南從萬)의 딸인 의령남씨와의 사이에서 충의위(忠毅尉) 익엽(益燁)을 낳았으며, 익엽은 구태징(具泰徵)의 딸인 능성구씨와의 사이에서 1남 2녀를 두었다. 호산군은 송남재(宋南載)의 딸 은진송씨 사이에서 1남 1녀를 두었는데, 아들은 익휘(益輝, 혹은 원휴元休)이며, 딸은 신석주(申錫周)에게 출가하였다. 되었다.

익휘는 조진걸(趙震傑)의 딸인 한양조씨와의 사이에서 1남을 낳았는데, 근규(根圭)이다. 익엽의 아들 정규(廷圭)는 조규익(趙圭益)의 딸인 한양조씨와의 사이에서 4남 2녀를 두었다. 정규의 가계는 장남 종일(鍾一)을 거쳐 학소(鶴沼)로 이어진다. 정규의 차남인 종삼(鍾三)은 조중익(趙重益)의 딸인 한양조씨와의 사이에서 낙소(樂沼), 창소(昌沼), 현소(賢沼), 동소(東沼) 등 4남과 2녀를 두었으며, 이들 가운데 동소는 정규의 4남 종구(鍾九)에게 출계(出繼)하였다.

탐릉군은 높은 인재(人才)로 국가 대사(大事)에 자문을 하였으며, 현종 때부터 영조 때에 이르기까지 4대에 걸쳐 벼슬을 하였고, 도총부부총관(都摠府副摠管)을 끝으로 관직에서 물러나 96세로 사망하였다.

해안군의 다섯 아들 가운데 영창군은 아버지의 대를 이어 남양주시 진접읍에 살았고, 영래군은 포천으로, 탐산군은 구리시로, 탐계군과 탐릉군은 용인시 처인구 김량장동 오리골로 흩어져 자리를 잡음으로써 각기 집성촌을 이루었다. 이 이에 해안군의 묘소는 경기도 남양주시 진접읍 접동 곤좌에 제주고씨와 합폄되었고, 경주이씨는 경기도 용인시 김량장동 별학원(別鶴原)에 자리하게 되었다.

朝鮮國中義大夫耽陵君兼五衛都摠府副摠管墓碑銘并序

曾經論陳主筆 一丁 李鎬應 撰
十代孫 李海星 謹書

公諱旵字命新 號濤聲 宣廟王子順和君諱玒之孫孝顯祿大夫海安君兼五衛都摠府副摠管諱晞妣郡夫人晉州柳氏永言女 公以仁祖十四年丙子(1636)五月十三日生于考之配所斯之以則 宣廟有十三王子第六曰順和君娶郡夫人長水黃氏左贊成赫女幷夭而無育 第七曰仁城君諱珙娶郡夫人海平尹氏領議政承吉女有五男二女男次乃公考海安君也 仁城君天姿魁偉每立朝班之上疑似天人下降百僚莫不仰視至 仁祖改玉人心未定陳勝吳廣之類逐波起伏而嘯其所標榜盖以仁城推載爲言反正朝功臣世稱疏魔李貴云者謀除仁城鱗次上疏劾之 仁祖每教下問李貴構誣光海妻侄柳孝立逆獄使嗾仁城矯誣大妃密旨謀復光海爲言得招以劾之 大妃驚駭且怒據下諺教以自明於是 仁祖事于慈殿明知誣招而曲從遷仁城干珍島而賜死其配郡夫人興海安七男妹追流干耽羅國島然而 仁祖深知仁城之無幸每當國家慶慽輒下仁城諸子放還命而每觸權臣李貴之諫阻還收放還命以至五箇星霜會有島民晉州柳氏家通婚以海安自以爲罪人舜之郡夫人尹氏强之曰汝 兄既至癈人次則汝也 放還無期光陰不停汝欲斷 先王之遺孽乎海安無乃泣從連生二男長冕次公放還後又生一男克也 追流後八年乙亥(1695)九月始有量移襄陽之命隨金吾吏而歷全南忠淸江原三道二十六官行水陸一千三百里丙子(1696) 正月二十六日纔到襄陽配所是歲臘月有胡報丁丑(1697)正月傳聞放還命而發程追流後十年事也 三月十日入京 上宣召醞而慰之命雪寃仁城而復爵并授諸子之職億海安君也 仍命婚娶兼有給其儒而之典 海安諸男妹即時應命嫁娶而柔海安既有所娶有二子猶豫六年中數有 上之議婚下問無乃娶郡夫人濟州高氏以此公之家得抑屈之一名久後 上傳聞海安之前娶與有三子各授職而慰之漸陞階以封君公耽陵君也 白此海安待奉偏親昆季 堂金玉相㖟安過卄年命途多舛郡大人海平尹氏奄忽素孝海安以 孝傷孝際有 孝宗命海安出系順和後乃順和君歿後四十九年事也 以此海安哀毁無境至生妣海平尹氏發靷扶轝泣血痛哭而氣絶轎載歸 第而不起公之十男妹繼續順和君家此是公之配所禀生與其考海安一世之大概也 噫公之天恣習行右乎諸子 及長城孝兩堂餘力學問豪俠之風能鎭鄕曲雲漢之 章威壓杏壇既立朝以孝移忠以文會友愛君以誠率僚以德在廟堂之上則憂其民遊江湖之遠則憂其君一出一入無爲而自適 顯廟器重之凡於軍國大事必以諮之以此自堂于至英祖歷事四朝官至都摠府副摠管克其人臣之榮因老患而歿乃 英祖七年辛亥(1731)六月三十日事

亨年九十六龍仁治金良別鶴原公之藏也 配郡夫人礪山宋氏榮業女生于 仁祖十三年乙亥(1635)二月十五日 歿于 顯宗元年庚子(1660)三月二十七日享年二十六 墓與公同原無育繼配郡夫人羅州丁氏一教女生于 仁祖十八年庚辰(1640)八月八日 歿于 肅宗十年甲子(1684)正月五日享年四十五 墓與公同原 有二男三女男壺平君檽 壺山君樫 女淸州韓碩徵 昌寧曺夏成 宜寧南弼良 壺平娶郡夫人同知宜寧南從萬女生一男 忠義尉益燁再娶郡夫人昌寧具尙夏女無育 壺山娶郡夫人恩津宋南載女生一男一女 男益煇 女平山申錫周 益燁娶綾城具泰徵女生一男二女 男延圭 女文化柳廷國 全州柳東源 益煇娶漢陽趙雲傑女生一男 根圭 廷九宜寧南有周 漢陽趙奎益 益鍾一娶彦陽金時喆女生一男鶴沼鍾三娶漢陽趙重益女生四男二女 男武科縣監樂沼 昌沼 賢沼 東沼出系季父鍾九後 女廷日 鄭煥台漢陽趙珉中鍾五娶淸州韓明鎬女無育 鍾九娶楊州許瓚女無育 以仲兄鍾三 第四子東沼爲後餘攷譜牒爲(虫+虽) 耳歲戊午秋公之九代孫日鎔和其族章鎔海星而奉公之行狀與家乘而見我乞幽(扌+虛)之文耳余(受+辛)之不得據實攷證而爲序因以銘之曰.

天將大任 那無試鍊 考譎十載 命稟八灘 神道至公 人法偏私 假借旣定 鹿馬易名 嘗膽有年 文鳴叔世 朝野咸頌 聲徹緯霄王克器之 位高八座 歷事五廟 恩深三生 仁壽九六 德何一二 馥馥斯澤 久或湮滅 嘉爾孝裔 獻玆淨財 乃樹斯石 命傳永劫

太祖開國紀元五百八十七戊午(1978) 月日立.

凡於軍國大事必以諮之以此自堂于至 英祖歷事四朝官至都摠府副摠管克其人臣之榮因老患而歿乃 英祖七年辛亥(1731)六月三十日事亨年九十六龍仁治金良別鶴原公之藏也 配郡夫人礪山宋氏榮業女生于 仁祖十三年乙亥(1635)二月十五日 歿于 顯宗元年庚子(1660)三月二十七日享年二十六 墓與公同原無育繼配郡夫人羅州丁氏一教女生于 仁祖十八年庚辰(1640)八月八日 歿于 肅宗十年甲子(1684)正月五日享年四十五 墓與公同原 有二男三女男壺平君檽 壺山君樫 女淸州韓碩徵 昌寧曺夏成 宜寧南弼良 壺平娶郡夫人同知宜寧南從萬女生一男 忠義尉益燁再娶郡夫人昌寧具尙夏女無育 壺山娶郡夫人恩津宋南載女生一男一女 男益煇 女平山申錫周 益燁娶綾城具泰徵女生一男二女 男延圭 女文化柳廷國 全州柳東源 益煇娶漢陽趙雲傑女生一男 根圭 廷九宜寧南有周 漢陽趙奎益 益鍾一娶彦陽金時喆女生一男鶴沼鍾三娶漢陽趙重益女生四男二女 男武科縣監樂沼 昌沼 賢沼 東沼出系季父鍾九後 女廷日 鄭煥台漢陽趙珉中鍾五娶淸州韓明鎬女無育 鍾九娶楊州許瓚女無育 以仲兄鍾三 第四子東沼爲後餘攷譜牒爲(虫+虽) 耳歲戊午秋公之九代孫日鎔和其族章鎔海星而奉公之行狀與家乘而見我乞幽(扌+虛)之文耳余(受+辛)之不得據實攷證而爲序因以銘之曰.

天將大任 那無試鍊 考譎十載 命稟八灘 神道至公 人法偏私 假借旣定 鹿馬易名 嘗膽有年 文鳴叔世 朝野咸頌 聲徹緯霄 王克器之 位高八座 歷事五廟 恩深三生 仁壽九六 德何一二 馥馥斯澤 久或湮滅 嘉爾孝裔 獻玆淨財 乃樹斯石 命傳永劫

太祖開國紀元五百八十七戊午(1978) 月日立.

1981년 6월 28일 이장 후 탐릉군 묘역의 모습

탐릉군 묘 발굴과 출토 복식의 수습

석주선[1]

국가에서 시행하는 지역개발 바람에 지난 1981년 6월 11일 경기도 용인군 김량장리 산에서 조선조 제14대 선조의 증손인 탐릉군(耽陵君)을 위시하여 20여 구(具)의 이씨 종중 묘를 이장하게 되었다. 용인군 공보실에서의 연락을 받고 현지에 도착하였을 때는 분의 형태는 불도저에 밀려 없어지고 파헤쳐진 채로 우리 일행을 기다리고 있었다. 산을 깎는 공사가 한창이어서 겨우 현장까지 올라갈 수 있었다. 현장에는 강회다짐했던 「명선대부행탐릉수지구(明善大夫行耽陵守之柩)」라고 쓰인 관 뚜껑의 흔적이 남아 있는 석회판이 놓여 있고 좌측에는 탐릉군, 우측에는 부인의 관이 놓여 있어 합장묘였었다는 것을 곧 알 수 있었다.

탐릉군의 관은 내외관 이중으로 되어 있었는데 썩은 상처 하나 없이 옻칠한 그대로의 생생한 관이었으며 관 밑에는 숯가루와 송진이 깔린 것을 볼 수 있었다. 합장한 거리가 약 2미터 정도의 거리였으며 탐릉군의 관은 외관은 모두 헤쳐서 판으로 볼 수 있었으나 내관은 옻칠이 하나도 벗겨지지 않은 새로 만든 관같이 보였다. 우측 부인의 관은 거의 다 부식되었고 썩다 남은

1 이 글은 당시 석주선기념민속박물관장이자 탐릉군의 출토 복식 수습을 담당한 석주선 관장님의 글이다. 1982년 『동양학』 제12호에 게재된 「탐릉군 수의에 관한 소고」 라는 주제의 강연회초(講演會鈔) 내용 일부를 수록하였다.

조사 중인 석주선 관장의 모습

관의 파편이 약간 남아 있을 뿐이었다. 탐릉군 관에서는 66점[2]의 의류와 명정이 원형대로 발굴되었다.

필자는 이번 발굴 조사를 실시하는 데 있어서 무언가 아쉬움을 느끼면서 좀 더 광범위하게 과학적인 조사가 이루어졌어야 했다고 생각했다. 이러한 출토품이 발견되면 우선 지리, 역사, 사회, 종교, 신앙, 심리학적인 조사와 문화재 전문가, 복식 전문가 등이 모여 종합적인 조사 분석을 함으로써 좀 더 확실한 결과를 얻을 수가 있으리라고 믿기 때문이다. 봉분의 방향, 위치, 크기, 높이, 천광의 깊이, 양식, 석회의 강도, 지층(地層)의 성질 등 모두 궁금한 문제들이기도 하거니와 이는 필자가 조사한 복식 분야에 있어서는 우선 250여 년 전의 의복이 원형 그대로(색깔은 변했으나) 출토되었다는 것은 어떤 요인이 작용한 것일까? 궁금증이 풀리지 않는 일이다.

부장품이 나온 이곳은 나지막한 야산 중턱에 자리 잡고 있었으며 과거 나라에서 하사받은 산으로써 수목이 울창하며, 한편에는 옹달샘이 있어 산제(山祭)를 지낼 때는 이곳 물을 이용한다고 한다. 이장된 묘들은 본 위치에서 약간 올라간 곳에 마련되어 있었다. 이장된 탐릉군의 묘는 자리가 바뀌었을 뿐 원형대로 조성하였다고는 하나 들리는 말에 의하면 봉분이 원형에 미치지 못한다고 한다. 봉분 앞에는 상석이 놓이고, 좌우에는 문관석과 동자석이 서로 마주 보게 서 있다. 탐릉군 묘에서 출토된 숱한 부장품은 수의로 입혔던 것 외에 생존 시에 입었던 옷들을 보공(補空)으로 넣었는데, 이 보공으로 넣은 옷들은 개켜진 그대로 차곡차곡 놓여 있었다. 색깔은 모두 상색(緗色, 담황색)으로 변해서 본래 어떤 색깔이었는지 파악할 길이 없다. 그러나 자주색만은 검붉게 변하여 본래의 색깔이 짐작이 간다. 출토된 부장품인 옷은 냄새 및 불순물을

2 1982년 원고에는 65점으로 기재되어있으나, 산술적 오류를 확인하여 66점으로 수정하였다.

제거하기 위하여 우선 깨끗하게 처리하는 것이 시간 문제였다. 일단 물에 넣어 오물 및 악취를 제거하고 짧은 시간에 말리도록 약속하고 돌아왔다.

6월 30일은 탐릉군이 돌아가신 날이라 이장 후 첫 차례여서 문중에서도 많이 모이고 본인도 참례하였다. 제상을 배설한 앞에는 수십 명의 제관이 들어서서 배례를 하고, 제례가 끝나자마자 탈상하여 모두 음복할 제, 이장 때 있었던 일을 실무자였던 한 분이 문중의 어른에게 보고를 한다. 이야기 가운데 탐릉군의 유해는 백골로 앙상하게 남아 있었다고 하며, 복부에는 참외씨 한 개가 들어 있었다고 한다. 탐릉군이 몰(歿)한 것이 영조 7년(1731, 신해)이니까 지금으로부터 250년 동안 썩지 않고 남아 있는 참외 씨와 배설해 놓은 제상 위의 참외와도 계절적으로 보아 예외는 아닌 것 같다. 그 참외 씨를 집어 두었더라면 좋았을 것을 250년 전의 수의와 같이 출토된 것으로 좋은 자료가 되는데 아쉬운 생각이 든다.

필자가 답사한 가운데 출토된 수의 중에서 그중 많은 양이 출토된 것은 …… (中略). 1981년 용인군 김량별학원리(金良別鶴原里)에서 출토된 탐릉군의 수의를 들 수 있다. 250년 전의 부장품과 내외관이 썩지 않은 채 원형을 볼 수 있었는데 관속에서 관복, 흉배, 천익, 누비중치막, 겹중치막, 창의, 중단, 답루, 도포, 겹저고리, 속적삼, 누비 배자, 습신, 사모, 베개, 두발낭, 족낭, 수낭, 망건, 각대, 악수, 요대, 천금, 지요, 구의, 대렴금, 누비바지, 겹바지, 속바지, 누비창의, 누비답호, 명정 등 복원 작업에 의해 66점이 원형에 가깝게 처리되었다. 탐릉군의 수의 전부가 비단과 명주로 되어 있으며, 면류는 한 점도 없었다. 청연군주(淸衍郡主) 수의와 탐릉군 수의의 연대 차이에서 오는 직물, 문양, 옷 제도의 변화를 측정할 수 있었는데, 어느 고정된 인물이 아니고는 왕실의 수의는 가지 수가 많고, 비단과 명주만으로 조성되어 있는 공통성을 발견할 수 있었다. 청연군주나 탐릉군 수의에 사용된 명주는 모두 우리나라 토산품이었으며 비단은 전부 중국 것이었다.

탐릉군은 조선조 제14대 선조의 증손으로 인조 14년(1636, 병자) 5월 13일 그의 부친 유배지에서 탄생하였다. 선조의 제7 왕자인 인성군(仁城君)과 군부인 윤씨(尹氏) 사이의 5남 2녀 중 차남이 탐릉군의 부친인 해안군(海安君)이다. 해안군이 순화군(順和君)의 양자로 출계하여, 10남매를 두어 순화군의 대를 이었으며, 그 중 탐릉군은 천자습행(天姿習行)이 우수하여 여러 아들이 그를 따라 부모에게 효가 지극하였으며, 이미 나라에는 충성을 다하고 신하는 덕으로 다스릴 줄 아는 덕망 높은 인재가 되었다. 나라에서는 탐릉군을 큰 인물로 여겨 대사 있을 때마다 자문을 받았으며, 선조 때부터 영조에 이르는 동안 사대를 걸쳐 벼슬을 했다. 도총부부총관(都摠府副摠管)인 탐릉군은 충신으로 다하다가 영조 7년(1731, 신해) 6월 30일 향년 96세에 안면하였는데, 슬하에 2남 3녀를 두었다.

회곽 제거 후 관과 복식이 노출 된 상태

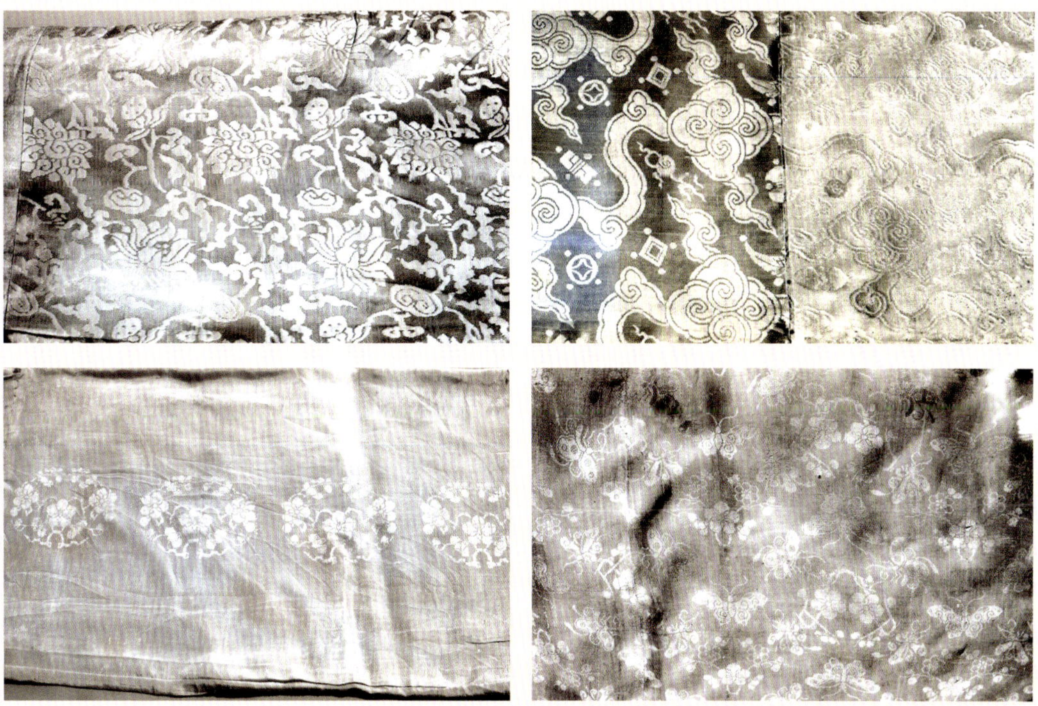

발굴 당시 촬영된 직물들

용인 사람, 탐릉군의 패션

용인 김량장동 이변 묘 출토복식

Fashion,
Prince Tamneung in Yongin (1636-1731)

II

화보

사진 서헌강

B003955 · B003956

단령과 흉배 團領 · 胸背

Dallyeong · Hyungbae Official's robe with a round collar and Rank Badge

운보문단 / 운보문단 | 뒷길이 128㎝ 화장 121㎝ 뒤품 59㎝ 진동 36㎝ 수구 22㎝ 흉배 33×38㎝

앞면

겉감과 안감 모두 운보문단으로 만든 겹단령이다. 단령과 직령(더그레)을 각각 제작하여 시접을 안쪽으로 합봉하였다. 소매는 광수형의 두리소매이며, 무는 뒤젖힘형 삼각무로 단추로 고정하였다. 수구 안쪽은 5㎝ 선단을 덧댔으며, 겉감과 같은 운보문단으로 운학흉배를 부착하였다. 앞 뒤면 겨드랑이 옆으로 두 쌍의 대고리와 대끈이 부착되어 있다.

뒷면

펼침

(좌) 겉감 | 운보무늬
(우) 운학흉배

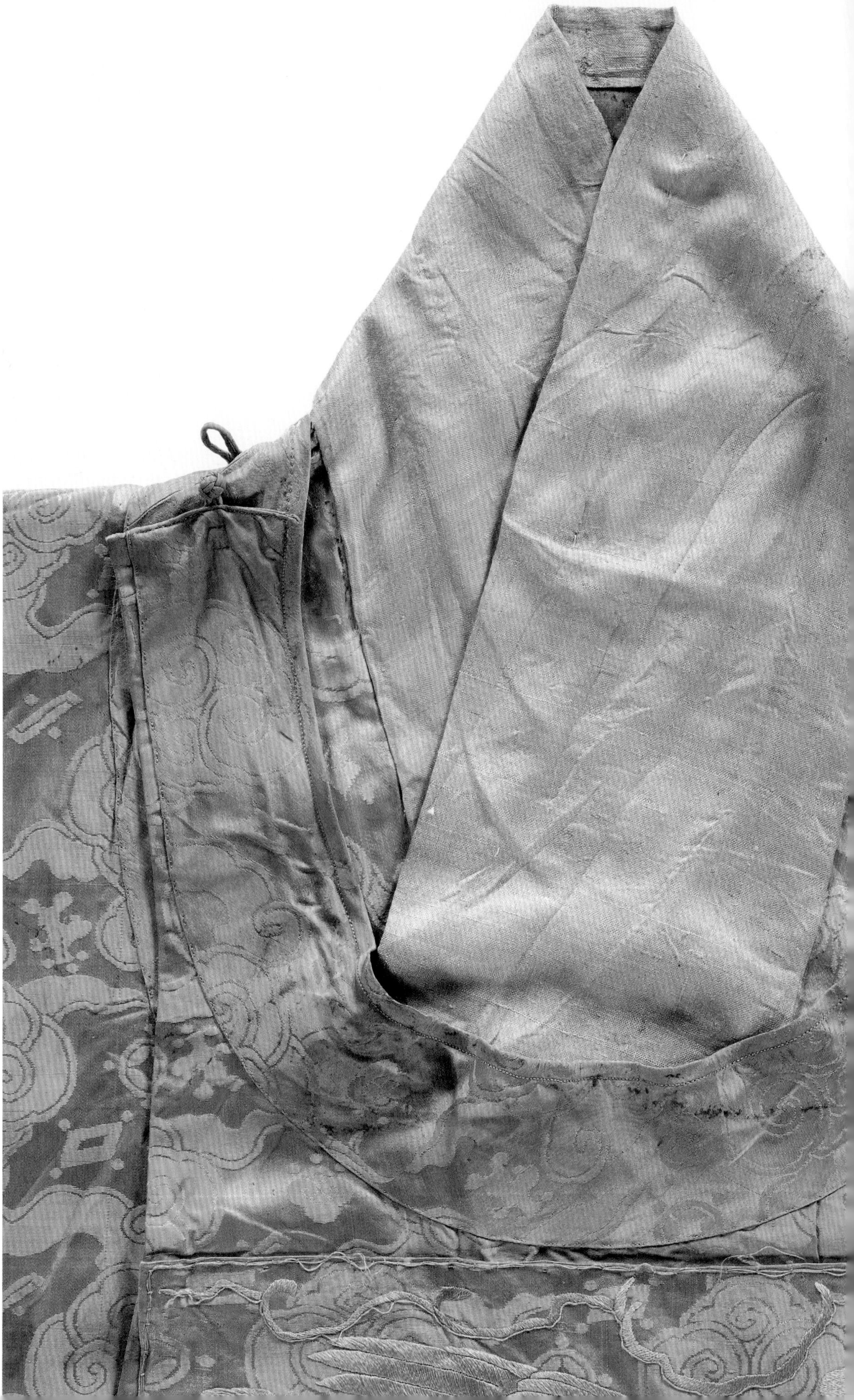

깃 부분 확대

앞무와 뒷무의 너비가 같다. 위로 뻗어 있는 무상부의 삼각 형태까지만 앞뒤 무를 붙여 주었고, 겨드랑이부터 아래로 옆자락이 트여 있다. 무에는 숫단추, 뒷길에는 암단추를 부착해 주었다.

B003957 · B003958

단령과 흉배 團領· 胸背

Dallyeong · Hyungbae Official's robe with a round collar and Rank Badge

연화보문사 / 연화보문사 | 뒷길이 128.5㎝ 화장 114.5㎝ 뒤품 57㎝ 진동 34.5㎝ 수구 24㎝ 흉배 33×37㎝

앞면

겉감과 안감 모두 연화보문사로 만든 겹단령이다.

단령과 직령을 각각 제작하여 시접을 안쪽으로 합봉하였다. 소매는 광수형의 두리소매이며, 무는 뒤젖힘형 삼각무로 단추로 고정하였다. 수구 안쪽은 5㎝선단을 덧댔으며, B003955 흉배와 같은 운학흉배를 앞뒤에 부착하였다.

앞·뒷면 겨드랑이 옆으로 두 쌍의 대고리와 대띠가 부착되어 있다. 단령깃 너비는 5㎝, 깃 파임은 25㎝이며, 깃은 3땀 상침하여 고정하였다. 깃의 속심은 식물성 섬유로 추정되며 현재는 소실된 상태이다. 상부가 위로 뻗은 삼각형의 무는 앞무와 뒷무의 너비가 같으며, 무상부와 뒷길에 쌍밀이 매듭 단추 암수를 끼워 고정하였다.

뒷면

펼침

운학흉배

B003959

단령 團領

Dallyeong Official's robe with a round collar

명주 / 연화문단 | 뒷길이 127㎝ 화장 114㎝ 뒤품 56㎝ 진동 33.5㎝ 수구 19.5㎝

앞면

고운 명주 겉감과 연화문단 안감으로 만든 겹단령이다.

단령과 직령을 각각 제작하여 시접을 안쪽으로 합봉하였다. 소매는 광수형의 두리소매이며, 무는 뒤젖힘형 삼각무로 단추는 없다. 수구 안쪽은 5㎝ 선단을 덧댔으며 시복용 단령으로 흉배는 없다. 겨드랑이 옆으로 앞 뒤면 두 쌍의 대고리와 대끈이 부착되어 있다. 단령깃 너비는 5㎝, 깃 파임은 25㎝이며, 깃은 3땀 상침하여 고정하였다. 깃의 속심은 식물성 섬유로 추정되며 현재는 소실된 상태이다.

뒷면

펼침

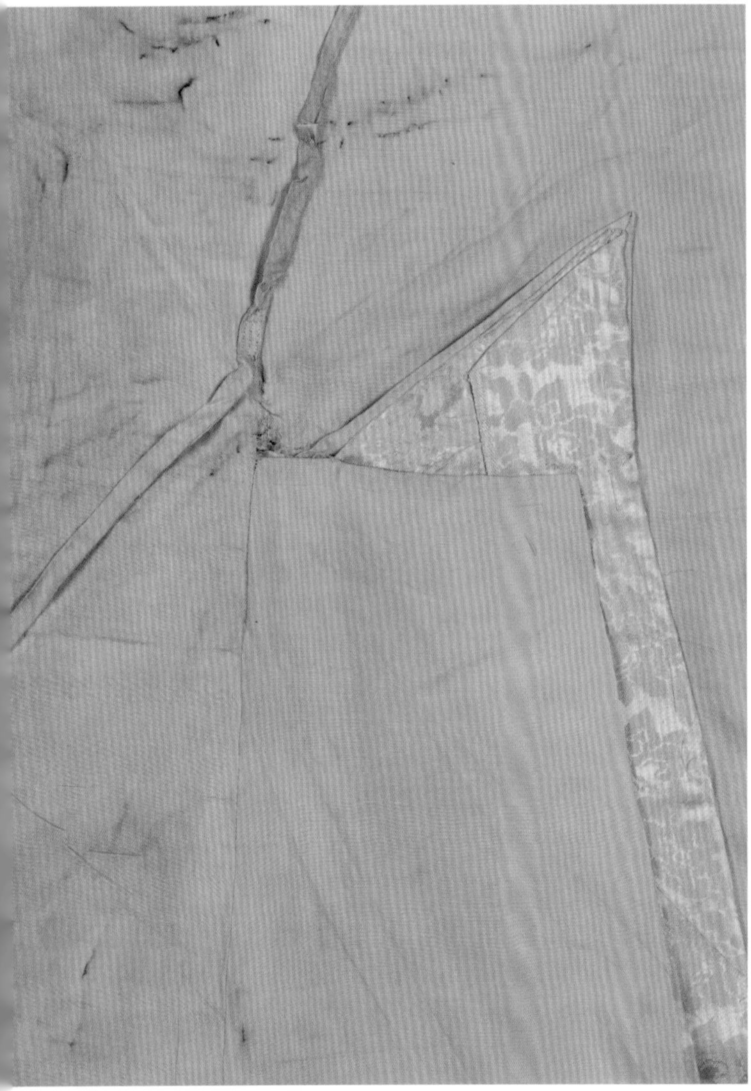

무 펼친 모습

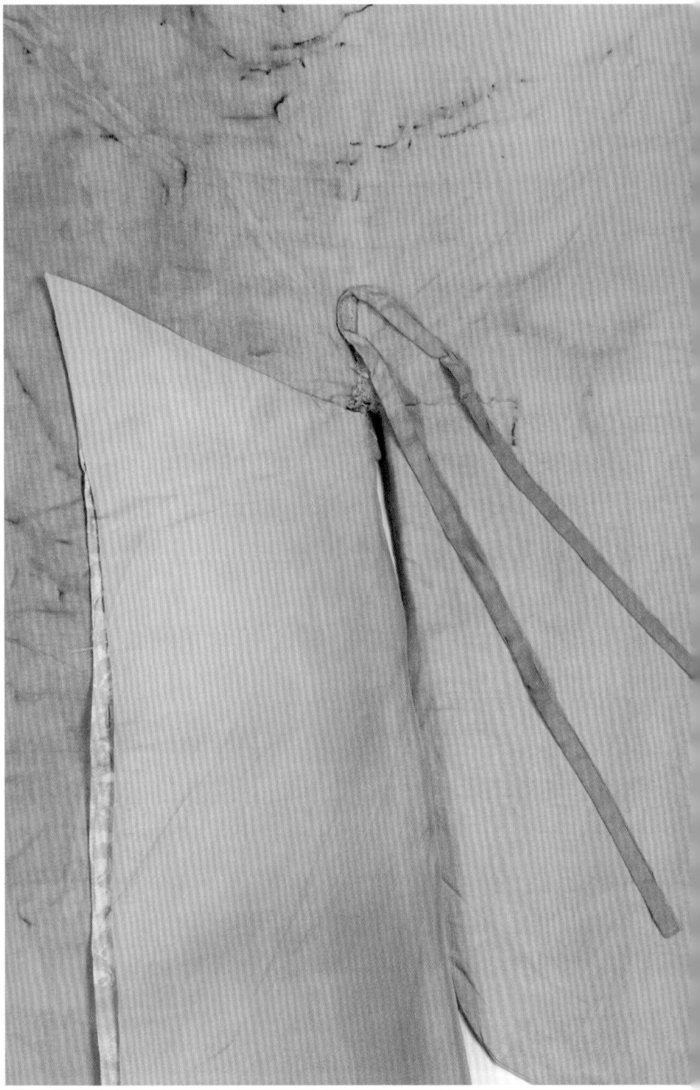

무 접은 모습

앞무는 상부가 위로 뻗은 삼각형이며, 뒷무는 앞무보다 좁은 사다리꼴의 모양이다.

B003960

철릭 天翼

Cheolrik Man's Coat with pleats

운보문단 | 뒷길이 131㎝ 화장 119.5㎝ 뒤품 56㎝ 진동 33.5㎝ 수구 22.5㎝

앞면

운보문단으로 만든 홑 철릭이다. 뒷길이는 상의 47㎝, 하의 83.5㎝로 1:1.8 비율이다. 소매는 광수형의 두리소매이며, 깃너비는 14.5㎝의 칼깃, 안깃은 목판깃이다. 등솔은 0.5㎝ 꼬집어 박았다. 하의는 옆이 트인 형태로 양쪽 옆선은 3㎝ 겹쳤으며, 주름은 너비 2㎝ 간격으로 도련선 끝까지 주름을 잡아 주었다. 겨드랑이 양 옆으로 너비1㎝, 길이 5㎝의 대고리를 부착해 주었다.

뒷면

펼침

펼침

치마 안길 도련 선단 끝에 "抗城朱大成號選製(항성주대성호선제)" 라고 제직되어 있다. 중국(청나라) 항주에서 수입된 운보문단임을 확인할 수 있다.

대고리 모습

사각형의 어깨바대, 겨드랑바대가 달렸으며, 허리바대는 겨드랑이에는 V형으로 부착하였다.

B003961

철릭 天翼

Cheolrik Man's Coat with pleats

운보문사 | 뒷길이 127㎝ 화장 122.7㎝ 뒤품 55.5㎝ 진동 33㎝ 수구 24㎝

앞면

운보문사로 만든 홑 철릭이다. 상의 46㎝, 하의 81㎝로 1:1.8 비율이다. 소매는 광수형의 두리소매이이며, 깃 너비는 15㎝의 칼깃, 안깃은 목판깃이다. 등솔은 0.3㎝ 꼬찝어 박았다. 하의는 옆이 트인 형태로 양쪽 옆선은 3㎝ 겹쳤으며, 너비 2㎝ 간격으로 도련선 끝까지 주름을 잡아 주었다.
겨드랑이 양 옆으로 너비 1㎝, 길이 5㎝의 대고리를 부착해 주었으며, 고름 아래 쌍미리 단추 하나를 달아 주었다.

뒷면

펼침

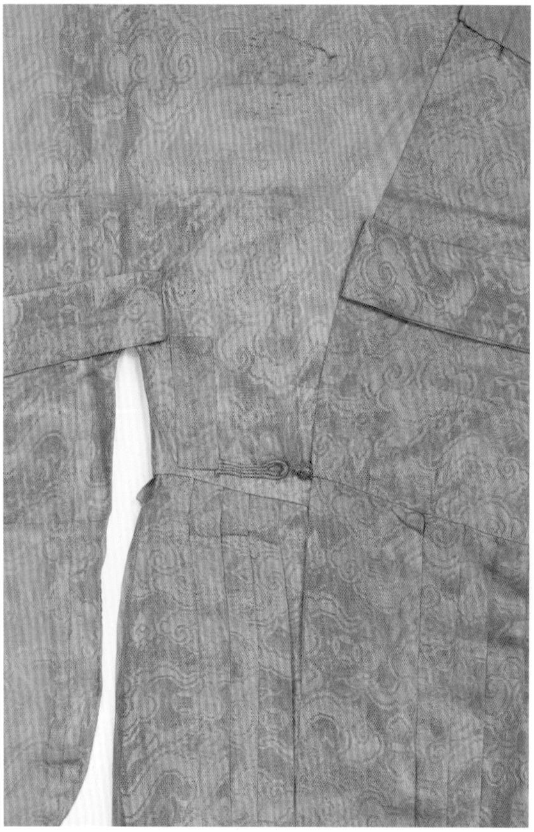

고름과 단추, 대고리 모습

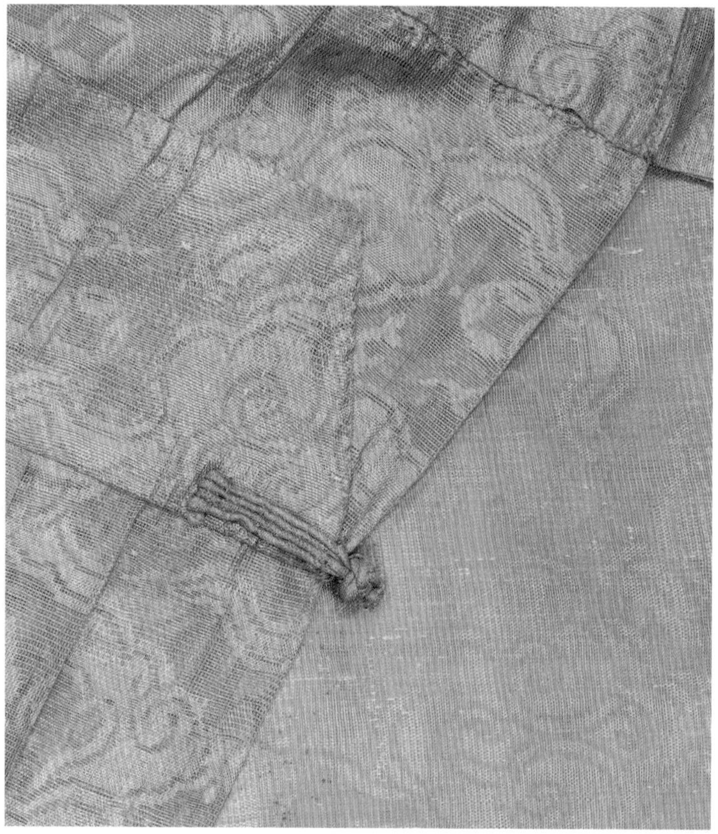

겉섶 안쪽으로 부착한 단추 모습

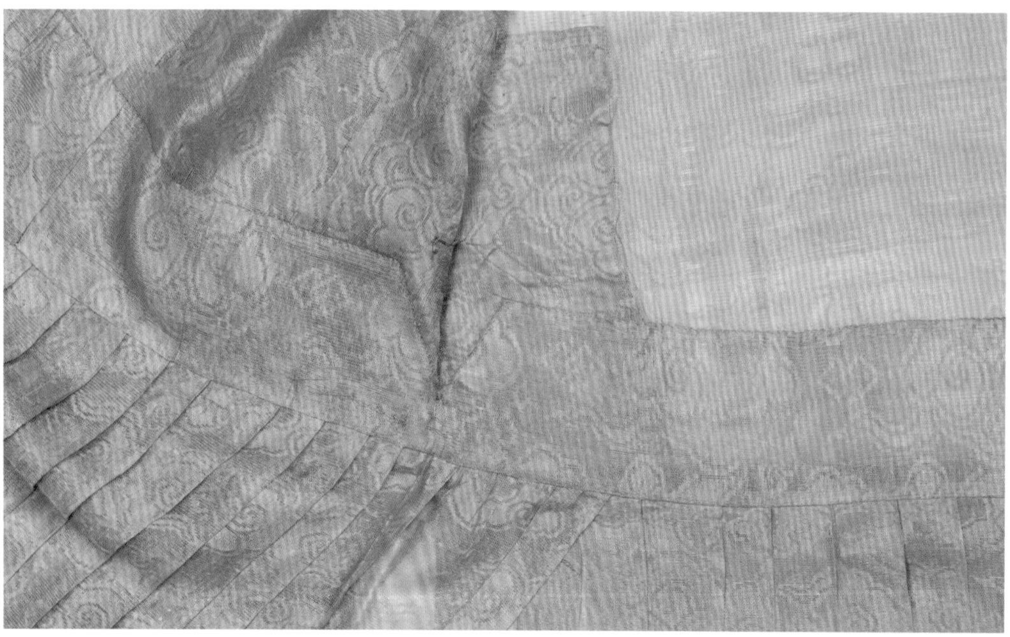

겨드랑바대와 허리바대

운보문사

B003982

창의 氅衣

Chang-ui Man's coat

운보문단 / 명주

뒷길이 123㎝ 화장 112㎝ 뒤품 58㎝ 진동 35㎝ 수구 21.5㎝

앞면

조선시대 남성들의 외출복과 관복의 받침옷으로 착용된 창의는 소매가 넓고, 뒷트임이 있는 특징을 가진 옷이다. 겉감은 운보문단을 안감은 명주를 사용하였다. 깃 너비 13.5㎝ 칼깃이며, 소매 너비는 64㎝의 광수형 두리소매이다. 옆선에는 무가 달렸으며, 뒷중심의 트임은 75.5㎝, 도련선 주변으로는 상침을 해 주었다.

(좌) 창의를 입은 남자의 뒷 모습

전(傳) 김홍도,『담와 홍계희 평생도』부분, 국립중앙박물관소장.

뒷면

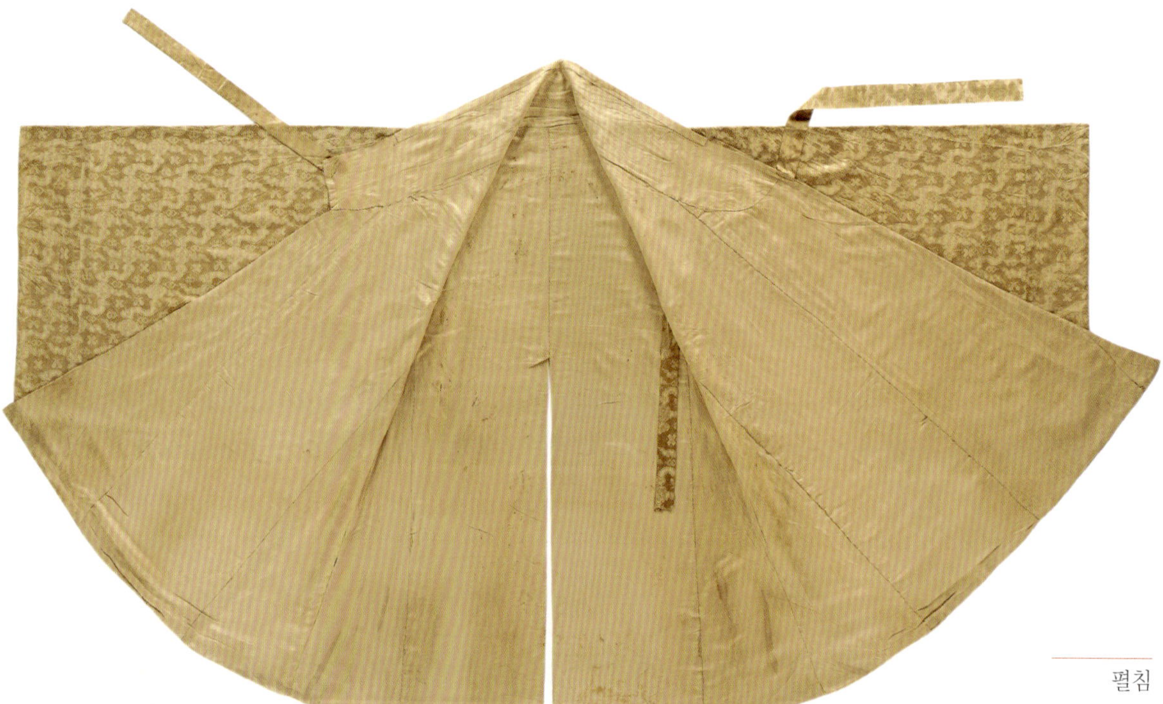

펼침

(우) 운보문단

B003983

창의 氅衣

Chang-ui Man's coat

명주 / 명주 | 뒷길이 125㎝ 화장 112㎝ 뒤품 54.5㎝ 진동 31㎝ 수구22㎝

앞면

겉감과 안감 모두 명주를 사용하였다.
깃 너비 13㎝ 칼깃이며, 소매 너비는 51.5㎝의 진동에서 사선으로 넓어지는 광수형 두리소매이다. 옆선에는 무가 달렸으며, 뒷중심의 트임은 73㎝이다. 트임 시작점과 겨드랑이에는 1㎝ 정도의 사뜨기를 해 주었다.

뒷면

펼침

B003984

창의 氅衣

Chang-ui Man's coat

명주 / 명주 | 뒷길이 129㎝ 화장 108.5㎝ 뒤품 56㎝ 진동 34㎝ 수구 23㎝

앞면

뒷면

겉감과 안감 모두 명주를 사용한 창의이다.

깃 너비 14㎝ 칼깃이며, 소매 너비 59㎝의 광수형 두리소매이다. 옆선에는 무가 달렸으며, 뒷중심의 트임은 78㎝이다. 진동점 겨드랑이에 사뜨기를 해 주었다. 양쪽 무의 안감 직물은 모두 소실된 것으로 보아 식물성 섬유로 제직한 직물을 사용한 것으로 추정된다.

B003985

창의 氅衣

Chang-ui Man's coat

명주 / 명주 | 뒷길이 128㎝ 화장 111㎝ 뒤품 55㎝ 진동 35㎝ 수구 22.5㎝

앞면

뒷면

겉감과 안감 모두 명주로 제작하였으며, 겉감은 안감보다 고운 세주이다. 깃 너비 13㎝ 칼깃으로 끝을 둥글게 만든 너비 62.5㎝의 광수형 두리소매이다. 옆선에는 무가 달렸으며, 뒷중심의 트임은 75.5㎝이다. 도련 가장자리 주변으로 상침을 해 주었다.

B003965

누비중치막 縷緋中致莫

Jungchimak Man's Coat with Side Slits

명주 / 명주 | 뒷길이 124㎝ 화장 113㎝ 뒤품 60㎝ 진동 32㎝ 수구 21.5㎝

앞면

겉감과 안감을 명주로 1~1.5㎝ 간격으로 누벼 주었다. 모서리를 둥글린 일직선 형태의 광수소매이다. 양쪽 소매의 길이가 약 2㎝ 정도 차이가 난다. 안섶쪽 고름은 탈락하여 흔적만 남아 있으며, 옆선과 도련단에는 1.5㎝ 너비의 자주색 별단을 둘러 주었다. 진동점 겨드랑이 부분에는 사뜨기로 감싸 주었다.

뒷면

펼침

B003966

누비중치막 縷緋中致莫

Jungchimak Man's Coat with Side Slits

명주 / 명주 | 뒷길이 127cm 화장 107cm 뒤품 58.5cm 진동 31cm 수구 21.5cm

앞면

뒷면

명주를 사용하여 2cm 간격으로, 누빈 중치막으로 고름의 한쪽은 탈락되었다. 칼깃의 깃 위에 동정의 흔적이 남아 있다. 모서리가 둥근 광수 광수이며, 옆트임은 71cm이며, 겉감과 동일한 1.5cm 정도의 별단을 옆선을 먼저 고정하고, 도련단을 둘러 주었다. 현재는 누비 안의 솜은 남아 있지 않은 겹 상태이나 솜을 얇게 두어 누벼 준 것으로 추정된다.

B003968

누비중치막 縷緋中致莫

Jungchimak Man's Coat with Side Slits

명주 / 명주 | 뒷길이 123.5cm 화장 117cm 뒤품 60cm 진동 33.5cm 수구 20cm

앞면

뒷면

겉감과 안감을 명주를 사용하여 1.5cm 간격으로 누벼 주었다. 깃은 칼깃이며, 동정과 고름은 탈락되었다. 안감보다 겉감의 색이 진하게 남아 있으며, 안깃 가장자리를 제외하고 1.5cm 너비의 자주색 명주로 옆선과 도련을 둘러 주었다. 소매는 모서리가 둥근 광수형 두리 소매이다. 각 부분을 먼저 누벼 준 후 시접을 끼워 바느질하였다.

B003970

누비중치막 縷緋中致莫

Jungchimak Man's Coat with Side Slits

명주 / 명주 | 뒷길이 123.5㎝ 화장 109㎝ 뒤품 59㎝ 진동 34㎝ 수구 22.5㎝

앞면

뒷면

명주를 사용하여 1㎝ 간격으로 누벼 준 중치막이다. 누비 사이의 솜의 흔적은 없으며, 현재는 겹상태로 남아 있다. 칼깃으로 동정은 탈락되었다. 소매의 모서리를 둥글린 일자형 두리소매로 너비는 52㎝이다. 옆트임은 진동점 17.5㎝ 아래에서 트임이 시작된다. 1.3~1.5㎝ 겉감과 같은 옷감으로 별단을 둘러 주었다.

B003981

누비중치막 縷緋中致莫

Jungchimak Man's Coat with Side Slits

명주 / 명주 | 뒷길이 125㎝ 화장 116㎝ 뒤품 57.5㎝ 진동 30.5㎝ 수구 20㎝

앞면

펼침

누비 간격 1.2㎝의 고운 누비 중치막으로, 겨드랑이와 수구끝에 사뜨기를 해 주었다. 1.5㎝ 선단을 둘렀으나 안섶 쪽과 수구에는 선단을 덧대지 않았다.

B003963

누비중치막 縷緋中致莫

Jungchimak Man's Coat with Side Slits

명주 / 명주 | 뒷길이 118㎝ 화장 100㎝ 뒤품 52㎝ 진동 29㎝ 수구 48.5㎝

앞면

겉감과 안감을 명주로 1~1.2㎝ 간격으로 누벼 주었다. 고름은 흔적만 남아 있으며 칼깃이다. 소매너비가 49.5㎝, 수구가 48.5㎝로 일직선 형태의 광수소매이다. 옆선과 도련단에는 1.5㎝ 정도의 별단을 둘러 주었으며, 각 부분을 따로 누벼 준 다음 시접을 끼워 제작하였다.

뒷면

펼침

B003967

중치막 中致莫

Jungchimak Man's Coat with Side Slits

명주 / 명주 | 뒷길이 124.5㎝ 화장 109.5㎝ 뒤품 58㎝ 진동 33.5㎝ 수구 23.5㎝

앞면

뒷면

겉감과 안감을 명주를 사용한 겹중치막이다. 깃은 칼깃이며, 안감과 겉감이 늘어나 있다. 진동점 19㎝ 아래로 옆이 트였고, 가장자리 7㎝ 위로 두땀 상침이 둘러진 것으로 보아 솜옷의 가능성이 있는 옷이다.

B003969

중치막 中致莫

Jungchimak Man's Coat with Side Slits

명주 / 명주 | 뒷길이 122cm 화장 106cm 뒤품 57.5cm 진동 35cm 수구 23.5cm

앞면

뒷면

겉감과 안감을 명주로 사용한 겹중치막이다. 14cm 너비의 칼깃이며, 7.8cm의 동정이 달린 흔적이 남아 있다. 소매 너비는 56.7cm로 모서리가 둥근 두리소매이다. 진동점 19cm 아래로 67cm의 트임이 있다. 겹옷 안에 솜의 흔적은 남아 있지 않으나 가장자리 6cm 위로 6.5cm 간격의 두 땀 상침이 둘러진 것으로 보아 솜옷의 가능성이 있는 옷이다.

B003964

누비중치막 縷緋中致莫

Jungchimak Man's Coat with Side Slits

명주 / 명주 | 뒷길이 103cm 화장 91.5cm 뒤품 46.5cm 진동 26cm 수구 18cm

앞면

겉감과 안감을 명주로 약 2cm 간격으로 누벼 준 어린이용 중치막이다. 겉고름 한쪽은 손상되어 흔적만 남아 있으며, 착용했던 흔적이 많이 남아 있다. 소매 너비 44cm로 모서리가 둥근 형태이다. 옆선과 도련단에는 1.4~1.8cm 너비의 별단을 겉감과 같은 명주로 둘러 주었다.

(좌) 중치막을 입은 남자아이의 모습 (우측 두 번째)
　김홍도, 18세기, 『단원풍속도첩(서당)』, 국립중앙박물관소장.

뒷면

옷 전체에 보풀이 일어나 있으며, 양쪽 소매끝과 몸판에 먹의 흔적이 많이 남아 있다.

펼침

B003962

누비중치막 縷緋中致莫

Jungchimak Man's Coat with Side Slits

명주 / 명주 | 뒷길이 120㎝ 화장 104㎝ 뒤품 57.5㎝ 진동 33.5㎝ 수구 39㎝

앞면

겉감과 안감을 명주로 0.8㎝ 간격으로 누벼 준 중치막이다. 칼깃이며, 소매 너비와 수구가 39㎝로 동일한 일직선 형태의 모양이다. 옆선과 도련단에는 1.5㎝ 정도의 별단을 둘러 주었으며, 각 부분을 따로 누벼 준 다음 시접을 끼워 바느질하였다.

뒷면

펼침

B003973

중치막 中致莫

Jungchimak Man's Coat with Side Slits

명주 / 명주 | 뒷길이 122.5㎝ 화장 108㎝ 뒤품 59㎝ 진동 31.5㎝ 수구 34.5㎝

앞면

뒷면

겉감과 안감을 명주로 만든 겹 중치막으로 칼깃이며, 소매 너비와 수구가 39㎝로 동일한 일직선 형태의 모양이다. 동정은 흔적만 남아 있으며, 안길쪽 겉고름은 겨드랑이 쪽에 부착하였다. 겉감과 안감이 많이 늘어나 있는 것으로 보아 솜옷으로 제작된 것으로 추정된다.

B003977

중치막 中致莫

Jungchimak Man's Coat with Side Slits

명주 / 명주 | 뒷길이 120.5㎝ 화장 110㎝ 뒤품 60㎝ 진동 32㎝ 수구 34㎝

앞면

뒷면

고운 명주로 만든 중치막으로 진동 32㎝와 수구 34㎝의 직선형 소매의 형태이다. 동정은 소실되었고 흔적만 남아 있다. 수구에 14.5㎝의 안단을 덧대어 주었으며, 옆트임 시작점에는 1㎝길이의 사뜨기를 해 주었다.

B003978

소창의 褸小氅衣

Sochang-ui Man's coat with narrow sleeves

문주 / 명주 | 뒷길이 116.5㎝ 화장 111㎝ 뒤품 59㎝ 진동 34.5㎝ 수구 25.5㎝

앞면

나비, 매화 등으로 시문 된 문주를 사용하였다. 도련선 가장자리로 들어가서 상침하여 둘러 주었으며, 안섶의 하단에는 직조를 시작한 옷감을 그대로 사용하였다. 안감 쪽에는 시침한 흔적이 남아 있어, 솜옷의 가능성을 추정해 볼 수 있다.

뒷면

펼침

겉감 | 매화나비무늬

B003971

누비소창의 縷緋小氅衣

Sochang-ui Man's coat with narrow sleeves

명주 / 명주 | 뒷길이 114.7㎝ 화장 106㎝ 뒤품 55㎝ 진동 31㎝ 수구 21㎝

앞면

1.3㎝ 간격의 잔누비로 길·깃·소매를 따로 누빈 후 솔기를 이어 바느질하였다. 수구 가장자리는 0.5㎝ 들어가서 홈질로 상침을 해 주었으며, 옆트임·도련·겉섶에 1.3㎝ 너비의 선단으로 마무리하였다. 안섶과 수구에는 선단을 하지 않았다.

뒷면

펼침

B003972

누비소창의 縷緋小氅衣

Sochang-ui Man's coat with narrow sleeves

명주 / 명주

뒷길이 116㎝ 화장 105㎝ 뒤품 57㎝ 진동 29㎝ 수구 28㎝

앞면

뒷면

솜을 넣어 2㎝ 간격으로 누벼 준 소창의로
동정과 고름은 소실되어 흔적만 남아 있다.
각 부위를 따로 누벼 솔기를 바느질하였으며,
안섶과 수구를 제외한 가장 자리를
1.5㎝ 너비의 선단으로 마무리하였다.

(우) 소창의의 앞 두자락을 뒤로 묶어 입은 모습
『進饌屛風繪』 부분, 국립중앙박물관소장.

B003974

누비소창의 縷緋小氅衣

Sochang-ui Man's coat with narrow sleeves

명주 / 명주 | 뒷길이 114.5㎝ 화장 105㎝ 뒤품 58.5㎝ 진동 31㎝ 수구 25㎝

앞면

뒷면

솜이 없는 겹 상태이나 누비 간격을 5㎝ 넓게 잡아 솜을 두텁게 넣어 만들어 주었을 것으로 추정된다.

B003975

누비소창의 縷緋小氅衣

Sochang-ui Man's coat with narrow sleeves

명주 / 명주 | 뒷길이 106cm 화장 106cm 뒤품 60cm 진동 27cm 수구 23.5cm

앞면

뒷면

겉감과 안감 모두 명주로 만든 소창의로 8cm 간격으로 성글게 누벼 준 것으로 보아 솜을 두툼하게 넣어 제작한 것으로 추정되는 옷이다. 뒷길의 양쪽 끝부분의 쪽을 이어준 조각이 소실되어 현재는 직선의 길만 남아 있다.

B003976

누비소창의 縷緋小氅衣

Sochang-ui Man's coat with narrow sleeves

명주 / 명주 | 뒷길이 122㎝ 화장 99㎝ 뒤품 55㎝ 진동 32.5㎝ 수구 23.5㎝

앞면

뒷면

각 솔기와 16㎝ 너비로 성글게 누빈 소창의이다. 양쪽의 섶과 도련의 좌우 모서리의 안감은 겉감과 동일한 고운 명주를 사용하였다. 옆트임 시작점에 1.5㎝의 사뜨기를 했고, 수구에는 4.5㎝ 너비의 안단을 부착하였다.

B003979

누비소창의 縷緋小氅衣

Sochang-ui Man's coat with narrow sleeves

명주 / 명주 | 뒷길이 108.5㎝ 화장 100㎝ 뒤품 56㎝ 진동 29㎝ 수구 24.5㎝

앞면

펼침

명주를 사용하여 14㎝ 간격으로 누벼 준 소창의이다. 현재는 식물성 섬유인 솜이 모두 소실 되었으나 솜을 두툼하게 넣어 주었을 것으로 추정된다. 동정과 안고름은 소실된 상태이다.

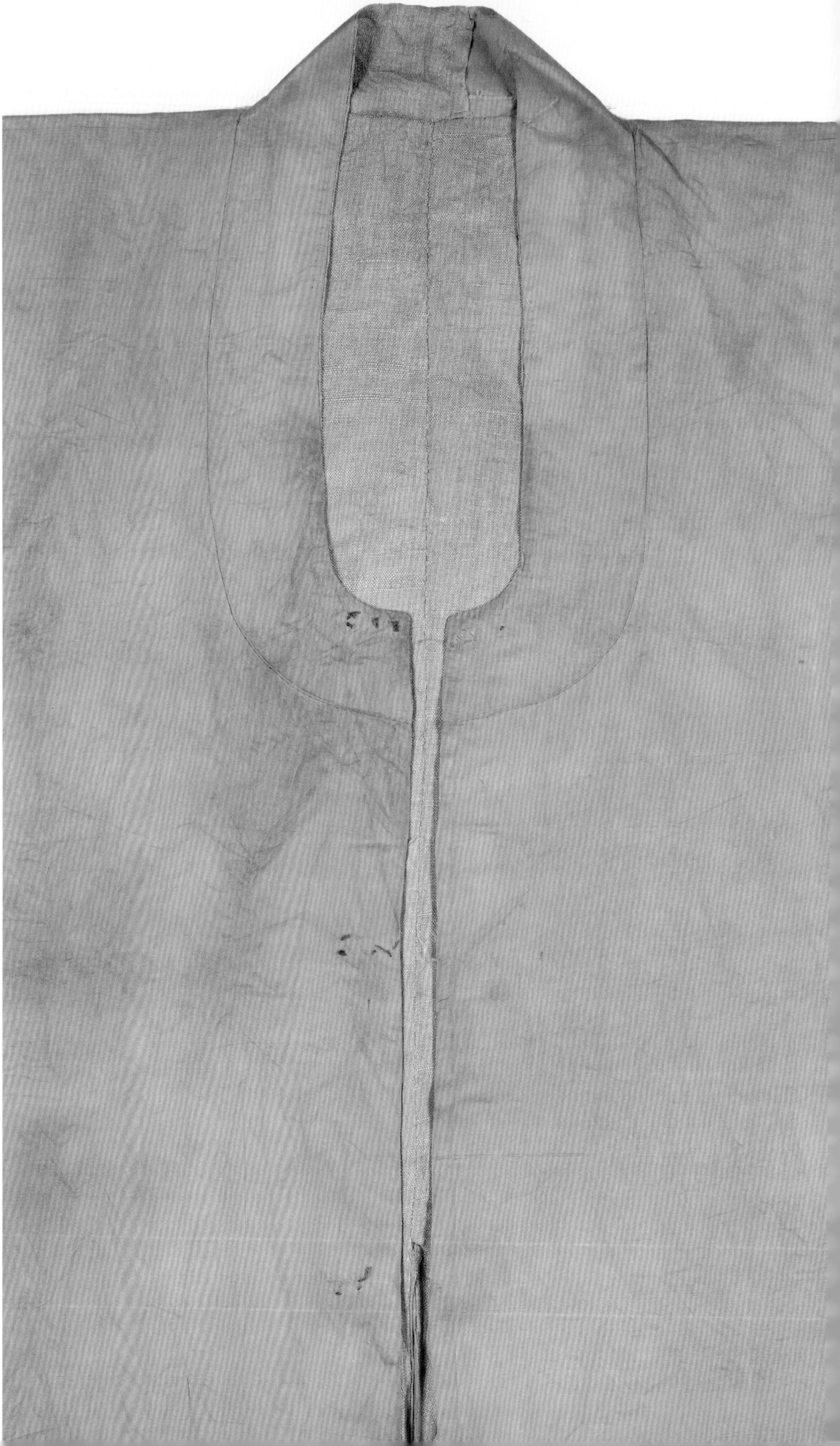

깃과 단추의 흔적 부분

B003986

협수의 夾袖衣

Hyeopsu-ui Man's coat with narrow sleeves with a round collar

명주 / 명주 | 뒷길이 118㎝ 화장 103㎝ 뒤품 58㎝ 진동 32.5㎝ 수구 31㎝

앞면

깃과 섶이 대금형 맞깃으로 배자 형태의 포이다. 소매는 착수형이며, 뒤트임이 있다.

깃 머리부터 14㎝ 간격으로 매듭단추를 세 쌍을 달았던 흔적이 남아 있다. 이 형태의 복식과 비교할 만한 유물은 없어 옷의 형태적 특징으로 협수의라는 명칭을 부여하였다.

뒷면

펼침

B003987

무수창의 無袖氅衣

Musu Chang-ui Man's coat with sleeveless

연화문단 / 명주 | 뒷길이 123.5㎝ 화장 22㎝ 뒤품 57㎝ 진동 35.5㎝

앞면

뒷면

연화문단과 명주로 만든 옷으로, 칼깃과 뒷트임이 있는 창의에서 소매만 없는 형태이다.
진동 35.5㎝ 겨드랑이 지점에서 2㎝ 정도 각지게 만들었으며, 그 위를 3땀 상침해 주었다.
안길 쪽 고름은 겨드랑이 뒤쪽으로 부착하였다.

펼침

B003988

무수창의 無袖氅衣

Musu Chang-ui Man's coat with sleeveless

연화문단 / 명주

뒷길이 123㎝ 화장 24㎝ 뒤품 60㎝ 진동 33㎝

앞면

겉감은 연화문단, 안감은 명주를 사용한 소매 없는 옷이다. 칼깃에 뒷트임이 있는 창의와 같은 형태를 가진 옷으로 현재까지 탐릉군의 묘에서만 확인된 옷이다. B003987 무수창의와 다르게 겨드랑이 진동은 자연스럽게 곡선을 이루며, 진한 갈색으로 1.2㎝ 사뜨기를 해 주었다. 1700년대 초기의 포 위에 덧입는 무수의(無袖衣)의 다양한 시도라고 볼 수 있다.

겨드랑이 사뜨기 부분

뒷면

펼침

B003989

무수창의 無袖氅衣

Musu Chang-ui Man's coat with sleeveless

명주 / 명주 | 뒷길이 124.5㎝ 화장 19.3㎝ 뒤품 59㎝ 진동 30.5㎝

앞면

뒷면

명주로 제작한 누비옷이다. 옆트임이 있는 중치막 또는 소창의에 소매가 없는 형태의 옷으로, 따로 누벼 준 후 솔기를 이어 만든 옷이다. 옆무의 상부 8㎝를 직선 그대로 사용하였다. 가볍고 편리하게 착용하기 위해 변형되어 제작된 것으로 추정해 볼 수 있다.

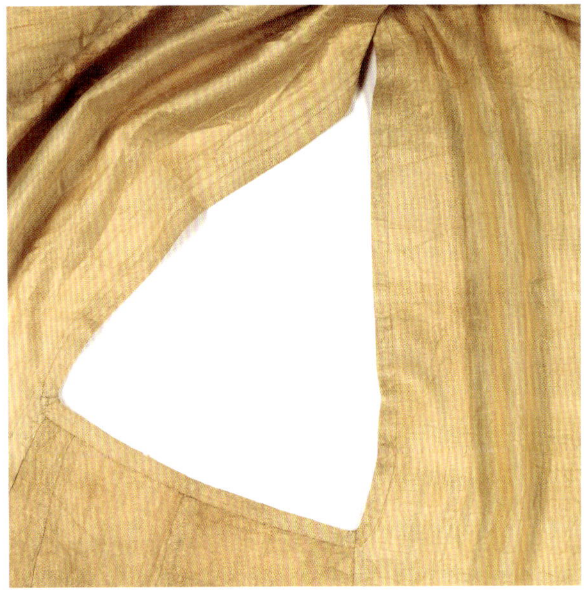

겨드랑이 마감 처리

펼침

B003980

무수창의 無袖氅衣

Musu Chang-ui Man's coat with sleeveless

명주 / 명주 | 뒷길이 122.5㎝ 화장 34.5㎝ 뒤품 59㎝ 진동 31.5㎝

앞면

뒷면

B003989 무수창의와 동일하게 옆트임이 있는 중치막 또는 소창의에 소매가 없는 형태의 옷이다. 화장은 36.5㎝로 어깨를 살짝 덮는 형태로 구성되어 있다. 트임 시작점에는 사뜨기를 해 주었다. 소매, 도련, 섶 등의 가장자리에 상침과 솔기마다 징구듯이 누빈 흔적이 있는 것으로 보아 솜을 두툼하게 넣어 제작된 옷으로 추정된다.

소매 끝 안감 처리와 상침 흔적

펼침

金弘道

B003995

등거리(배자) 背巨里(褙子)

Deunggeori(Baeja) Quilted Vest

문주 / 명주 | 뒷길이 106.5㎝ 화장 21㎝ 뒤품 46㎝

앞면

모란과 추해당과 나비 무늬가 시문된 문주로 누벼 만든 누비 등걸이다. 저고리 위에 덧입는 조끼 형태의 옷으로 뒷길 부분과 어깨에서 앞으로 넘어오는 끈이 가슴에서 교차하여 옆선 고리에 걸어 묶어 입는 실용적이고, 편리한 방한용 옷이다.

(좌) 포 위에 배자를 입은 모습(좌측 끝)
『행려풍속도』 8폭 병풍(복제품), 국립민속박물관 소장.

뒷면

원형화문주

겉감과 안감 사이에 비쳐 보이는 솜의 퇴화물 흔적

B003992

겹저고리 赤古里

Jeogori Woman's Jacket

연화문단 / 명주 | 뒷길이 47㎝ 화장 97㎝ 뒤품 48㎝ 진동 28㎝ 수구 20.5㎝

앞면

뒷면

수례지의(襚禮之衣)로 넣어준 여성용 겹저고리이다. 이 저고리는 소매에 끝동 대신 거들지가 달려 있는데 조선시대 여성의 의례용 저고리로 견마기[肩莫只]라고 한다. 겉감은 연화문단이며, 안감은 명주를 사용하였다.

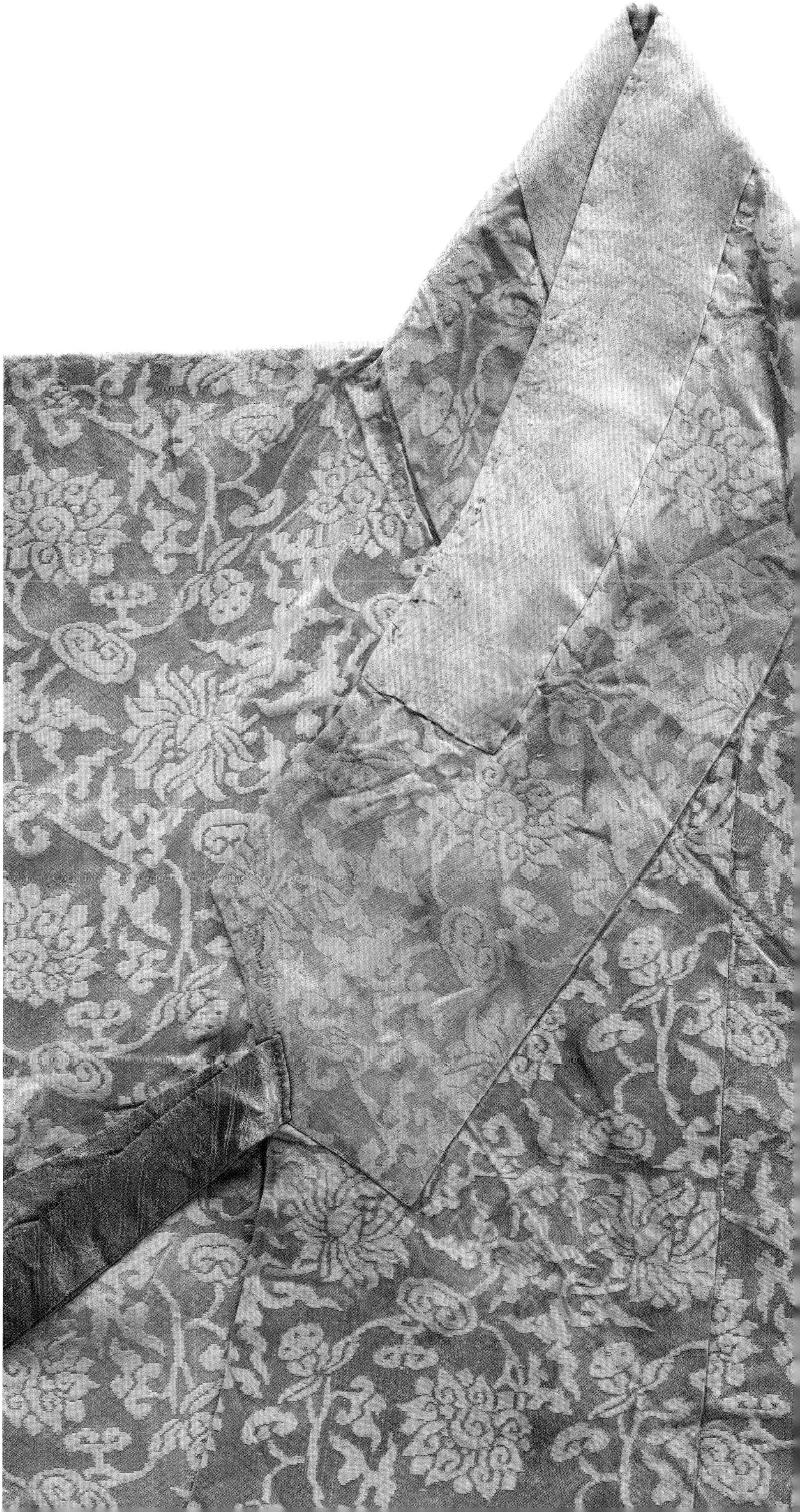

깃과 고름 부분

B003993

속적삼 赤衫

Jeoksam Jaket without Lining

문주 | 뒷길이 58㎝ 화장 104.5㎝ 뒤품 49㎝ 진동 30㎝ 수구 28㎝

앞면

펼침

수의로 추정되는 홑으로 만든 속적삼이다. 원형 화문이 시문 된 문주이다. 속바지(B004016)와 한 벌로 추정되며, 직물의 뒷면이 겉으로 오도록 만들었다.

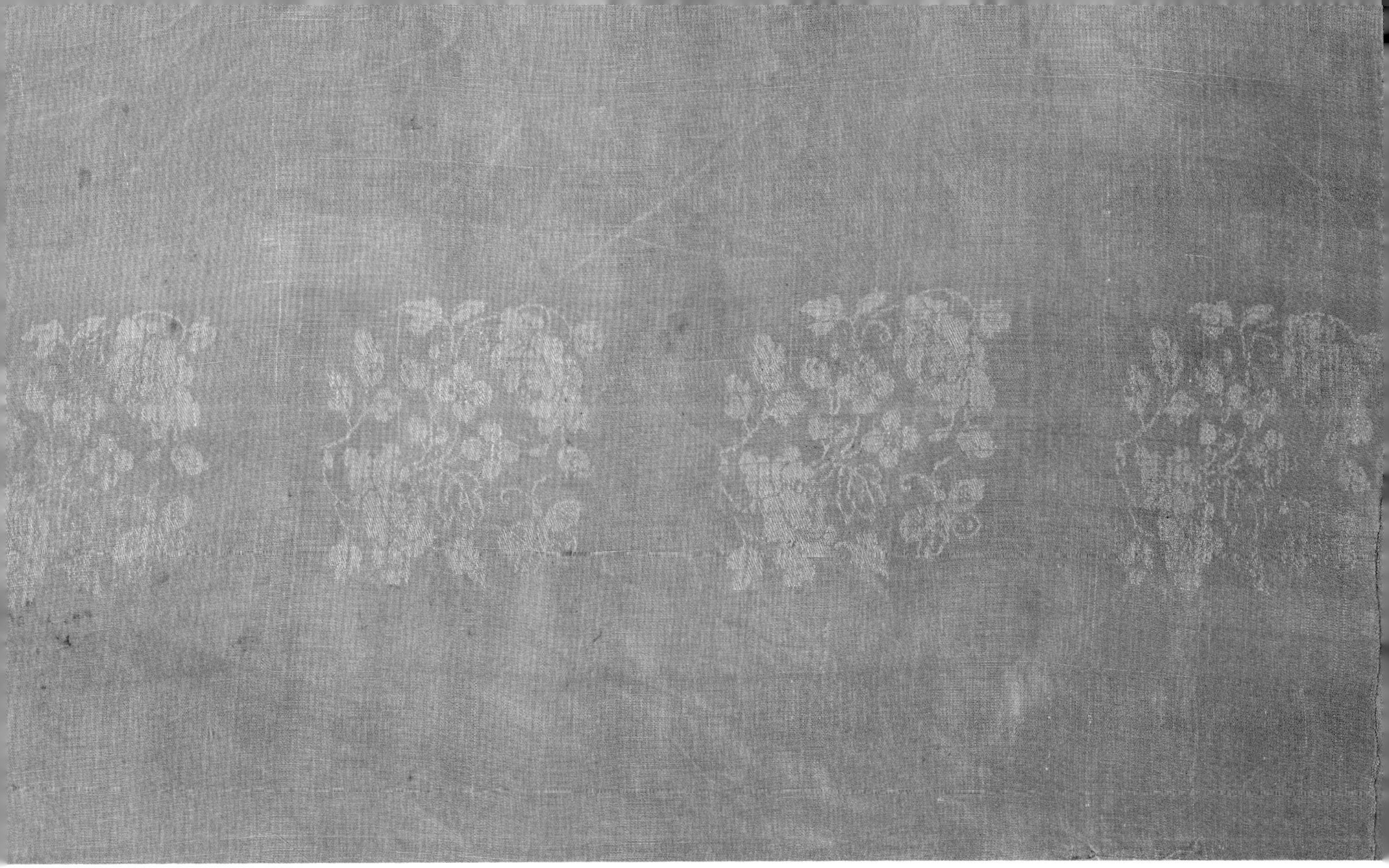

두 종류의 드문 원형 화문

B004011~B004016

바지 袴

Baji Man's Quilted Pants

명주 / 명주 | 문주(B004016)

누비바지

| 길이 118.5㎝ 허리둘레 64㎝ 둔부 너비 62.5㎝ 부리 너비 49㎝

누비바지

| 길이 119.5㎝ 허리둘레 65㎝ 둔부 너비 62㎝ 부리 너비 48㎝

겹바지

| 길이 121㎝ 허리둘레 71.5㎝ 둔부 너비 59.5㎝ 부리 너비 33.5㎝

겹바지

길이 122㎝ 허리둘레 67㎝ 둔부 너비 58㎝ 부리 너비 34.5㎝

겹바지

길이 117.5㎝ 허리둘레 66㎝ 둔부 너비 58㎝ 부리 너비 54㎝

속바지

길이 116㎝ 허리둘레 64㎝ 둔부 너비 55㎝ 부리 너비 28㎝

B003994

누비저고리 縷緋赤古里

Jeogori Man's Jacket

명주 / 명주 | 뒷길이 66㎝ 화장 33+@㎝ 뒤품 58㎝ 진동 27㎝

앞면

펼침

8㎝ 너비로 누벼 준 저고리로 소매가 소실된 상태였으나 현재는 소매가 부착된 상태이다.

B004017

누비중치막 縷緋中致莫

Jungchimak Man's Coat with Side Slits

명주 / 명주 | 뒷길이 128㎝ 화장 110.5㎝

앞면

누비 바느질 끝부분

2㎝ 너비로 누벼 준 중치막으로 깃, 길, 소매 등 시접이 모두 분리가 된 상태였으나 현재는 임시로 부착해 놓은 상태이다.
가장자리 전체에 1㎝ 가량 접착제로 추정되는 흔적이 남아 있다.

B003990

도포 道袍

Dopo Man's Coat with Additional Back Panel

명주 | 뒷길이 130㎝ 화장 114㎝ 뒤품 65.5㎝ 진동 37㎝

앞면

펼침

겉감은 소실 되었으며, 안감만 남은 상태이다. 칼깃 모양의 깃과 두리소매를 하고 있다. 뒷길과 이엽삼[전삼]으로 이루어져 있으며, 이엽삼을 뒷중심에 맞춰 부착하였다.

B003991

도포 道袍

Dopo Man's Coat with Additional Back Panel

명주 | 뒷길이 128.5㎝ 화장 115㎝ 뒤품 58㎝ 진동 30㎝

앞면

펼침

B003990 도포와 동일하게 겉감은 소실되고 안감만 남은 상태이다. 이엽삼이 뒷중심에서 10㎝ 벌어져 부착되어 있다.

B003996

습신 鞋

Seupsin Shoes for the deceased

공단 | 높이 44㎝ 발길이 37㎝

수의용으로 제작된 습신[목화]이다. 공단으로 재단하여 제작하였으며, 현재는 안감과 바닥이 소실되었으나 종이를 배접하여 사용하였을 것으로 추정된다.

B003997

사모 紗帽

Samo Coronet for the deceased

공단 | 높이 24.5㎝ 둘레 65.5㎝ 양각 23.5×6㎝

수의용으로 제작된 사모로 추정된다. 공단을 재단하여 겹으로 제작하였다.

| B004002

망건 網巾

Manggeon Man's headband for the deceased

공단 | 너비 12.5㎝ 둘레 68㎝

앞면

뒷면

수의용으로 제작된 망건이다. 공단을 홑으로 재단하여 가장자리를 접어 올려 공그르기해 주었다. 양쪽의 고리 옆으로 관자를 그림으로 그려 표현하였다.

B004003

단령대 團領帶

Dae Man's Belt for the deceased

공단 | 너비 6.5㎝ 길이 177m

수의용으로 제작된 단령대[가화대]이다. 공단 위에 띠돈을 먹선으로 표현해 주었으며, 현재는 일부 흔적만 남아 있다.

B003998

베개 枕

Begae Pillow

연화보문단 길이 15㎝ 너비 21㎝

B003999

두발낭 頭髮囊

Nang a small pouch where hair

연화문단 / 길이 12㎝ 너비 12㎝

B004000

우족낭 右足囊

Nang a small pouch where nail of feet

연화문단 / 길이 7.5㎝ 너비 11㎝

B004001

좌수낭 左手囊

Nang a small pouch where nail of hand

연화문단 / 길이 7㎝ 너비 9㎝

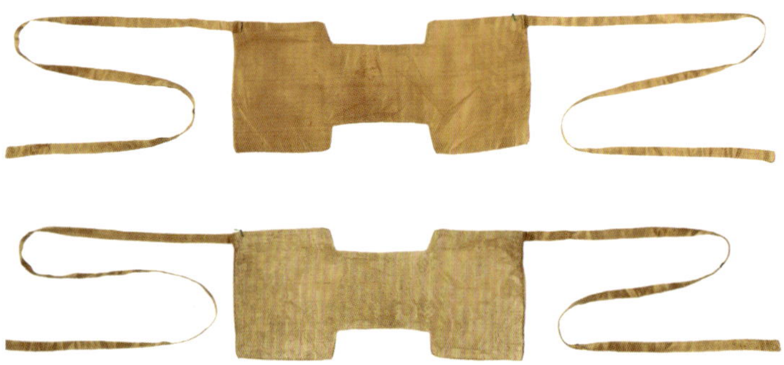

B004004

악수 幄手

Ak-su A piece of cloth to wrap the hands

공단 / 연화문사 길이 27㎝ 너비 11.3㎝

B004005

요대 腰帶

Dae Belt

명주 길이 144㎝ 너비 7.5㎝

B004006

천금 天衾

Cheongeum Final burial cover

명주·운보문단 / 명주 길이 170㎝ 너비 (상)45㎝(하)39㎝

동정·깃·길의 무늬

B004007

지요 地褥

Jiyo A mattress on which a body is laid in a coffin

보상화문단 길이 187㎝ 너비 (상)42㎝, (하)38.5㎝

보상화 연꽃무늬

B004008

구의 柩衣

Guui A kind of blanket to cover the coffin

연화보문사 | 길이 191㎝ 너비 (상)60㎝, (하)52㎝ 높이 50㎝

연화보문사

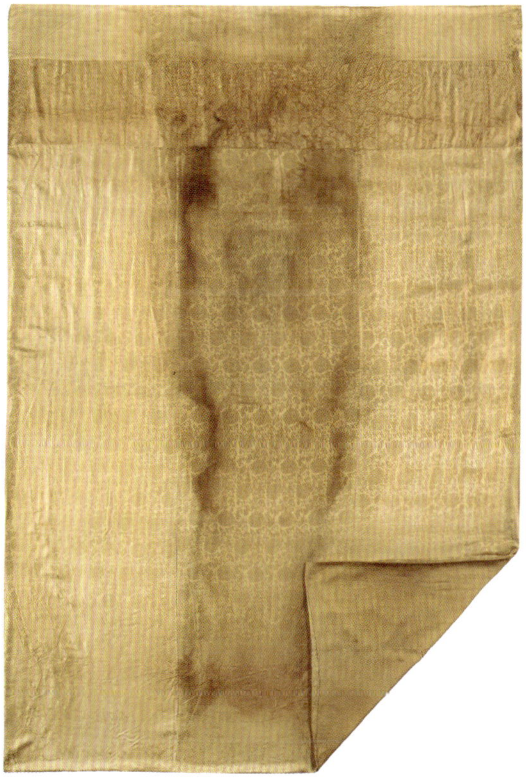

동정·깃·길의 무늬

B004009

소렴금 小斂衾

Soryeomgeum Blanket for dead body

문주·연화보문단·연화문단 / 명주
길이 268㎝ 너비 183㎝

동정·깃·길의 무늬

B004010

대렴금 大斂衾

Dearyeomgeum Blanket for dead body

문주·운보문단·연화문단 / 명주
길이 250.5㎝ 너비 188.5㎝

국화무늬

(현)B004019 · (훈)B004018

현·훈 玄纁

Hyeon ·Hun A folded black and red piece of cloth placed on top of the streamer during the funeral rite

화문단 | 길이 173.5㎝ 너비 63.5㎝

화문단 | 길이 180㎝ 너비 65.5㎝

모란무늬

B004020

명정 銘旌

Myeongjeong A funeral banner[streamer], with an inscription of the name and the rank of the deceased

공단 | 길이 290㎝ 너비 65.5㎝

명정은 상(喪)을 치를 때 축에 매달아 빈소(殯所)에 설치하였다가 장지에 들고 가서 하관하면서 관 위에 놓아 주는 것으로 『주자가례』에는 옷감의 온폭을 사용하며 붉은 비단[絳帛]으로 만든다고 하였다. 탐릉군의 명정도 너비 65.5㎝의 붉은 끼가 남은 공단을 온폭으로 사용하여 만들었으며, 검은 글씨로 '明善大夫行耽陵守之柩(명선대부행탐릉수지구)'라는 글자가 묵서되어 있다.

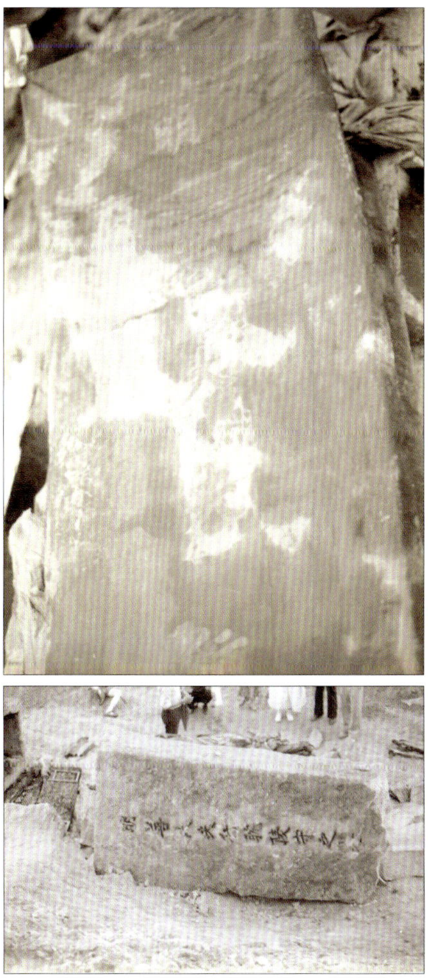

발굴 당시의 명정과 회곽에 쓰인 묵서

앞면

용인 사람, 탐릉군의 패션

용인 김량장동 이변 묘 출토 복식

Fashion,
Prince Tamneung in Yongin (1636-1731)

III

논고

탐릉군 이변(1636-1731) 묘 출토 복식의 특징

황진영 단국대학교 석주선기념박물관

Ⅰ. 머리말

1981년 6월 11일 경기도 용인시 처인구 김량장동(당시 용인군 김량장리)에서 문중 이장 중 순조의 증손인 순화군파 탐릉군(耽陵君) 이변(李忭, 1636.5.13.~1731.6.30)의 복식이 출토되었다. 탐릉군은 오위도총부부총관을 역임하였으며, 효종의 능행에 국왕의 가마를 호종[1]했던 종친으로 1724년 아들 호산군이 증직[2]됨에 따라 1725년 탐릉수에서 탐릉군으로 증군[3]되었다. 탐릉군의 묘에서 수습된 출토 유물은 1600년대 중반기부터 1700년대 중반기 남성 복식의 특징을 모두 지니고 있는 중요한 유물이다.

탐릉군의 출토 복식은 1981년 당시 석주선기념민속박물관 관장인 난사 석주선 관장이 발굴에 참여하여 복식을 수습하였으며, 1982년 5월 8일 석주선민속박물관 제2회 "수의 특별전"[4]에서 남양홍씨, 광주이씨 출토 복식과 함께 탐릉군 묘 출토 유물의 대표적인 복식을 선별하여 소개되었으며, 이후 40여 년 만에 전체를 공개하는 것은 이번이 처음이다.

출토 당시 처음부터 발굴에 참여하지 못하였고, 회곽과 목관을 열어 놓은 상태에서 수습에 참여하였기 때문에 염습 과정이 정확하게 확보되지 못하여 많은 아쉬움이 남는 복식 자료이지만 한 세기의 복식의 변화 과정을 확인할 수 있을 만큼 중요한 복식 유물임에는 틀림이 없다.

이 글은 1981년 발굴된 탐릉군의 출토 복식을 재정비하여 종류별로 복식의 특징과 함께 세부 구조와 그에 따른 명칭과 구성법 등 개별 분석을 하고자 한다.

---

1 원창애(2023), 조선후기 종친 탐릉군 가계 연구, 석주선기념박물관 학술대회 자료집, p.15에서 『종부시등록』 권1, 효종 8년 9월 ?일(정유). 재인용.

2 『승정원일기』, 영조 즉위년 11월 21일(신유).

3 원창애(2023), op. cit., p.17에서 『선원계보기략』, 1725. 재인용.

4 1982. 05. 08 ~ 05. 15, 석주선기념민속박물관 개관 1주년 기념 제2회 수의 특별전.

표 1 탐릉군 묘 출토 복식 목록

번호	유물명	유물 사진	유물 번호
1	흉배		B003955
2	단령		B003956
3	단령		B003957
4	흉배		B003958
5	단령		B003959
6	철릭		B003960
7	철릭		B003961
8	누비중치막		B003962
9	누비중치막		B003963
10	누비중치막		B003964
11	누비중치막		B003965
12	누비중치막		B003966
13	중치막		B003967
14	누비중치막		B003968
15	중치막		B003969
16	누비중치막		B003970
17	누비소창의		B003971
18	누비소창의		B003972
19	중치막		B003973
20	누비소창의		B003974
21	누비소창의		B003975
22	소창의		B003976
23	중치막		B003977
24	소창의		B003978
25	누비소창의		B003979
26	무수창의		B003980
27	누비중치막		B003981
28	창의		B003982
29	창의		B003983
30	창의		B003984
31	창의		B003985
32	협수의		B003986
33	무수창의		B003987
34	무수창의		B003988
35	무수창의		B003989
36	도포		B003990
37	도포		B003991
38	겹저고리		B003992
39	속적삼		B003993
40	누비저고리		B003994
41	등거리(배자)		B003995
42	습신		B003996
43	사모		B003997
44	베개		B003998
45	두발낭		B003999
46	우족낭		B004000
47	좌수낭		B004001
48	망건		B004002
49	단령대		B004003
50	악수		B004004
51	요대		B004005
52	천금		B004006
53	지요		B004007
54	구의		B004008
55	소렴금		B004009
56	대렴금		B004010
57	누비바지		B004011
58	누비바지		B004012
59	겹바지		B004013
60	겹바지		B004014
61	겹바지		B004015
62	속바지		B004016
63	누비중치막		B004017
64	훈		B004018
65	현		B004019
66	명정		B004020

II. 복식의 종류별 특징

탐릉군의 묘에서 출토된 유물은 총 66점으로 복식의 종류별로 구성하면 다음과 같다.

흉배 2쌍, 단령 3점, 철릭 2점, 중치막 13점, 창의 4점, 소창의 7점, 무수창의 4점, 협수의 1점, 등거리(배자) 1점, 저고리류 3점, 바지 6점, 베개 1점, 악수 1쌍, 습신(목화) 1쌍, 사모 1점, 단령대 1점, 소렴금 1점, 대렴금 1점, 소낭 3점, 구의 1점, 현 1점, 훈 1점, 명정 1점, 지요 1점, 관내의 1점이다.

탐릉군의 묘는 발굴 당시 두꺼운 회곽으로 둘러쌓여 있었으며, 이중 목관으로 관 속에 복식이 가득 차 있었다. 그러나 일부 원형이 훼손된 상태로 수습되었고, 고름과 동정, 소매 등이 소실된 경우가 있다. 이장 작업 중 발굴에 참여하였기 때문에 염습의의 순서는 파악하기 어려운 상태이다. 또한 식물성 섬유는 발견되지 않았으며, 모두 동물성 섬유만 남아 있다. 그러나 누비와 솜으로 추정되는 옷에는 솜이 들어 있지 않았지만 목화솜의 퇴화물이 남아 있는 것을 확인하여 솜이 있었음을 추정할 수 있다.

1982년 제2회 특별전을 통해 일부 복식이 발표되면서 보존처리가 이루어졌으나, 정리 과정에서 재보수가 필요한 유물이 일부 확인되어 보수를 진행하였다. 이외에도 솔기선이 모두 탈락 된 유물을 임의로 부착한 사례들이 있기 때문에 세부 구조에서 오차가 있음을 밝혀 둔다.

1. 단령(團領)

단령은 둥근 깃과 옆선이 트이면서 무가 달린 것이 특징인 조선시대 관리의 관복(官服)으로, 공식적인 행사에 착용하는 상복과 보통 상시에 집무복인 시복으로 구분된다. 15세기에는 상복이 평상복, 시복이 의례복으로 규정되어 사용되었으나, 1610년(광해군 2년) 흉배가 달린 흑단령이 상복으로, 흉배가 없으며 명주나 면포로 제작한 홍단령이 시복으로 의미가 바뀌었다.[5] 임란 이후 겉감인 단령과 안감인 직령을 따로 만들어 끼워 고정해 겹단령을 착용하였으며, 소매, 무의 위치, 흉배, 옷감의 무늬에 따라 시대와 관직을 구별할 수 있다.

탐릉군 묘에서 출토된 단령은 총 3점으로 상복 단령 2점과 시복 단령 1점이다. 3점 모두 겹단령으로 겉감인 단령과 안감인 직령(더그레)을 홑으로 만들고, 시접이 모두 안쪽으로 향하게 하여 고정, 겹단령을 완성하였다. 상복 단령은 운보문단(B003956, 이하

---

5 광해군일기[중초본] 33권, 광해 2년 9월 8일 경술 1번째 기사.

표 2 탐릉군 묘 출토 단령과 흉배

(cm)

순번	유물 번호	유물명	사진	직물 (겉/안)	구성	뒷길이	화장	뒤품	진동	소매 너비	수구
1	B003955	흉배		운보문단·자수	홑	(앞면) 33×38	(뒷면) 32.5×38				
2	B003956	단령		운보문단/ 운보문단	겹	128	121	59	36	66.5	22
3	B003957	단령		연화보문사/ 연화보문사	겹	128.5	114.5	57	34.5	67.5	24
4	B003958	흉배		운보문단·자수	홑	(앞면) 33×37	(뒷면) 32.5×36.5				
5	B003959	단령		명주/연화문단	겹	127	114	56	33.5	65	19.5

No.3956)과 연화보문사(NO.3957)로 만들었으며, 두 마리의 학이 마주 보고 있는 운학흉배(NO.3955, 3958)가 앞·뒷면에 약 33×38㎝ 크기로 부착되어 있다.

단령의 기본 형태는 모시리가 둥근 광수이다. 무는 뒤에서 고정시킨 뒤짓힘무 형태이며, 상복 단령 2점은 쌍밀이 매듭단추를 무에는 숫단추, 뒷길에는 암단추를 달아 고정하였고, 시복 단령(NO.3959)에는 매듭단추가 남아 있지 않지만 고정했던 바느질의 흔적이 남아 있다. 또한 둥근 목둘레선의 속심은 남아 있지 않았으나 식물성 섬유가 소실된 것으로 추정된다.

옷의 크기는 뒷길이 125.5~128.3㎝, 화장 141.5~121㎝, 뒤품 57~59㎝, 소매 너비 65.5~67.5㎝ 범위이다.

1) 단령[No.3956]과 흉배[No.3955]

겉감과 안감 모두 운보문단으로 제작한 겹단령이다. 단령(겉감)과 직령(안감)의 시접을 모두 안쪽으로 향하게 하여 합봉하였다. 겉감의 운보문과 안감의 운보문은 운두의 크기와 보문의 구성이 다른 형태를 이루고 있다. 가슴과 등에 붙은 흉배는 겉감의 운보문단과 같은 옷감 위에 같은 서로 마주보는 두 마리의 학과 구름 등의 무늬를 수놓았다. 앞면 겨드랑이 옆으로 13.5×2.2㎝ 대고리가 부착되어 있으며, 뒷면 겨드랑이 옆으로는 길이 38㎝, 너비 1.3㎝의 대띠가 부착되어 있다.

① 깃

단령 깃은 5㎝ 너비로 사선(바이어스) 재단하여 둥글려 주었다. 깃 파임은 25㎝이며, 목둘레선의 속심은 남아 있지 않았으나 식물성 섬유가 소실된 것으로 보인다. 안쪽은 3땀 상침, 바깥쪽(속심)은 박음질로 둘러 주었으나 일부 안깃 쪽은 홈질로 바느질하였다.

안감의 직령깃은 곧은 깃으로 깃 너비 14.5㎝, 안깃은 3.5㎝ 들여 달아 주었다. 동정은 13.5㎝ 올라와서 12㎝ 너비의 명주로 달려 있다. 직령깃 7.5㎝ 아래로 내려와 겉섶의 겉감과 안감이 공그르기로 부착되었다[그림 1].

그림 1 단령깃의 소실된 목둘레선 속심

그림 2 뒤젖힘무와 대띠

② 소매와 길

소매 너비는 66.5㎝로 모서리를 둥글린 광수형 두리소매 두리소매이다. 배래는 홈질로 연결하였으며, 수구는 22㎝로 수구 선단은 단령은 5㎝, 직령은 8.5㎝의 별단, 도련은 1.8㎝ 제물단 처리하였다. 고름은 단령(겉·안섶)과 직령(겉섶, 안고름)에 부착 되어 있다.

뒷길이 128㎝로 앞과 뒤의 길이가 같다. 겉감과 안감을 따로 만들어 시접을 안쪽으로 향하게 하여 합봉하였다. 도련, 무, 깃의 겉감은 따로 분리되어 있으며, 도련의 겉섶, 안섶, 무, 솔기 부분은 세 땀 정도 징궈 주었다. 뒷중심은 0.3㎝ 꼬집어 홈질하였으며, 나머지 시접은 푸서를 사용하였다. 어깨와 겨드랑바대는 겉감 안감에 모두 공그르기하여 바느질하였다. 왼쪽 소매를 연결한 솔기 부분에는 원형의 도장이 찍혀 있다.

가슴과 등에는 단령 직물과 동일한 운보문단 위에 두 마리의 학과 구름을 수놓은 흉배가 앞깃 0.3㎝, 뒷고대 깃 끝 5.3㎝ 내려와 부착되어 있다. 크기는 가로 33㎝, 세로 38㎝이다. 두 마리의 학이 상하로 날개를 펴고 얼굴을 마주 보고 있으며, 부리에는 아무것도 물지 않고 있다. 흉배의 가장자리는 얇게 한 줄로 둘러 주었으며, 학 주변으로 구름, 파도, 바위, 운기가 단순한 표현으로 자수가 놓여 있다.

③ 무

무는 뒤로 접어 고정한 뒤젖힘형으로 상부가 위로 향한 뾰족한 삼각형이다. 앞과 뒤 모두 형태가 상향 삼각형이며, 어깨에서 27㎝ 내려온 지점에 쌍밀이 매듭단추를 무(단추)와 뒷길(고리)에 달아 주었다. 무 선단은 5㎝ 제물단이며, 겉감과 안감의 무는 공그르기로 부착하였다. 등 쪽의 우측 대띠는 매듭단추의 안쪽으로, 좌측의 대띠는 매듭단추 바깥쪽으로 부착하였다[그림 2].

2) 단령[No. 3957]과 흉배[No. 3958]

겉감과 안감이 동일한 연화보문사로 제작한 단령으로 단령과 직령 시접을 모두 안쪽으로 향하게하여 합봉하였다. No.3955와 동일한 운보문단 위에 학과 구름 등을 수놓은 흉배가 가슴과 등에 부착하였다. 앞면 겨드랑이 옆쪽으로 어깨에서 26㎝ 내려와 12.3×1.3㎝ 대고리가 부착되어 있으며, 뒷면 겨드랑이 옆으로는 어깨에서 32㎝ 내려와 길이 44.5㎝, 너비 1.3㎝의 대띠가 고정되어 있다.

① 깃

단령 깃은 5.5㎝ 너비로 사선 재단하여 둥글려 주었다. 깃 파임은 24㎝이며, 목둘레선의 속심은 남아 있지 않았으나 식물성 섬유가 소실된 것으로 보인다. 깃 상단 고대점에 쌍밀이 매듭단추를 달고 깃의 가장자리는 0.5㎝ 들어가서 안쪽은 3땀 상침, 바깥쪽(속심)은 박음질로 둘러 주었다. 안감의 직령깃은 곧은 깃으로 깃 너비 13.5㎝, 안깃은 5.5㎝ 들여 달아 주었다. 단령과 직령의 깃은 트여 있으며, 직령깃의 시작점부터 단령 겉섶부분이 부착되어 있다. 동정은 남아 있지 않다.

② 소매와 길

소매 너비는 67.5㎝로 보서리를 둥글린 광수형 누리소매 누리소매이다. 배래는 시접 0.6㎝ 홈질로 연결하였으며, 수구는 24㎝로 수구 선단은 7×40㎝ 별단을 공그리기하였다.

뒷길이 128.3㎝로 앞과 뒤의 길이가 같다. 겉감과 안감을 따로 만들어 시접을 안쪽으로 향하게 하여 합봉하였다. 겉감과 안감의 도련은 트여 있으며, 겉섶, 안섶, 무 부위에는 3땀 정도 징궈 주었으며, 겉섶의 겉감과 안감은 공그르기로, 안섶의 겉감과 안감은 1㎝ 들어가서 성글게 시침하듯 부착하였다. 뒷중심은 0.3㎝정도 꼬집어 홈질하였으며, 나머지 시접은 푸서를 사용하였다. 어깨와 겨드랑바대는 겉감 안감에 모두 공그르기하여 바느질하였다[그림 3]. 고름은 단령(겉·안섶)과 직령(겉섶, 안고름)에 부착되어 있다. 안섶의 선단은 1㎝ 제물단으로 겉감과 안감을 선단 처리 후 시접 부분에서 시침하여 부착하였다.

③ 무

무는 뒤로 접어 고정한 뒤젖힘형으로 상부가 뾰족한 삼각형이다. 앞과 뒤 모두 형태가 상향 삼각 형태이며, 위로 뻗은 사선은 17.5㎝이다. 쌍밀이 매듭단추를 무(단추)와 뒷길(고리)에 어깨선으로 부터 27㎝ 내려온 지점에 달아 주었다. 무 선단은 3.5㎝ 제물단 이며, 4㎝ 간격으로 겉감과 안감을 시침하여 주었다. 뒷 무 상부 삼각형 부분만 겉감과 안감이 시침되어 있다[그림 4].

그림 3 겨드랑이 바대 부분

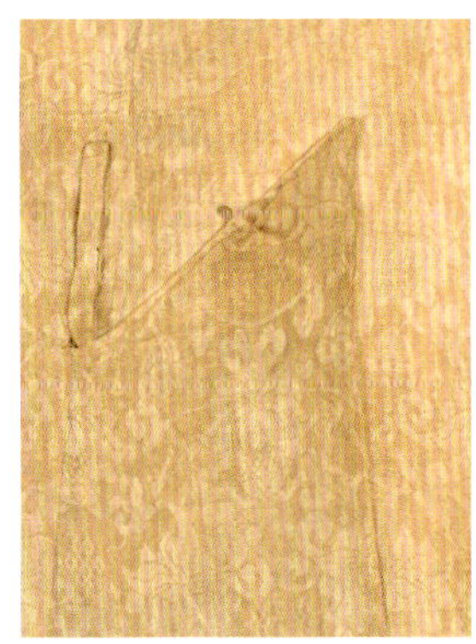
그림 4 앞·뒤 크기가 같은 삼각형 무

3) 단령[No. 3959]

겉감은 치밀한 명주이며, 안감은 연화문단으로 제작한 겹단령이다. 단령과 직령 시접을 모두 안쪽으로 바라보고 시접 방향도 동일하게 합봉하였다. 앞면 겨드랑이 옆쪽으로 어깨에서 28㎝ 내려와 9×1.5㎝ 대고리를 뒷면 겨드랑이 옆으로는 어깨에서 29㎝ 내려와 길이 57㎝, 너비 0.7㎝의 대띠가 부착되어 있다.

① 깃

단령 깃은 5㎝ 너비로 엇선 재단하여 둥글려 주었다. 깃 파임은 21㎝이며, 목둘레선의 속심은 남아 있지 않았으나 식물성 섬유가 소실된 것으로 보인다. 안쪽은 3땀상침, 바깥쪽(속심)은 박음질로 둘러 주었다.

안감 직령깃은 곧은 깃으로 깃 너비 13.5㎝이며, 동정은 깃 머리로 부터 12.7㎝ 올라온 지점에 10.5㎝ 너비의 명주로 달려 있다. 고대점을 중심으로 겉감과 안감을 3군데 징궈 주었다.

② 소매와 길

소매 너비는 65㎝로 모서리를 둥글린 광수이다. 배래는 홈질로 연결하였으며, 수구는 19.5㎝로 수구 선단은 6.5×25㎝의 별단을 사용하였다. 안감의 소매 중간은 연화문단이 아닌 명주를 일부 사용하였다.

뒷길이 127㎝로 앞과 뒤의 길이가 같다. 겉감과 안감을 따로 만들어 시접을 안쪽으로 향하게 하여 합봉하였다. 도련, 무, 깃, 수구의 겉감과 안감은 따로 분리되어 있으며, 겉섶, 무 상부 부분의 겉감과 안감끼리 징궈 주었다. 뒷중심은 변사를 사용하여 홈질하였으며, 나머지 시접은 푸서를 사용하였다. 어깨와 겨드랑바대는 겉감 안감에 모두 공그르기하여 바느질하였다. 도련은 6.5㎝ 제물단, 겉섶은 6.5㎝ 별단, 안섶은 2㎝ 제물단으로 처리하였다. 고름은 단령(겉·안섶)과 직령(겉섶, 안고름)에 부착 되어 있다.

그림 5 무 펼친 모습(뒷면)

③ 무

무는 뒤로 접어 고정한 뒤젖힘형으로 상부가 뾰족한 삼각형을 한 모양이다. 앞 무는 상향 삼각형이며, 뒷무는 일자형으로 앞 무보다 크기가 작은 형태이다[그림 5]. 쌍밀이 매듭단추는 현재 확인되지 않지만 길 쪽에 단추를 고정했던 바느질 흔적이 확인되어 앞의 단령 2점과 같은 형식이었을 것으로 추정된다. 무 선단은 아래 5㎝, 위로 6.5㎝ 접어 주었다.

2. 철릭[天翼]

철릭은 직령깃의 상의(上衣)와 주름 잡은 치마형 하의(下衣)가 연결된 옷으로, 帖裡, 帖裏, 貼裡, 天益, 天翼, 철릭, 텰릭, 쳡니, 천닉 등 다양한 명칭으로 기록되어 있으며, 원나라의 양식을 고려 시대에 들여오면서 착용되기 시작하였다. 조선 시대 관복의 받침옷, 백관의 융복(戎服), 무관의 평상복, 하급 관리들의 관복까지 다양한 신분이 착용하였다. 소매가 탈착되기도 하며, 시기에 따라 상의와 하의의 비율이 상의가 긴 최대 3:1에서 후기가 되면서 반대로 하의가 길어지는 1:3.6의 특징[6]을 나타내는데, 탐릉군 철릭의 비율은 두 점 모두 1:1.8이다.

탐릉군 묘의 출토 복식은 운보문단 홑 철릭, 운보문사 홑 철릭 총 2점이다. 두 점의 구성은 동일하다. 소매는 모두 광수형 두리소매이며, 크기는 뒷길이 127~131㎝, 화장 119~122.7㎝, 품 55~55.5㎝, 소매 너비 63.5㎝의 범위이다.

표 3 탐릉군 묘 출토 철릭

(cm)

연번	유물 번호	유물명	사진	직물 (겉/안)	구성	길이	화장	품	진동	소매 너비	수구
1	B003960	철릭		운보문단	홑	131 衣43.5 +裳87.5	119.5	56	33.5	63.5	22.5
2	B003961	철릭		운보문사	홑	127 衣44.3 +裳82.3	122.7	55.5	33	63.5	24

1) 철릭[No.3960]

운보문단으로 만든 홑 철릭으로 겹단령[No.3956]과 동일한 옷감을 사용하였다. 운보문단의 한 폭 너비는 66㎝이다. 옷감인 상의는 43.5㎝, 하의는 87.5㎝로 1:1.8의 비율로 구성하고 있다. 소매는 광수이며, 좌·우 옆트임이 있다.

① 깃

깃 너비는 14.5㎝의 칼깃형이며, 안깃머리는 11.5㎝로 안깃으로 갈수록 너비가 줄어드는 형태이다. 동정은 16㎝ 올라와서 8.5㎝ 너비의 명주로 달아 주었다. 겉깃과 섶의 중간에 4.7×64㎝ 너비의 겉고름을 박음질로 부착하였다.

6 금종숙(2011), 조선시대 철릭, 단국대학교 박사학위 논문, pp.133-134.

그림 6 허리바대 부분

② 소매와 길

화장은 119.5㎝, 소매 너비는 63.5㎝로 모서리를 둥글린 광수형 두리소매이다. 수구는 22.5㎝로 수구 선단은 6.5×31.5㎝의 제물단을 사용하였다.

상의의 뒷길이는 43.5㎝이며, 겨드랑이 밑 옆선 길이는 5.5㎝이다. 등솔은 한폭을 0.3㎝ 접어 꼬집어 박았다. 어깨선 아래로 32㎝ 내려와 띠고리(9×1.8㎝)가 진동선에 옆쪽에 부착되어 있다. 직사각형의 어깨바대와 허리바대, 정사각형의 겨드랑바대를 부착하였으며, 5㎝ 너비의 허리바대는 안섶에서 겉섶 끝까지 이어졌으며, 양 옆선은 V자 형태로 파임을 주었다[그림 6]. 안섶은 푸서 그대로 사용하여 길에 홈질로 바느질하였고, 겉섶 선단은 7㎝ 제물단, 안섶 선단은 2.5㎝ 별단이다.

③ 치마[裳]

치마의 길이는 87.5㎝로, 좌우 옆선 트임을 주었다. 겉자락 3폭(63.5+67+30), 안자락 2폭(49+63.5), 뒷자락 3폭(60+66+30)을 이어주었다. 주름 너비는 1~2㎝로 허리부터 도련까지 주름이 일정하게 잡혀 있다. 겉섶 선에서 7.5㎝ 다음 주름을 시작하였고, 안섶 쪽의 치마는 섶선에서 14㎝ 정도까지 주름을 주지 않았다. 옆트임은 안자락 치마가 뒷자락 위로 올라갔으며, 1㎝ 넘어간 지점부터 3㎝ 겹친다. 겉자락 치마는 뒤가 위로 올라가게 부착하였다.

겉자락의 치마 선단은 6㎝, 안자락 선단 2.5㎝, 도련 선단 7.5㎝, 옆트임 선단은 2㎝ 제물단이다.

치마의 안길 도련의 선단에 약 10㎝ 길이의 연화 장식안으로 "抗城朱大成號選製" 이라는 문자가 직조되어 있으며, 중국 항주에서 수입된 직물로 추정할 수 있다.

2) 철릭[No.3961]

운보문사로 만든 홑 철릭으로 운보문사의 한 폭 너비는 67㎝이다. 상의는 44.5㎝, 하의는 82.5㎝로 1:1.8의 비율로 구성하고 있다. 소매는 앞의 철릭과 동일한 광수형의 두리소매이다.

그림 7 쌍밀이 단추와 겉섶 주름 시작 부분

① 깃

깃 너비는 15㎝의 칼깃형으로 안깃으로 갈수록 너비가 줄어들어 안깃머리 너비는 11.5㎝이다. 겉깃 시작점에서 17㎝ 올라와서 8.5㎝ 너비의 명주로 동정을 달아 주었다. 겉깃 시작점위로 5.5×67㎝ 너비의 겉고름을 박음질로 바느질하였다. 허리선에는 쌍밀이 매듭단추 1쌍이 있는데, 겉섶 안쪽으로 매듭단추(4×0.8㎝)를 옆선(안섶쪽)에서 4㎝ 들어가 단추 고리(4×0.7㎝)를 부착하였다[그림 7].

② 소매와 길

화장은 122.7㎝, 소매 너비는 63.5㎝로 앞의 철릭과 같은 형태인 모서리를 둥글린 광수형 두리소매이다. 수구는 24㎝로 수구 선단은 7.5×34㎝의 제물단을 사용하였다.

상의의 뒷길이는 44.5㎝이며, 겨드랑이 밑 옆선 길이는 7.5㎝이다. 등솔은 한 폭(67㎝)을 0.3㎝ 접어 꼬집어 박았다. 어깨선 아래로 32㎝ 내려와 띠고리(7×2.7㎝)가 진동선에 옆쪽에 부착하였다. 앞 9㎝, 뒤 17.5㎝, 너비 60㎝의 어깨바대와 7㎝ 너비의 허리바대, 정사각형17.5×19㎝의 겨드랑바대가 있다. 운보문단 철릭보다 약 2㎝ 정도 크게 바대를 홑옷에 보강하였다. 양 옆선은 V자 형태로 파임을 주었다. 겉섶 선단 7㎝는 제물단이며, 안섶 선단은 2.5㎝ 별단이다.

③ 치마[裳]

치마의 길이는 82.5㎝로, 좌우 옆선 트임을 주었다. 겉자락 3폭(59+66+30), 안자락 2폭(64+59), 뒷자락 3폭(64+67+30)을 이어 주었다. 주름 너비는 1.7~2㎝로 허리부터 도련까지 주름이 일정하게 잡혀 있다. 겉섶 선에서 7㎝부터 주름을 시작하였고, [그림 8]처럼 안섶 선에서 4㎝는 주름을 주지 않았다. 옆트임 길이는 80.5㎝이며, 안자락 치마 위로 뒷자락 치마가 위로 올라가 7㎝ 겹친다. 겉자락의 치마는 뒷자락 위로 올라가 약 2㎝ 정도 겹쳐진다. 치마의 도련 선단은 7.5㎝, 안자락 선단은 2.5㎝, 옆트임 선단은 2.5㎝ 제물단이다.

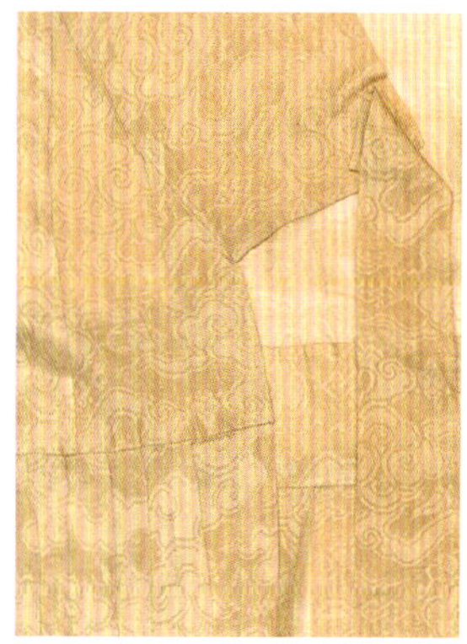

그림 8 안섶 주름 시작 부분

3. 창의[氅衣]

창의는 직령깃에 넓은 소매와 옆선의 무가 크게 달리고, 허리 아래로 뒷트임이 있는 것이 특징인 옷이다 '대창의(大昌衣)'라고도 하며, 임란 이후 보이는 남자용 포이다. 관리의 조복, 제복, 단령의 관복이나 왕 이하 사대부의 외출복과 평상복으로 도포의 받침옷으로도 입었다. 왕실의 염습 기록에 따르면 18세기까지는 초록과 남색을 사용하였으며, 19세기 까지는 남색의 문단만 사용되었다.[7]

7 영조실록 127권, 영조 52년 3월 9일 경진 7번째 기사 "草綠有紋大緞氅衣", "草綠廣織氅衣"
정조실록 54권, 정조 24년 6월 29일 경진 2번째 기사 "藍紬氅衣"
순조실록 34권, 순조 34년 11월 17일 무인 8번째 기사 "藍桃榴緞氅衣", "藍氅衣"

탐릉군 묘에서 수습된 창의는 총 4점이다. 운보문단으로 만든 창의가 1점 있으며, 나머지 3점은 모두 명주로 만든 겹옷이다. 또한 3점은 1700년대 중반기의 광수형 두리소매이며, 한 점은 1600년대 중반기 소매의 특징이 함께 확인되었다. 크기는 뒷길이 132~138㎝, 화장 106.5~115㎝, 품 46~50㎝의 범위이다.

표 4 탐릉군 묘 출토 창의

(cm)

연번	유물 번호	유물명	사진	직물 (겉/안)	구성	길이	화장	품	진동	소매 너비	수구
1	B003982	창의		운보문단 /명주	겹	123	112	58	35	64	21.5
2	B003983	창의		명주/명주	겹	125	112	54.5	31	51.5	22
3	B003984	창의		명주/명주	겹	129	108.5	56	34	59	23
4	B003985	창의		명주/명주	겹	128	111	55	35	62.5	22.5

1) 창의[No.3982]

4점의 창의 중 무늬가 있는 옷감으로 한 폭 너비 66.5㎝ 운보문단이다. 소매는 광수형 두리소매와 옆선의 무가 넓게 부착되어 있다.

① 깃

겉깃은 13.5㎝ 너비의 칼깃형, 안깃은 내어달린 목판깃 형태로 갈수록 너비가 줄어들어 너비 10㎝의 안깃머리를 부착하였다. 동정은 명주를 사용하여 너비 7.2㎝로 겉깃 시작점에서 16.7㎝ 올라와 시작된다. 고름은 모두 겉감과 같은 운보문단을 사용하였으며, 겉고름은 겉깃 머리 1㎝가 겹쳐 5×62㎝를, 안고름은 안깃 머리에 사선으로 3.5×53.5㎝를 부착하였다.

② 소매

화장은 112㎝로 32.5+66.5+13㎝를 연결하였다. 소매 너비는 64㎝이며, 수구 21.5㎝ 이다. 소매의 형태는 모서리가 둥근 광수형 두리소매로 앞서 살펴 본 단령, 철릭과 같은 형태를 가지고 있다[그림 9].

③ 길

뒷길이와 앞길이가 동일하며, 양옆의 무는 윗면 0㎝, 아래 25㎝의 넓은 삼각무를 달아 주어 도련선을 넓게 만들었다. 뒷 중심선에서 48㎝ 내려와 75.5㎝ 길이의 뒤트임을 주었다. 뒷 중심은 한 폭의 반을 꼬집어 박았다. 도련의 가장자리는 안으로 조금 들어가서 2땀 상침으로 둘러 주었다.

2) 창의[No.3983]

고운 명주를 겉감에 사용하여 만든 겹창의로 4점의 창의 중 소매의 형태가 다른 옷이다.

① 깃

겉깃은 13㎝ 너비의 칼깃형, 안깃은 내어달린 목판깃 형태로 안깃머리 너비 12㎝이며, 안깃 시작점 약 14㎝ 이어 붙였다. 동정은 소실되었으며, 깃 가장자리를 성글게 홈질로 바느질하였다. 고름은 모두 겉감과 같은 고운 명주를 사용하였으며, 겉고름은 겉깃 머리 1.5㎝ 정도 겹쳐 2.8×63㎝에, 안고름은 안깃 머리에 사선으로 3×53㎝를 부착하였다. 시접은 아래로 향해 부착하였다.

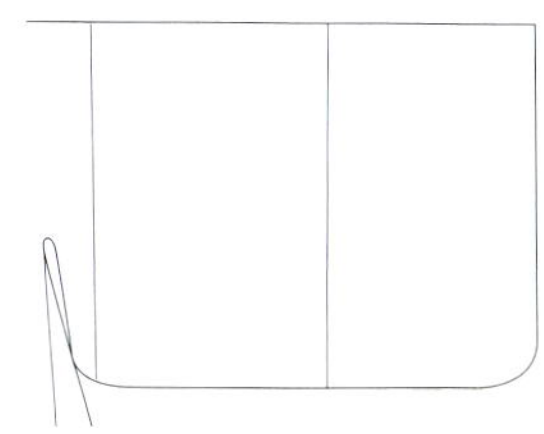

그림 9 No. 3984 창의 소매

② 소매

화장은 112㎝로 39+39.5+34㎝를 연결하였다. 소매 너비는 51.5㎝이며, 수구 22㎝이다. 소매의 형태는 [그림 10]처럼 겨드랑이부터 사선으로 깍아 둥글게 굴려진 형태로 1600년대 중반 소매 형태의 특징을 나타내고 있어 탐릉군이 젊은 시절 착용했던 옷으로 추정해 볼 수 있는 겹장의이다. 진동과 수구에 사뜨기로 바느질되어 있다[그림 11].

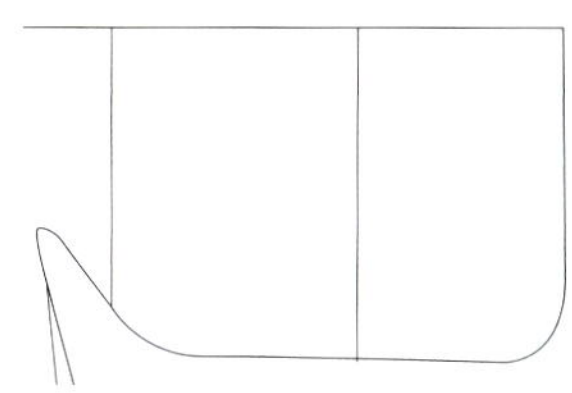

그림 10 No. 3983 창의 소매

그림 11 No.3983 창의 겨드랑이 사뜨기

③ 길

뒷길이와 앞길이가 동일하며, 뒷 중심선에서 52㎝ 내려와 73㎝ 길이의 뒤트임을 주었다. 진동은 31㎝로 양옆의 무는 진동에서 5㎝ 내려와 윗면 0㎝, 아래 18㎝의 넓은 삼각무를 달아 주었다. 뒷트임의 시작 지점, 안깃과 안섶의 모서리에 사뜨기를 해 주었다.

3) 창의[No.3984, No.3985]

① 깃

겉깃은 13~14㎝ 너비의 칼깃형, 안깃은 내어달린 목판깃 형태로 갈수록 너비가 줄어들어 너비 11㎝의 안깃머리를 부착하였다. 동정은 명주를 사용하여 너비 7.5~8.5㎝로 겉깃 시작점에서 17~19.5㎝ 올라와 시작된다. 고름은 모두 명주를 사용하였으며, 겉고름은 겉깃 머리와 섶 위에 부착하였으며, 겹창의(No.3985)는 안고름이 탈락되었다.

② 소매

화장은 108.5~111㎝, 진동은 34~35㎝이며, 소매 너비는 59~62.5㎝의 넓은 광수형 두리소매이다. 겹창의(No.3984)의 진동에는 사뜨기를 해 주었다.

③ 길

뒷길이와 앞길이가 동일하며, 양옆의 무는 위 0㎝, 아래 24~28.5㎝의 넓은 삼각무를 달아주어 도련선을 넓게 만들었다. 겹창의(No.3985)는 진동점 4.5㎝ 아래부터 무가 시작된다. 뒷 중심선에서 52㎝ 내려와 75.5~78㎝ 길이의 뒤트임을 주었다. 도련의 가장자리는 안으로 들어가서 상침으로 둘러 주었다. 겉감과 안감의 상침 주변으로 직물의 여유 공간의 흔적으로 보아 솜이 일부 들어 있었을 것으로 추정된다.

4. 중치막(中赤莫)

중치막은 곧은 깃에 옆트임이 있고, 소매가 넓은 특징을 가진 옷으로 남자들의 일상 겉옷이나 앞서 살펴본 창의의 안에 받침옷으로도 착용한다. 중치막의 소매는 17세기 후반부터 둥근 일자형 소매에서 광수형 두리소매의 형태로 변화되는 특징을 나타내고 있다. 또한 성인 남성뿐 아니라 어린이도 중치막을 착용하였으며, 출토된 유물들을 통해 확인할 수 있다.

탐릉군의 복식에는 총 13점의 중치막이 확인되었다. 겉·안감 모두 명주를 사용하였으며, 누비 9점, 겹 4점으로 분류 되어있으나 발굴 당시 식물성 섬유가 모두 출토되지 않아 솜옷의 유무를 구분하기는 어려운 점이 있다. 어린이 중치막을 제외한 성인용의 중치막의 크기는 길이 118~128㎝, 화장 100~117㎝, 품 52~60㎝의 범위이다. 중치막의 소매의 모양은 두 가지의 양식으로 분류가 된다.

표 5 탐릉군 묘 출토 중치막

(cm)

연번	유물 번호	유물명	사진	직물 (겉/안)	구성	길이	화장	품	진동	소매 너비	수구
1	B003962	누비중치막		명주/명주	누비	120	104	57.5	33.5	39	39
2	B003963	누비중치막		명주/명주	누비	118	100	52	29	49.5	48.5
3	B003964	누비중치막 (어린이용)		명주/명주	누비	103	91.5	46.5	26	44	18
4	B003965	누비중치막		명주/명주	누비	124	113	60	32	53.5	21.5
5	B003966	누비중치막		명주/명주	누비	127	107	58.5	31	57	21.5
6	B003967	중치막		명주/명주	겹	124.5	109.5	58	33.5	52.5	23.5
7	B003968	누비중치막		명주/명주	누비	123.5	117	60	33.5	52	20
8	B003969	중치막		명주/명주	겹	122	106	57.5	35	56.7	23.5
9	B003970	누비중치막		명주/명주	누비	123.5	109	59	34	52	22.5
10	B003973	중치막		명주/명주	겹	122.5	108	59	31.5	34.5	34.5
11	B003977	중치막		명주/명주	겹	120.5	110	60	32	33	34
12	B003981	누비중치막		명주/명주	누비	125	116	57.5	30.5	55	20
13	B004017	누비중치막		명주/명주	누비	128	110.5				

1) 누비 중치막(두리소매형)

탐릉군의 묘에서 수습된 누비 중치막은 13점 중 8점이 누비로 제작하였다. 길, 깃, 소매를 별도로 누벼준 다음 재단하여 솔기를 연결하고, 가장자리를 선단으로 마무리하였다. 누비는 0.7~2㎝ 간격으로 누볐으며, 배래를 쌈솔 형태로 감싸 마무리를 해주기도 하였다.

깃은 모두 칼깃형이며, 안깃은 내어달린 목판깃 형태이다. 고름과 동정은 명주를 사용하였으며, 일부 소실 된 옷도 있다.

[그림 12]처럼 모서리를 모두 둥글린 두리소매 형태의 중치막은 화장 100~117㎝, 소매 너비는 52~60㎝, 수구는 20~23.5㎝으로 구조와 형태는 같으나 크기의 편차는 큰 편이며, [그림 13]의 No.3963 누비중치막은 두리소매에 수구까지 일자로 이어진 각이 진 형태로 소매 너비와 수구 너비가 48.5~49.5㎝ 이다. 두리소매의 2가지 형태가 함께 확인되는 유물은 최숙 묘 출토 복식의 중치막에서도 확인할 수 있다.[8] No.3968 누비중치막은 자주색으로 선단을 둘러 주었다. 중치막은 모두 옆선의 무는 없으며, 안쪽으로 휘어진 곡선의 형태를 하고 있다.

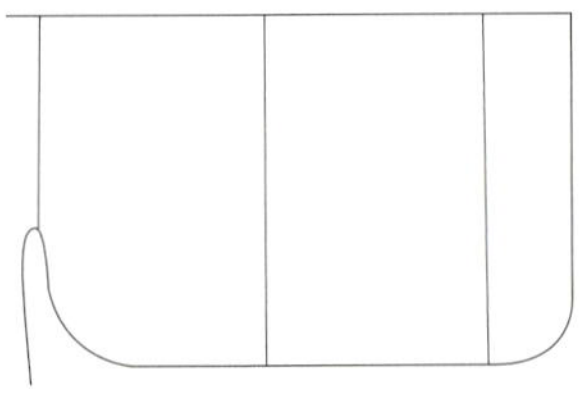
그림 12 No. 3965 중치막 소매

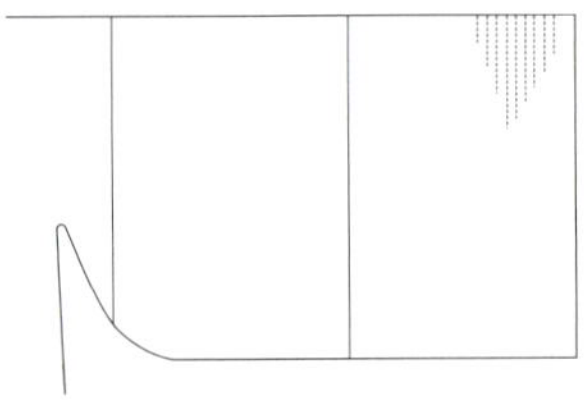
그림 13 No. 3963 중치막 소매

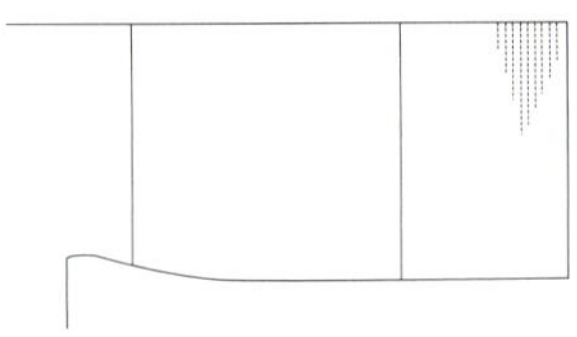
그림 14 No. 3962 중치막 소매

2) 누비 중치막(일자 소매형)[No.3962, 3973, 3977]

탐릉군의 묘에서 수습된 중치막 가운데 광수형 두리 형태의 소매가 아닌 좁은 일자 형태의 소매를 가진 중치막 3점이 확인되었다[그림 14].

깃과 길의 구조는 앞의 두리소매형 누비중치막과 동일하지만 소매의 형태에서 차이를 나타내고 있다. No.3962 누비 중치막의 소매는 진동 33.5㎝, 소매 너비와 수구가 39㎝이며, No.3973과 No.3974 중치막은 진동 31.5~32㎝, 소매 너비와 수구는 33.5~34㎝로 겨드랑이에서 소매가 조금씩 넓어지는 형태를 나타내고 있다. 이 소매의 형태는 주로 1600년대 중반기에 확인되는데, 신경유(申景裕, 1581-1633), 김여온(金汝溫, 1596-1665), 최원립(崔元立, 1618-1690) 묘의 출토 유물에서 비슷한 양식을 나타내고 있다.

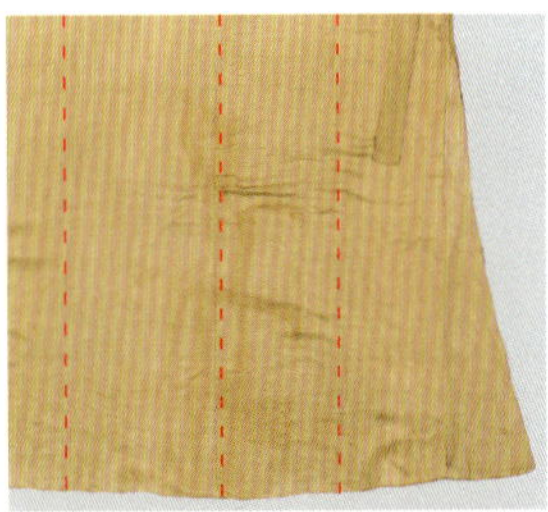
그림 15 솔기와 길 부분 시침한 흔적

3) 겹 중치막[No.3967, 3969, 3973, 3977]

탐릉군 묘에서 출토된 13점의 중치막 중 4점은 겹으로 구성하고 있으나, 발굴 당시 목화솜(식물성 섬유)이 모두 퇴화되었기 때문에 겹옷과 솜옷을 정확하게 구별할 수 없다. 그러나 [그림 15]처럼 섶선, 중심선, 길 부분에 시침한 흔적이 있으며, 겉감과 안감 안쪽에 남은 목화솜의 퇴화물 흔적, 공간의 유격 등으로 보아 솜옷의 가능성을 배제할 수 없다.

8 차미희·이명은(2022), 다시 만나는 문화재 화성 구포리 수성최씨 숙묘 출토 복식, 단국대학교 석주선기념박물관, p.114.

4) 어린이 중치막[No. 3964]

수례지의로 넣어준 어린이 중치막은 겉·안감 모두 명주를 사용하여 만들었으며, 성인 중치막의 형태와 같은 광수형의 두리소매이다. [그림 16]과 같이 보풀의 흔적과 먹으로 생긴 오염물 등 자주 착용하였던 옷임을 알 수 있다.

뒷길이는 91.5㎝, 화장 91.5㎝, 소매 너비 44㎝, 수구 18㎝로 약 130㎝ 이상의 신장을 가진 어린이가 착용하였을 것으로 추정된다. 동정과 겉고름은 흔적만 남아 있으며, 누비 간격은 1.8~2㎝, 1.4~1.8㎝의 선단으로 마무리하였다. 어린이 중치막도 별도로 누벼준 다음 솔기를 끼워 세삭하였나[그림 17].

그림 16 어린이 중치막의 소매 모양과 생활 흔적

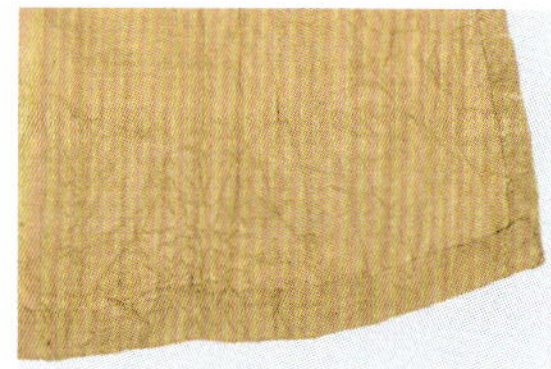

그림 17 누비 시접 부분

5. 소창의(小氅衣)

소창의는 곧은 깃에 옆선이 트어진 옷으로 중치막과 그 구조는 같으나 소매가 좁은 특징을 가지고 있다. 저고리와 바지 위에 착용하거나 저고리의 대용으로 사용하기도 하였다. 사대부는 내의용, 일반 서민은 겉옷으로 착용하였으며, 조선 후기 풍속화나 기록화를 통해서 신분이 낮은 인물이 소창의의 겉자락은 뒤로 묶어 착용한 것을 확인해 볼 수 있다.

표 6 탐릉군 묘 출토 소창의

(cm)

연번	유물 번호	유물명	사진	직물 (겉/안)	구성	길이	화장	품	진동	소매 너비	수구
1	B003071	누비소창의		명주/명주	누비	114.7	106	55	31	23.5	21
2	B003972	누비소창의		명주/명주	누비	116	105	57	29	29.5	28
3	B003974	누비소창의		명주/명주	누비	114.5	105	58.5	31	27	25
4	B003975	누비소창의		명주/명주	누비	106	106	60	27	25.5	23.5
5	B003976	소창의		명주/명주	겹	122	99	55	32.5	28.5	23.5
6	B003978	소창의		문주/명주	겹	116.5	111	59	34.5	28.5	25.5
7	B003979	누비소창의		명주/명주	누비	108.5	100	56	29	35	24.5

탐릉군의 묘에서는 총 7점의 소창의가 출토되었다. 누비 소창의 5점과 겹 소창의 2점으로 구성되었으며, 앞서 살펴본 겹 중치막과 같이 솜누비나 솜옷으로 제작했을 가능성도 있다. No.3978 소창의를 제외한 나머지 옷감은 명주를 사용하였으며, 크기는 길이 106~122㎝, 화장 99~111㎝, 뒤품 55~60㎝, 소매 너비 23.5~35㎝, 수구 21~28㎝, 진동 21~24.5㎝로 진동에서 수구로 가면서 소매가 좁아지는 착수형의 특징을 나타내고 있다. 옆선은 진동점 17㎝ 내려와 옆선이 트여졌다.

누비는 1~14㎝로 간격의 편차가 큰데, 띄엄띄엄 누벼준 흔적을 통해서 두터운 솜을 넣어 만들어 준 것으로 추정해 볼 수 있다.

1) 겹 소창의

겹옷의 소창의는 모두 2점이다. 이 중 No.3978 소창의는 나비, 매화 등으로 시문 된 문주를 사용하였다. 도련선 가장자리로 들어가서 상침하여 둘러 주었으며, [그림 17]와 같이 안섶의 하단에는 직조를 시작한 옷감을 그대로 사용하였다. 안감 쪽에는 시침한 흔적이 남아 있어, 솜옷의 가능성을 추정해 볼 수 있다. No.3976 소창의는 겉섶, 안섶, 도련의 좌우 모서리의 안감은 겉감과 동일하게 사용하여 움직일 때 보이는 부분에는 안감보다 좋은 옷감이 보이도록 제작하였다[그림 17]. 옆트임의 시작점에는 1.5㎝ 사뜨기를 해 주었다.

그림 18 No.3978 소창의 안섶 하단 직조 시작 부분

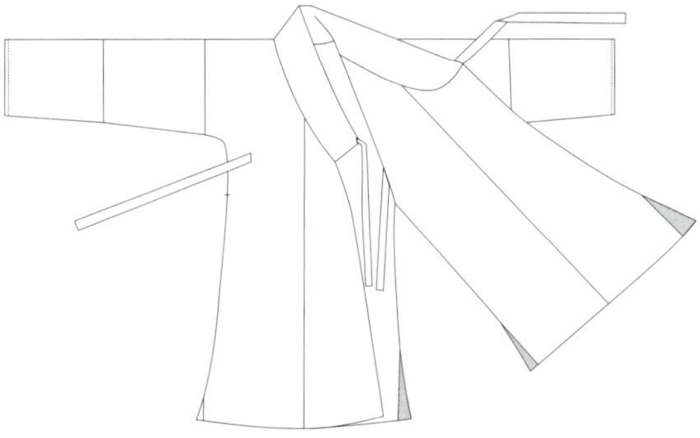

그림 19 No.3976 모서리 부분의 직물(회색 부분)

2) 누비 소창의

현재 누비옷은 솜이 없는 겹 상태로 중치막보다는 누비 간격을 넓게 잡아 만들어 주었다. 1~2㎝ 간격의 잔 누비는 길, 깃, 소매를 따로 누빈 후 솔기를 이어 붙였으며, 1~1.5㎝ 너비의 선단으로 마무리하였다[그림 20]. 또한 간격이 넓은 소창의는 옷의 형태를 만들고 솜을 넣어 뒤집은 후 솔기 부분과 5~14㎝ 간격마다 성글게 누벼 주었다. 소창의의 옆트임은 진동점에서 17~20㎝ 내려와 옆트임이 시작된다.

그림 20 No.3971 누비소창의 옆선 솔기 마감

6. 협수의(夾袖衣)

치밀한 명주를 사용한 겹옷이다. 깃 너비 5.5㎝로 깃머리를 둥글린 배자 형태이고, 섶이 없는 대금형 포이다. 소매 너비와 수구가 31㎝로 동일한 착수형으로 뒤트임 길이는 67.5㎝이다. 깃 시작점에서 10㎝ 정도 가장자리를 0.7㎝ 들어가 고운 홈질로 바느질하였다. 머리부터 14㎝ 간격으로 3㎝ 길이의 매듭단추 세 개를 달았던 흔적이 남아 있다[그림 21]. 배자형 깃이 부착된 1700년대 중반기까지의 출토 유물로는 밀창군 이직(1677~1746) 묘의 답호와 배자, 최숙(1636~1698) 묘의 괘자와 빈수포, 국립민속박물관의 이진숭(1702~1756) 묘의 더그레(방령) 등에서 확인되나, 대칭형 섶이 부착되었거나 무수의이거나 깃이 방령깃으로 [그림 22]의 탐릉군 묘의 옷과 큰 차이점을 보이고 있다.

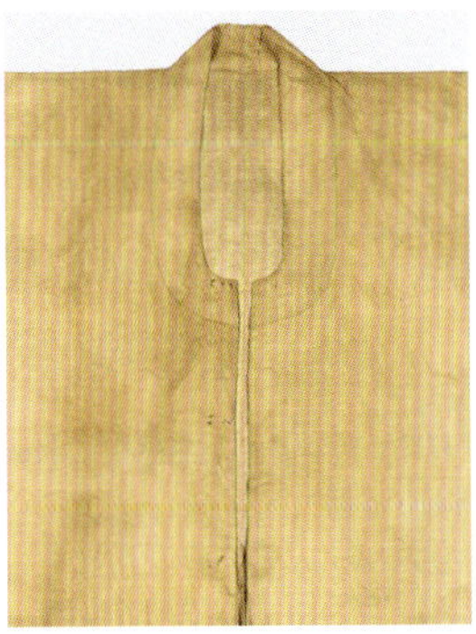

그림 21 대칭형 섶과 배자형깃

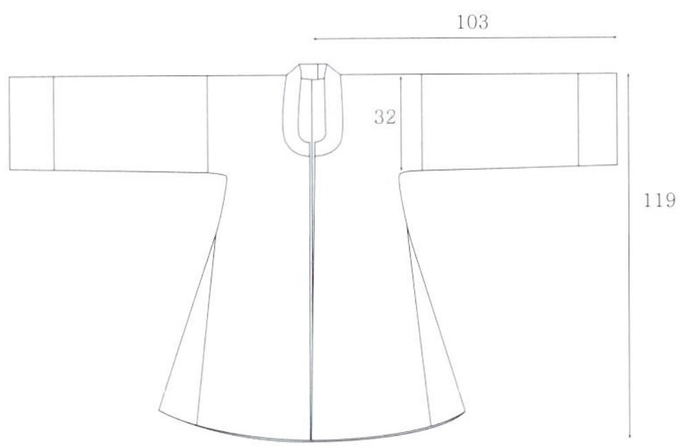

그림 22 배자형 깃에 섶이 없는 대금형

1828년(순조 28)『(무자)진작의궤』에 표현된 도설을 살펴보면, [그림 23]처럼 교임 형태의 깃 여밈과 [그림 24]의 대금형 깃 모두 형태는 다르지만 소매가 좁다는 공통점으로 '夾袖'라고 붙여 주었다. 이 협수를 깃과 상관없이 좁은 소매의 형태를 근거로 명칭을 사용한 것으로 확인된다. 현재까지 탐릉군 묘의 배자형 깃의 복식과 비교할 만한 유물과 문헌의 명칭을 밝혀낼 수 없어 옷의 형태적 특징으로 '협수의'라는 명칭을 부여하였다.

이 옷은 착수형 뒤트임이 있는 협수에 [그림 25]처럼 배자형 깃이 달린 쾌자를 덧입었던 것을 한 벌의 형태로 간소화시켜 편리하게 만들어 준 옷으로 추정해 볼 수 있다.

표 7 탐릉군 묘 출토 협수의

(cm)

연번	유물 번호	유물명	사진	직물(겉/안)	구성	길이	화장	품	진동	소매 너비	수구
1	B003986	협수의		명주/명주	겹	118	103	58	32.5	31	31

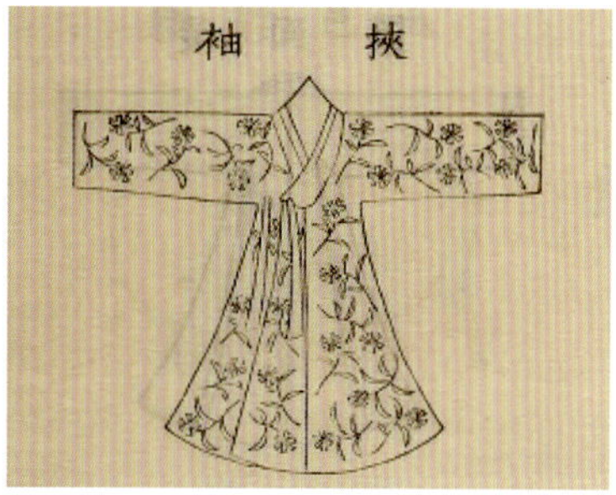

그림 23 1828년(순조 28) 『(무자)진작의궤』 협수

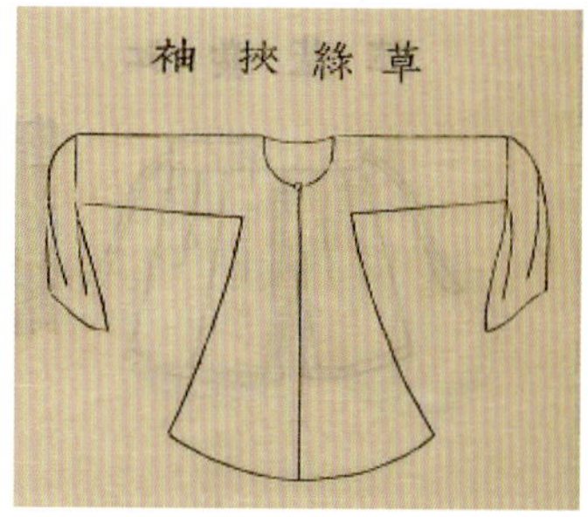

그림 24 1828년(순조 28) 『(무자)진작의궤』 초록협수

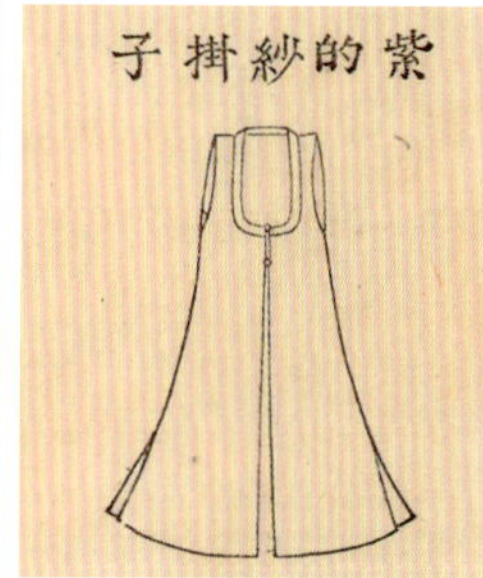

그림 25 1829년(순조 29) 『(기축)진찬의궤』 배자형 깃의 쾌자

7. 무수창의(無袖氅衣)

탐릉군 묘에서 수습된 무수창의는 창의류는 총 4점이며, 모두 소매가 없고 트임이 있는 옷이다. 이 옷은 칼깃형 깃에 트임과 진동의 형태가 4점 모두 다른 구성을 가지고 있다. 동시대 출토 유물에서 배자형 깃의 쾌자나 전복이 공존하는 것으로 보아 창의와 중치막 또는 소창의 류의 포를 가볍고 편리하게 착용하기 위해 소매를 붙이지 않고 변형하여 제작된 것으로 볼 수 있다.

이 옷도 협수의와 마찬가지로 옷의 명칭을 정확하게 설명할 수 없기 때문에 학계에서 옷의 형태로 명칭을 부여해주는 암묵적인 관행[9]에 따라 '무수창의'로 명명하였다.

1) 무수창의(창의형)

겉감은 연화문단 안감은 명주로 제작된 2점(No.3987, 3988)의 옷은 뒷길이 123~123.5㎝, 품 57~60㎝, 진동 33~35.5㎝이다. No.3982 운보문단 창의와 크기가 유사하며 소매만 탈착되었을 뿐 칼깃, 뒷트임, 옆선의 무 등의 구조는 창의와 동일하다[그림 26], [그림 27].

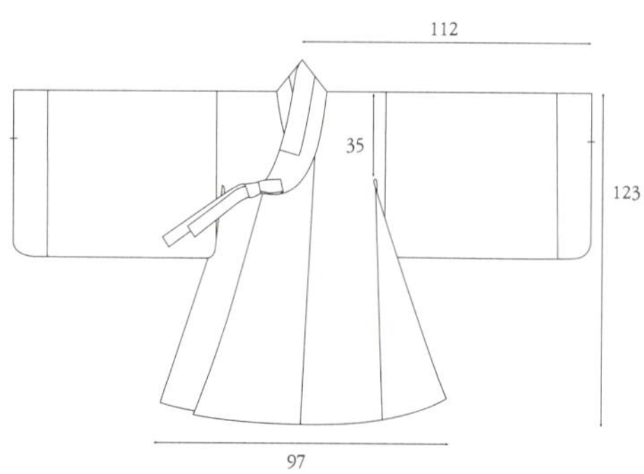

그림 26 창의 도식화

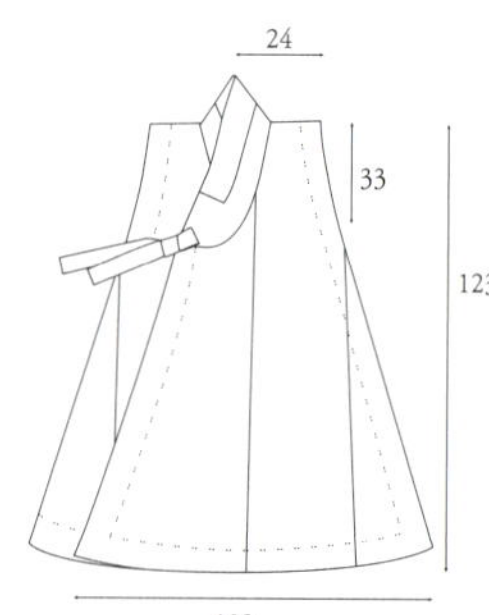

그림 27 무수창의 도식화

9 차미희·이명은(2022), op. cit., p.116.

연화문단의 한폭 너비 약 68㎝로 뒷길 중심선 시접은 0.4㎝ 정도 꼬집어 박아주었으며, 길과 무의 시접이 약 2.8㎝정도 남아 있다.

두 점의 구성은 거의 동일하나 소매의 모양에서 차이를 나타낸다. [그림 28]의 No.3987 무수창의는 옆선 무의 상부 2㎝를 직선으로 처리하여 겨드랑이 부분이 각이 지게하면서 석땀 상침으로 바느질하였다. 특히 오른쪽 겉고름을 등쪽의 겨드랑이에 고름을 붙여 주었다.

[그림 29]의 No.3988 무수창의는 어깨선부터 겨드랑이까지 자연스럽게 곡이 지도록 하였으며, 겨드랑이에 1.2㎝ 정도를 사뜨기로 마무리하였다.

그림 28 각진 겨드랑이와 뒷 면에 부착된 고름

그림 29 겨드랑이 사뜨기

2) 무수창의(중치막형)

겉감과 안감 모두 명주를 사용하여 만든 소매 없는 옷 2점(No.3980, 3989)으로 연화문단 무수창의와는 다르게 옆선에 트임이 있는 옷이다. 소매가 없는 중치막 또는 소창의 형태의 옷으로 볼 수 있으며, 탐릉군 묘의 중치막 뒷길이는 120㎝ 이상[그림 30], 소창의는 106~110㎝ 정도[그림 31]로 무수창의의 평균 뒷길이 122㎝와 비교해 보았을 때 소매 없는 중치막으로 볼 수 있다.

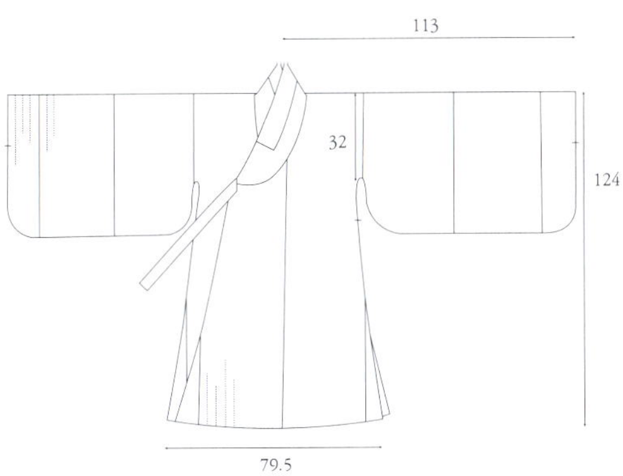

그림 30 중치막 도식화

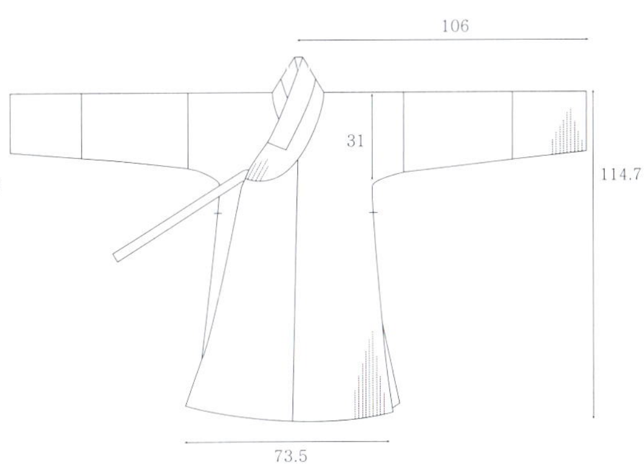

그림 31 소창의 도식화

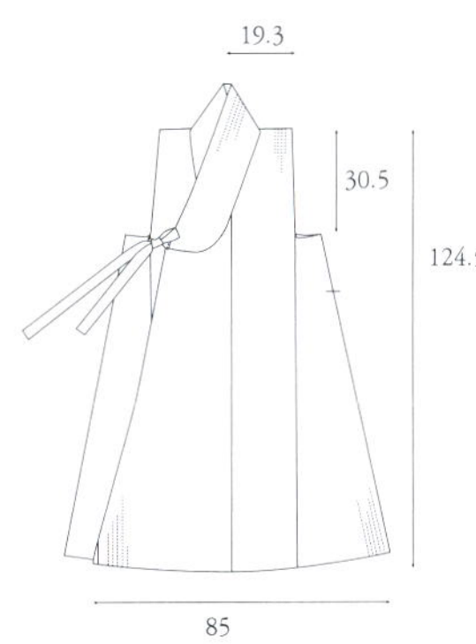

그림 32 무수창의 도식화

[그림 32] No.3989 무수창의는 누비로 제작한 옷으로 뒷길이 124.5㎝, 품 59㎝, 화장 19.3㎝, 진동 30.5㎝이며, 누비 간격은 1~1.2㎝이다. 다른 누비옷의 제작 방식과 동일하게 길과 깃 등 따로 누벼준 후 솔기를 끼워 감춰 주고, 가장자리 선단으로 마무리하였다. 무의 상부와 소매선 부분을 겨드랑이까지 자연스럽게 굴리지 않고 직선 그대로 사용하여 각지게 구성한 것은 따로 누벼 이어 붙이는 과정에서 편리하게 제작한 것으로 볼 수 있다.

이번 재조사를 하는 과정에서 새롭게 확인된 [그림 33] No.3980 무수창의는 화장이 34.5㎝

그림 33 탐릉군 묘 출토 무수창의

그림 34 신경유 묘 출토 방령

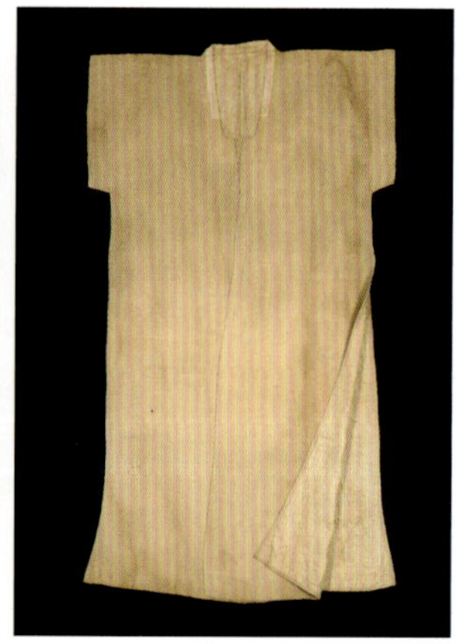

그림 35 밀창군 묘 출토 답호

표 8 탐릉군 묘 출토 소매 없는 창의류

(cm)

연번	유물 번호	유물명	사진	직물 (겉/안)	구성	길이	화장	품	진동	소매 너비	수구
1	B003980	무수창의		명주/명주	겹	122.5	34.5	59	31.5	-	-
2	B003987	무수창의		연화문단/명주	겹	123.5	22	57	35.5	-	-
3	B003988	무수창의		연화문단/명주	겹	123	24	60	33	-	-
4	B003989	무수창의		명주/명주	누비	124.5	19.3	59	30.5	-	-

로 어깨를 살짝 덮는 형태의 옷이다. 칼깃에 뒷길이 122.5㎝, 품 59㎝, 옆선길이 90㎝, 71㎝의 옆트임에 사뜨기를 해 주었다. 동정은 소실되었으나 흔적은 남아 있다. 수구, 섶, 도련, 옆선의 가장자리를 모두 상침하여 주었으며, 솔기마다 징구듯이 누벼주었던 것으로 보아 솜을 넣어 제작했던 것으로 추정된다. 이 소매의 형태와 비슷한 출토 유물로는 신경유(1581-1633) 묘에서 출토된 방령[그림 34], 밀창군(1677~1746) 묘의 답호[그림 35]의 소매와 비교해 볼 수 있으며, 당시 깃과 여밈, 트임의 차이는 있지만 어깨를 덮는 소매의 옷이 17세기부터 착용되고 있었음을 알 수 있다.

8. 등거리(누비배자)

원형의 드문 꽃과 나비 무늬가 있는 문주로 누벼 만든 등거리이다. 등거리는 1632년 『인목왕후빈전도감의궤(仁穆王后殯殿都監儀軌)』에 '배거리[背巨里]'라는 명칭으로 기록되어 있다. 저고리 위에 덧입는 조끼 형태의 옷으로 뒷길 부분과 어깨에서 앞으로 넘어오는 끈 형태가 연결되어 있으며, 앞길의 끈이 가슴에서 교차하여 옆선 고리에 걸어 묶어주는 실용적이고, 편리한 방한용 옷이다. 총길이는 106.5㎝, 품은 46㎝, 고름 끈은 2.2×60㎝이며, 누비 간격은 1~1.2㎝, 1.5㎝의 선단을 가장자리에 둘러 주었다. 현재는 솜이 남아 있지 않아 겹누비로 보이지만 [그림 36]과 같이 안쪽에 목화솜의 퇴화물이 확인되어 얇게 솜을 두어 만든 것으로 추정된다. 본 박물관에는 이와 유사한 유물로 경기도 여주에서 출토된 동래정씨 일가 묘 출토 복식(1574~1669)의 등거리가 소장되어 있다. 목둘레 주변에는 종이심이 들어 있으며, [그림 38]처럼 어깨를 걸칠 수 있는 앞부분의 띠는 남아 있으나 고정할 수 있는 고름은 남아 아있지 않아 원형으로 수습된 탐릉군의 등거리를 통해 착용 방법을 확인 할 수 있기 때문에 중요한 유물이다.

그림 36 겉감과 안감 사이에 비쳐 보이는 솜의 퇴화물

그림 37 탐릉군 묘 등거리(누비배자)

그림 38 동래정씨 정양우(1574~1647) 묘 배자

표 9 탐릉군 묘 출토 등거리(배자)

(㎝)

연번	유물 번호	유물명	사진	직물(겉/안)	구성	길이	화장	품	진동	소매 너비	수구
1	B003995	등거리(배자)		문주/명주	겹	106.5	21	46	-	-	-

9. 저고리류[赤古里]

탐릉군의 묘에서 속적삼(赤衫) 1점, 누비 저고리 1점, 여성용 겹저고리 1점이 출토되었다.

표 10 탐릉군 묘 출토 저고리류

(cm)

연번	유물 번호	유물명	사진	직물 (겉/안)	구성	길이	화장	품	진동	소매 너비	수구
1	B003992	겹저고리		연화문단 /명주	겹	47	97	48	28	25.5	20.5
2	B003993	속적삼		문주	홑	58	104.5	49	30	29	28
3	B003994	누비 저고리		명주/ 명주	누비	66	65	58	27		

1) 겹저고리

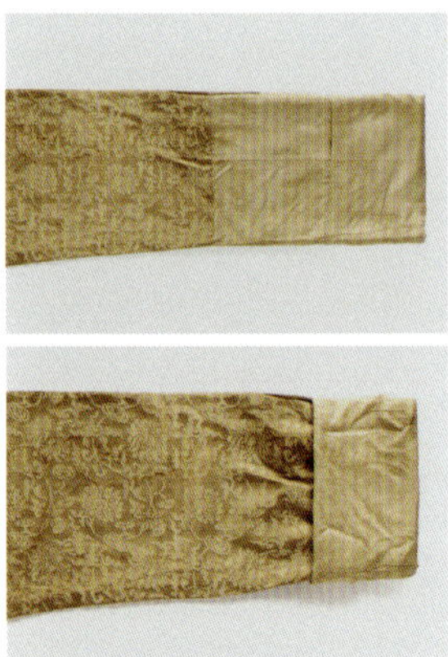

그림 39 거들지 부분

수례지의로 넣어준 여성용 겹저고리이다. 이 저고리는 소매에 끝동 대신 거들지가 달려 있는데 조선 시대 여성의 의례용 저고리로 겉마기[肩莫只]라고 한다. 겉감은 연화문단이며, 안감은 명주를 사용하였다. 깃은 너비 11.5㎝ 이며, 겉깃은 목판당코깃으로 깃머리 5.7㎝ 걸쳐지고, 당코의 끝은 8㎝ 정도 올라가 있다. 깃머리를 곱게 박음질 하였으며, 동정과 거들지, 고름은 격자형 무늬의 문주를 사용하였다. 소매는 진동 28㎝, 소매 너비 25.5㎝, 수구 20㎝로 완만한 사선 형태의 곡선을 이루고 있다. 거들지를 펼치면 총 화장 길이는 90㎝이며, 거들지를 접으면 75㎝이다. 격자무늬의 거들지는 20㎝로 11.5㎝/6㎝ 접어준 흔적이 있다[그림 39]. 밑도련은 완만한 곡선을 이루고 있으며, 도련에서 5.5㎝ 올라가서 두땀 상침으로 둘러 주었다. 품보다 도련이 다소 넓다. 현재는 겹옷의 상태로 남아 있지만 다른 유물들에서도 솜옷의 가능성이 있는 것으로 보아 겉마기도 솜옷의 가능성을 배제할 수 없다.

2) 속적삼

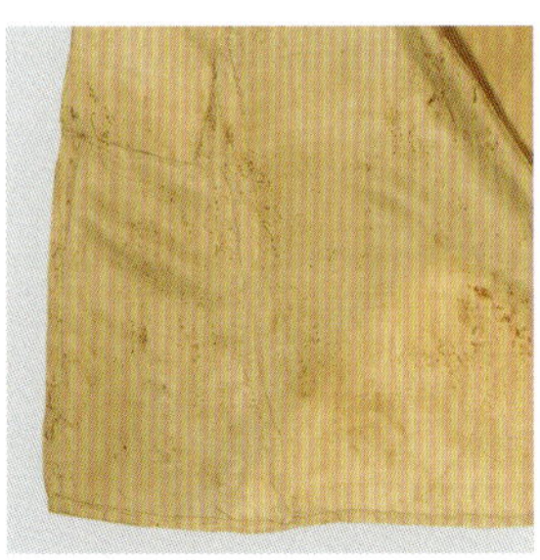

그림 40 속적삼의 시접 부분

수의로 추정되는 속적삼이다. 한 폭 너비 43㎝의 드문 원형 문주로 만든 홑옷이며, 옷감을 뒤집어 뒷면이 겉으로 오도록 만들었다. 깃 너비는 10㎝이며, 겉자락의 고름만 남아 있다. 수구는 푸서를 그대로 사용하였고, 뒷중심 이음선은 가름솔로 하였으며, 겉섶은 길쪽 방향을 향하도록 했다. [그림 40]처럼 도련은 0.8㎝ 접어 올려 0.4㎝ 너비로 크게 홈질하였다.

3) 누비저고리

깃 너비 11.5㎝의 남성용 칼깃 저고리로 안깃은 내어달린 목판깃이다. 솜을 두텁게 두었던 것으로 추정되며, 누비선은 7.5~8㎝ 간격이며, 바느질 땀은 1㎝ 너비로 간격이 넓은 편이다. 소매는 양쪽 모두 탈락되었으나, [그림 41]처럼 보수를 통해 현재는 양쪽의 소매를 찾아 주었다. 동정과 고름은 모두 소실되었으며, 일부 흔적이 남아 있다.

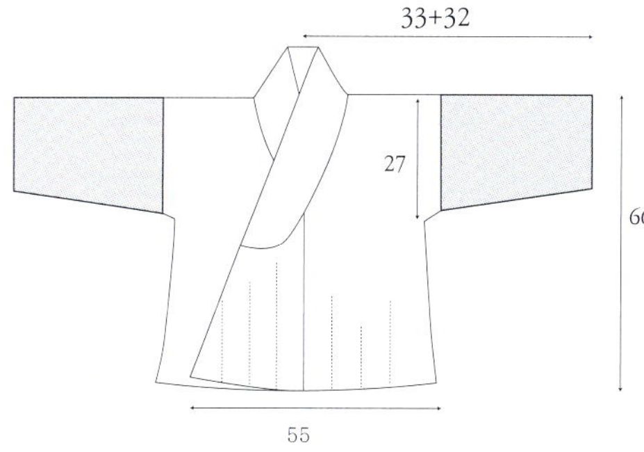

그림 41 소매 연결한 저고리 부분(회색 부분)

10. 바지[袴]

탐릉군의 묘에서는 총 6점의 바지가 출토되었다. 홑 1점, 누비 2점, 겹 3점이며, 큰사폭, 작은사폭, 마루폭, 허리말기로 구성된 사폭바지이다. 크기는 총길이 113~119.5㎝, 허리둘레(1/2) 55 ~ 62.5㎝, 부리 28 ~ 36㎝의 범위이다.

표 11 탐릉군 묘 출토 바지

(cm)

연번	유물 번호	유물명	사진	직물(겉/안)	구성	총길이	허리둘레(1/2)	둔부너비(1/4)	부리
1	B004011	누비바지		명주/명주	누비	118.5	64	62.5	35
2	B004012	누비바지		명주/명주	누비	119.5	65	62	36
3	B004013	겹바지		명주/명주	겹	121	71.5	59.5	33.5
4	B004014	겹바지		명주/명주	겹	122	67	58	34.5
5	B004015	겹바지		명주	겹	117.5	66	58	34
6	B004016	속바지		문주	홑	116	64	55	28

1) 속바지(홑바지)

수의로 추정되는 가장 속에 입은 속바지(No.4016)이다. 속적삼(No.3993)과 동일한 드문 원형 문주로 만들었으며, 직물의 뒷면을 앞으로 사용해서 바지를 제작하였다. 부리의 도련을 1㎝ 접어 홈질로 바느질하였다.

2) 누비바지

누비바지는 2점(No.4011, 4012)으로 1~2.5㎝, 허리말기는 2~3㎝ 너비로 누벼주었다. 사폭바지도 큰사폭, 작은사폭, 마루폭, 허리말기를 따로 누빈 후에 시접을 끼워 감침하였고, 1.2~1.8㎝ 너비의 선단으로 마무리하였다. 허리말기 상부는 0.8㎝ 들어가 홈질로 가장자리를 둘러 주었다.

3) 겹바지

겹바지는 총 3점(No.4013~4015)으로 일부 소실된 부분은 보수를 통해 원형을 찾아 주었다. 3점 모두 솔기 부분과 바지폭에 약 18㎝ 간격으로 상침을 해 주었으며, 바지부리는 1.2㎝ 올라가서 홈질 또는 5㎝ 위로 상침을 해 주었다. 현재는 솜의 흔적은 남아 있지 않지만 겉감과 안감의 여유 공간과 상침의 흔적 등으로 미뤄 보아 솜을 두고 만든 바지로 추정된다.

11. 기타

그림 42 No.3390 도포의 이엽삼

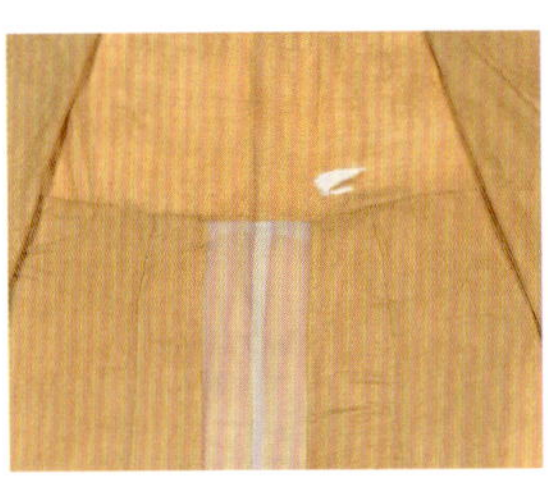

그림 43 No.3391 도포의 이엽삼

1) 도포

No.3990과 No.3991의 도포 모두 안감만 남아 있으며, 탐릉군 묘의 출토 유물에는 식물성 섬유가 모두 소실된 것으로 보아 도포의 겉감이 식물성 직물이었을 가능성이 있다. 솔기가 모두 틀어진 상태로 길이는 부정확하다. 뒷길의 길이는 61㎝이며, 두 도포는 뒷자락 이엽삼의 구조에 차이점이 있다. No.3990 도포는 뒷 중심선을 겹치기 않게 마주보고 부착하였으며, No.3991 도포는 뒷 중심에서 10㎝ 벌어지게 부착한 점이 다르며, 현재는 자락의 보호를 위해 보존섬유로 보강한 상태이다[그림 42], [그림 43].

2) 요대

명주를 사용하여 길이 144㎝, 너비 7.5㎝ 제작한 바지의 허리띠이다.

표 13 탐릉군 묘 출토 도포와 요대

(cm)

연번	유물 번호	유물명	사진	직물(겉/안)	구성	길이	화장	품	진동
1	B003990	도포(안감)		명주	겹	130	114	65.5	37
2	B003991	도포(안감)		명주	겹	128.5	115	58	30
3	B004005	요대		명주	겹	가로144	세로7.5		

3) 염습제구와 치관제구

복식을 제외한 유물로는 염습과 치관제구가 있다. 수의용으로 사용한 사모, 습신, 망건, 단령대는 동일한 공단으로 홑으로 남아 있으며, 모두 완형을 유추할 수 있을 정도의 형태를 지니고 있다.

습신(No.3996)은 수의용으로 제작한 목화로 앞 높이 44cm, 뒤축 높이 28cm, 발길이 37cm로 현재는 바닥이 소실되어 발목만 남아 있으며, 종이 또는 식물성 섬유를 배접하여 제작하였던 것으로 추정된다.

사모(No.3997)는 모체의 높이 24.5cm, 둘레 35cm 양각은 너비 11cm, 높이 11cm로 조각이 남아 있다. 겉면의 완형 외에 모정 부분의 조각이 남아 있는 것으로 보아 최숙묘의 수의용 사모처럼 겹으로 제작되었을 것으로 유추해 볼 수 있다.

망건(No.4002)은 윗면의 당과 아랫면의 편자 등 사면의 가장자리를 1.5cm 접어 올려 넓게 공그르기하였으며, 당 부분을 1~2cm 넓게 홈질한 당줄로 잡아 당겨 주름을 만들었다. 당줄이 온전한 모습으로 부착되어 있다. 양쪽 끝에서 11cm 안쪽으로 고리와 2cm 지름의 관자를 검은 선으로 표현해 주었다.

단령대(No.4003)는 수의용으로 만들어준 가화대(假畵帶)로 너비 6.5cm, 선제 길이 176cm로 뒷면의 중심으로 솔기 처리하였으며, 검정 먹선으로 각 품대의 띠돈(삼태, 남두육성, 좌보우필, 나비, 북두칠성)을 표현하였으나 선이 일부 연하게 남아 있다. 단령대의 여밈은 양쪽으로 2cm 들어와 얇은 끈으로 묶어 주도록 부착되어 있다.

악수(No.4004)는 한 쪽만 수습되었으며, 겉감은 공단으로 안감은 연화문사를 사용하였으며, 가로 27cm, 세로 11.3cm로 양쪽 윗면의 모서리 두 개에만 끈을 부착하였다.

표 14 염습과 치관제구 목록

(cm)

연번	유물번호	유물명	사진	직물(겉/안)	구성	길이(세로)	너비(가로)	연번	유물번호	유물명	사진	직물(겉/안)	구성	길이(세로)	너비(가로)
1	B003996	습신		공단	겹	높이 44	길이 37	10	B004006	천금		운보문단/명주	겹	가로 45/39	세로 170
2	B003997	사모		공단	겹	높이 24.5	둘레 65.5	11	B004007	지요		보상화문단	겹	가로 42/38.5	세로 187
3	B003998	베개		연화보문단	겹	가로 21	세로 15	12	B004008	구의		연화보문사	홑	가로 191	세로 52
4	B003999	두발낭		연화문단	홑	가로 12	세로 12	13	B004009	소렴금		문주·연화보문단·연화문단·명주	겹	가로 183	세로 268
5	B004000	우족낭		연화문단	홑	가로 11	세로 7.5	14	B004010	대렴금		문주·운보문단·연화문단/명주	겹	가로 188.5	세로 250.5
6	B004001	좌수낭		연화문단	홑	가로 9	세로 7	15	B004018	훈		화문단	홑	가로 65.5	세로 180
7	B004002	망건		공단	홑	높이 12.5	둘레 68	16	B004019	현		화문단	홑	가로 63.5	세로 173.5
8	B004003	단령대		공단/공단	겹	길이 177	폭 6.5	17	B004020	명정		공단	홑	가로 65.5	세로 290
9	B004004	악수		공단/연화문사	겹	가로 27	세로 11.3								

연화보문단으로 사용한 베개(No.3998)와 두발낭(No.3999), 우족낭(No.4000), 좌수낭(No.4001)이 수습되었으며, 소렴금과 대렴금에 사용된 옷감으로 함께 제작해 준 것으로 보인다.

천금(No.4006)은 관안에 보공을 채운 후 마지막에 덮어주는 용도로 길이 170㎝, 너비 39㎝로 동정은 명주, 깃과 길은 운보문단, 안감은 명주로 제작하였다. 지요(No.4007)는 관

안의 바닥에 깔아 주는 것으로 꽃잎이 만개한 보상화형의 연화문단을 반으로 접어 제작하였는데 길이 187㎝, 너비 상부 42㎝, 하부 38.5㎝로 뒷면의 1/3 지점에 솔기를 만들어 바느질하였다. 관 위를 덮어 주는 구의(No.4008)는 연화보문사로 관의 크기에 맞춰 솔기를 홈질로 성글게 바느질하였다.

소렴금(No.4009)과 대렴금(No.4010)은 문주와 연화보문단, 운보문단, 안감은 명주를 사용하여 제작하였으며, 길은 3폭을 이어 만들었다. 연화문단의 남은 조각을 이용해 베개와 3점의 소낭을 만들어 주었다.

묘기 있는 곳의 신에게 비치는 검정색과 붉은색의 폐백(예단)인 현훈(No.4018, 4019)은 국화와 도류불수와 도교적 양식의 보문 등이 시문된 직물을 사용하였으며, 두 점 모두 모서리 부분에 원형 도장이 찍혀 있으나 해석은 불가능하지만 중국에서 수입된 직물로 추정된다.

명정(No.4020)은 상(喪)을 치를 때 축에 매달아 빈소(殯所)에 설치하였다가 장지에 들고 가 하관하면서 관 위에 놓아 주는 것으로『주자가례』에는 옷감의 온폭을 사용하며 붉은 비단[絳帛]으로 만든다고 하였다. 묘주의 관직과 이름을 파악할 수 있는 것으로 '明善大夫行耽陵守之柩(명선대부행탐릉수지구)'라고 검은 글씨가 쓰여져 있다.『주자가례』의 기록과 동일하게 붉은 기가 남아 있는 무늬 없는 공단으로 너비 65.5㎝의 온폭을 사용하였다.

III. 탐릉군 복식의 특징

1. 소매의 형태

1600년대 이후의 출토된 유물들은 단령, 철릭, 답호, 창의, 중치막, 소창의, 반수의, 무수답호, 배자, 전복 등으로 왕실 종친 일가의 유물과 사대부가의 복식과 크게 다르지 않은 것으로 확인된다. 특히 창의, 중치막, 소창의 등 남성의 대표적인 편복포의 수량이 많은 비중을 차지하고 있다.

탐릉군 묘에서 수습된 출토 복식은 포류 위주의 옷으로 소매의 형태를 통해 1700년대 전반기 남성 복식의 특징을 확인해 볼 수 있다. 단령, 철릭, 창의, 중치막, 도포의 소매는 대부분 소매 너비가 50~67㎝ 정도로 모서리를 둥글게 굴려준 광수형 두리소매가 공통적인 특징으로 나타난다. 넓은 광수형의 두리소매는 최숙의 묘에서 출토된 복식에서 시작된 것으로[10] 출토 복식의 사례를 통해 확인된다.

10 차미희·이명은(2022), op. cit., p.126.

1600년대 중반까지 소매의 너비가 겨드랑이에서 완만하게 넓어지는 콩깍지 형태에서 1600년대 말 소매의 폭이 넓어지면서 소매 너비와 수구가 직선인 두리소매의 형태로 변화되기 시작되는데, 창의와 중치막에서 일부 소매가 좁고 수구 쪽이 각진 형태의 소매가 나타난다. 이 형태를 통해 탐릉군이 젊은 시절 착용했던 옷으로 추정해 볼 수 있다. 모서리를 둥글게 굴려 준 두리소매가 가장 유행하는 시기의 탐릉군 묘의 출토 복식은 1700년대 중반기의 소매 양식을 대표하는 중요한 자료가 될 수 있는 유물이다.

2. 명칭의 변경과 다양한 형태의 복식

탐릉군 묘에서 수습된 복식에는 문헌과 기존 발표된 유물들과 일치하지 않은 협수의 1점과 무수창의 4점이 확인되었다.

협수의는 1982년 발표 당시 도포, 창의, 중치막도 아닌 새로운 형태의 옷으로 명칭이 정확하지 않았기 때문에 윗 옷의 밑받침 옷을 총칭하여 중단(中單)으로 발표 되었다.[11] 현재까지도 문헌과 일치하는 명칭이 확인되지 않았으나, 법복(法服)의 받침옷[裏衣]과 명칭이 혼돈되기 때문에 소매의 형태와 도설의 명칭 사례를 종합하여 '협수의'라고 수정하였다.

무수창의는 단령의 받침옷으로 조선시대 포 가운데 가장 많은 변형을 거치는 옷 중에 하나인 '답호(褡護)'라고 소개되면서 조선 전기에는 반소매에 양옆의 직사각형의 무가 있으며, 중기를 거치면서 소매가 없어지고, 후기에는 깃이 없어지면서 '전복'으로 변화되는 것으로 소개되고 있으며[12] 1700년대 대표적인 답호로 알려져 있다. 1700년대 소매가 없는 형태의 출토 유물의 사례를 살펴보면, 깃의 여밈(칼깃 교임, 배자형 깃, 맞깃 등), 트임(뒤트임, 옆트임)의 구성에서 차이를 보이며, 반수의, 무수답호, 답호, 배자, 전복 등으로 명칭도 다양하게 사용되고 있다. 탐릉군 묘에서 확인된 이 4점의 옷 또한 뒷트임이 있는 창의와 옆트임이 있는 중치막의 형태로 나타나며, 소매 또한 4점 모두 다르게 구성되었던 점 등으로 미뤄 보아 편리하게 착용하기 위해 변형된 양식으로 이해할 수 있다. 이러한 사례들로 답호라는 명칭으로 통일시키기에는 아직 연구가 더 필요한 과제이다. 계속해서 새로운 유물 발굴로 연구가 지속되어야 할 것이다.

11 석주선(1982), 동양학 제12집, 단국대학교 동양학연구소, p.514.
12 단국대학교 석주선기념박물관(2005), 명선(名選) 中, p.85.

3. 직물과 문양

탐릉군 유물의 직물은 식물성 섬유는 모두 퇴화되었으며, 동물성 섬유인 견직물만으로 이루어졌다. 다만 견직물의 겉감과 안감에 남은 목화 솜의 퇴화물의 흔적들로 솜옷을 사용했던 것을 추정할 수 있었다. 66점의 복식 중 중치막과 소창의는 대부분 누비옷으로 잔누비 옷들은 깃, 길, 소매 등을 따로 누벼준 후 솔기를 끼워 연결하여 제작하였다.

직물은 문단, 문주, 문사, 평직의 주를 사용하였다. 구름무늬와 7종의 연화무늬, 매화 나비무늬, 원형 화문, 노류불수, 난초, 석사, 태극 등 다양한 무늬를 의복 외에도 치관제구 등에 사용하였다. 탐릉군 묘 출토 복식에 시문 된 이 무늬들은 의원군 이혁(1661-1722) 묘, 최숙(1636-1698) 묘의 출토 복식 등 17세기 이후의 출토 사례를 통해서 동시대 유행하는 유사한 양식들이 나타나는 것을 확인할 수 있다.

또한 중국에서 제직한 것으로 추정되는 직물과 도교적 양식의 보문 등 중국풍의 문양들로 보아 당시 중국에서 수입된 문단 직물을 다양하게 사용했던 것으로 추정할 수 있다.

IV. 맺음말

1981년 6월 11일 경기도 용인시 김량장동에 집성촌을 이뤘던 선조의 증손 탐릉군 이변의 묘에서 복식을 66점 수습하였다. 1982년 석주선기념민속박물관 개관 1주년 기념 특별전에서 탐릉군 묘 출토 복식의 대표적인 유물들을 선별하여 처음 소개하였으며, 재정리를 통해 전체를 세부적으로 복식을 고찰한 결과는 다음과 같다.

첫째, 1982년 석주선기념민속박물관 개관 1주년 기념 특별전에서 탐릉군 묘 출토 복식의 대표적인 유물들을 선별하여 처음 소개하였다.

둘째, 출토된 옷은 총 66점으로 흉배 2쌍, 단령 3점, 철릭 2점, 중치막 13점, 창의 4점, 소창의 7점, 무수창의 4점, 협수의 1점, 등거리(배자) 1점, 저고리류 3점, 바지 6점, 베개 1점, 악수 1쌍, 습신(목화) 1쌍, 사모 1점, 단령대 1점, 소렴금 1점, 대렴금 1점, 낭 3점, 구의 1점, 현 1점, 훈 1점, 명정 1점, 지요 1점, 관내의 1점이다.

셋째, 탐릉군의 묘에서는 식물성 섬유는 모두 퇴화되어 동물성 섬유만 수습되었으며, 겹옷, 솜이 없는 누비옷으로 남아 있는 상태이다. 겹옷의 안쪽에 목화씨의 퇴화물이 확인되는 것으로 보아 솜옷과 솜누비옷으로 제작되었을 가능성도 있다.

넷째, 단령, 철릭, 창의, 중치막, 도포 등의 소매의 형태는 모서리가 둥근 광수형 두리소매가 많은 비중을 차지하며, 1700년대 중반기의 소매 양식을 대표하는 중요한 자료가 될 수 있는 유물이다.

넷째, 단령은 총 3점으로 운학흉배가 부착된 상복용 단령 2점, 시복용 단령 1점으로 겉감의 단령과 안감 직령을 따로 만들어 시접을 안쪽을 향하게 하여 합봉하였으며, 무는 뒤로 젖혀 매듭단추로 고정하였다.

다섯째, 철릭은 총 2점으로 1:1.8의 비례를 보이며, 모두 홑옷으로 구성되었고, 운문사 철릭은 고름과 매듭단추를 함께 사용하였다.

다섯째, 협수의, 무수창의, 등거리(배자)등 실용적이며 간소화 된 다양한 종류의 복식이 수습되었다.

여섯째, 운문, 연화문, 원형화문, 화접문, 도류불수 등 다양한 무늬가 시문 된 견직물이 확인되었으며, 동시대 유행하는 무늬들과 중국에서 제직된 직물을 일부 확인하였다.

일곱째, 수례지의로 넣어준 어린이 중치막과 겉마기 저고리가 수습되었다.

염습의 과정을 확인할 수 없는 것이 아쉬운 점이다. 그러나 한 세기를 살아온 탐릉군의 복식은 1700년대 전반기의 복식을 결정짓게 해줄 수 있는 중요한 복식이며 시대 판별에 매우 유용한 자료가 될 수 있을 것이다.

참고 문헌

『조선왕조실록』.

금종숙(2011), 조선시대 철릭, 단국대학교 박사학위 논문.

단국대학교 석주선기념박물관(2005), 명선(名選), 中.

단국대학교 석주선기념박물관(2023), 특별전 용인사람, 탐릉군의 패션 학술발표집.

석주선(1982), 동양학 제12집, 단국대학교 동양학연구소.

석주선기념박물관(2021), 창녕성씨 성급 부부 합장묘 출토 복식, 단국대학교출판부.

차미희·이명은(2022), 다시 만나는 문화재 화성 구포리 수성최씨 숙 묘 출토 복식, 단국대학교 석주선기념박물관.

탐릉군 묘 출토 직물

채정민·권은주·박양희 단국대학교 석주선기념박물관

1. 서론

제14대 선조의 증손인 탐릉군 이변(李忭, 인조14년 1636년 5월 13일~영조7년 1731년 6월 30일)의 출토 유물은 1981년 6월 11일 경기도 용인시 김량장동에서 종중 묘를 이장하는 과정에서 수습되었다[1]. 대군과 부인의 합장묘였으며 대군의 명정에는 "明善大夫行耽陵守之柩"로 기록되어 있다.

탐릉군 분묘에서 수습된 유물은 의복류와 염습 및 치관구 등의 총 66점이다. 故 석주선 박사는 이 유물들에 관한 발굴 경위와 유물에 대한 연구 결과를 1982년 학술지『東洋學』에 발표하였다. 당시에는 수습된 유물의 수를 65점으로 발표하였으나 이는 산술적 오류로 조사되었다. 유물의 수량은 최초의 조사 및 등록 내용을 기준으로 하였다. 흉배는 별도 유물로 등록되어 있으나 단령에 부착된 상태이므로 본고에서는 단령에 포함해 서술하고자 한다. 또한 복식류에 대한 명칭이 현재 사용되고 있는 것과는 다소 차이가 있지만 이것은 최초 연구 후 40년이 경과하는 동안 축적된 전통 복식에 대한 연구 발전이 반영된 결과로 이 글에서는 이번 전시와 관련된 학술대회에 발표된 유물의 명칭을 기준으로 서술하고자 한다.

본 연구는 탐릉군 분묘에서 출토 수습된 유물에 사용된 직물을 파악하여 복식과 직물 연구에 기초적인 자료를 제공하고자 한다. 직물에 대한 조사는 직물 기초 특성 및 직조법, 사용된 실 등에 대한 특징을 조사하였다[2]. 조사 대상 유물은 흉배가 부착된 단령 등을 포함한 의복류 47점과 습구와 치관구 19점 등 총 66점의 유물이며 각 유물을 구성하고 있는 모든 직물을 대상으로 조사하였다.

---

1 석주선(1982), 탐릉군 수의에 관한 소고, 동양학 제12집, 단국대학교 동양학연구소, p.467.

2 영상현미경(Video Microscope, ICS-P302B, SOMETEC, Korea: Portable Microscope, AM4815ZT, Dino Lite)를 이용해 조사했다.
- 직물의 밀도(KS K ISO7211-2, 텍스타일 — 직물 — 구조 — 분석 방법 — 제2부: 밀도 측정 참조)-밀도 측정용 스케일을 이용한 촬영 이미지에 나타난 경위사 개수를 세는 방법으로 3회 측정 평균값으로 표기하였다.
- 직물 두께는 전용 측정기(Thickness gauge, 547-301, MITUTOYO)로 3회 측정 평균값으로 표기하였다.

2. 탐릉군 묘 출토 직물의 현황

탐릉군 묘에서 출토된 유물은 의복의 형태 및 직물 상태가 매우 양호한 편이다. 가장 큰 특징은 수습된 모든 직물이 동물성 섬유인 견직물이며 면이나 마직물과 같은 식물성 섬유는 전혀 수습되지 않았다. 이러한 것으로 식물성 섬유는 완전 퇴화된 것으로 추정되며 이 점을 고려할 때 수습된 유물보다 많은 양의 유물이 있었을 것으로 생각된다. 따라서 의복 유물의 고찰에 있어서 이러한 일부 직물의 완전 퇴화 현상을 고려해야 한다.

탐릉군 묘 출토 유물은 의복류 유물과 장례를 위해 제직된 습구와 치관구로 분류할 수 있다. 따라서 의복류 유물에 사용된 직물과 상례에 사용된 습구 및 치관구에 사용된 직물을 구분해 조사 · 고찰하였다.

출토된 유물 중 의복류 유물 총 47점이며 그 종류는 단령 3점(흉배 2점 포함)과 단령대 1점, 철릭 2점, 중치막 13점, 창의 4점, 소창의 7점, 무수창의 4점, 협수의 1점, 등거리(배자) 1점, 저고리류 3점, 바지 6점 등이다. 겉감과 안감 등 의복의 주요 구성 직물 93개 부분을 포함해 고름 등의 부속 직물 50개 부분 등 총 144개 부분의 직물을 조사했으며 그 결과는 〈표 1〉과 같다.

의복류 유물에 사용된 주요 직물의 전체적인 분포를 살펴보면, 수자직을 기반으로 직조된 직물이 9건, 사조직 기반 직물 3건, 평직 기반 직물 82건 등으로 조사되었다[3]. 이처럼 의복을 구성하고 있는 직물 중 가장 많이 사용된 것은 평직물로 약 87%에 이르며 그 외 수자직 기반 직물이 10%, 사직 기반 직물이 약 3% 정도이다(그림 1). 이것은 단령을 제외한 모든 의복의 안감으로 평견직물인 명주를 사용했고 의복 중 다수의 누비옷이 포함된 것으로부터 기인된 것으로 보여진다.

의복 외 습구 및 치관류 유물은 베개 1점, 악수 1쌍, 습신(목화) 1쌍, 사모 1점, 단령대 1점, 소렴금 1점, 대렴금 1점, 소낭 3점, 구의 1점, 현 1점, 훈 1점, 명정 1점, 지 요 1점, 관내의 1점 등 18건 20점이다(표 2). 수자직을 기반으로 하는 직물이 약 69%, 평직을 기반으로 하는 직물 약 23%, 그리고 사직을 기반으로 하는 직물 약8% 의 직물 분포를 나타낸다(그림 2).

의복의 주요 직물, 즉 겉감과 안감 외에 고름, 동정, 깃 등의 부분의 직물 50여개 부분의 직물을 조사한 결과, 겉감이나 안감 등 주요 부분의 직물이 평직물이 사용된 경우에는 고름이나 깃 등에도 명주가 사용되었다. 반면 등거리(배자, B003995)나 무수창의(B003987)

3 의복의 주요 직물(겉감과 안감 등)에 대한 사용 분포를 파악하기 위해 동정이나 고름 등 의복의 부분 직물은 제외하였다.

등과 같이 겉감 등 주요 직물이 무늬가 있는 경우에는 고름과 깃 등에 같은 직물이 사용되었다. 탐릉군의 출토 유물 중 유일한 여자 의복인 겹저고리(B003992)는 겉감과 같은 무늬의 직물을 고름으로 사용하지 않았으나 옷의 모든 구성 부분, 즉 거들지와 동정, 고름 등에도 각각 다른 무늬의 직물을 사용했다(그림 3).

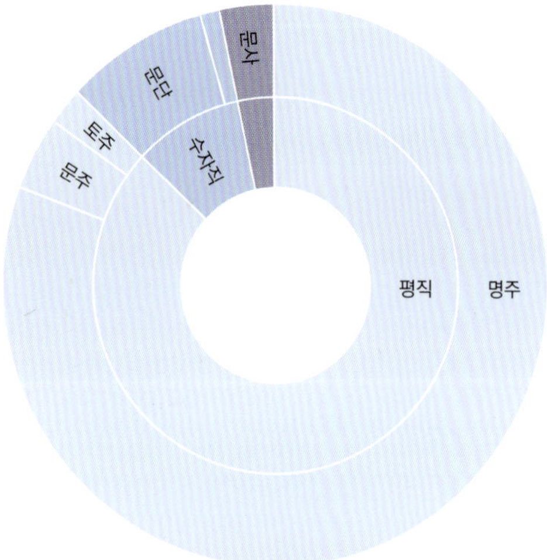

그림 1 의복류 유물에 사용된 주요 직물 분포

무수창의(B003987)

등거리(B003995)

겹저고리(B003992)

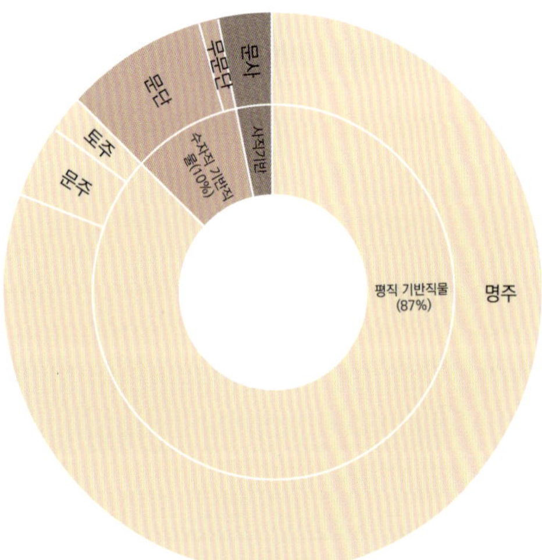

그림 2 습구 및 치관구에 사용된 직물 분포

그림 3 문직물로 된 의복에 부착된 고름

표 1 탐릉군 묘 출토 유물 중 의복류에 사용된 직물 특성

유물 번호	유물명	구분	직물명	이미지	직물 조직 (바탕/무늬)		직물 폭 (㎝)	직물 두께 (㎜)	실 구분	꼬임	실 굵기 (㎜)	밀도 (올수/㎝)
B003955	흉배	자수	운문단		5매3뜀 경수자	5매3뜀 위수자	-	-	경사	Z연	0.1	118
									위사	무연	0.19	46
B003956	단령	겉 (단령)	운문단		5매3뜀 경수자	5매3뜀 위수자	68	0.22	경사	Z연	0.09	48
									위사	무연	0.19	56
		안 (직령)	운문단	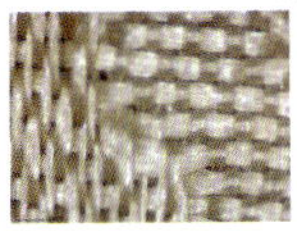	5매2뜀 경수자	5매2뜀 위수자	63	0.23	경사	Z연	0.09	63
									위사	무연	0.22	42
		동정	주	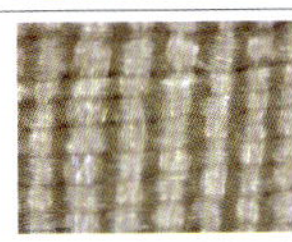	평직	-	-	-	경사	무연	0.21	28
									위사	무연	0.24	29
B003957	단령	겉 (단령)	화문사	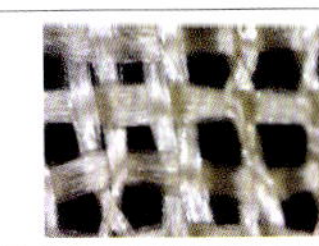	사직	평직	61.5	0.13	경사	무연	0.23	34
									위사	무연	0.29	19
		안 (직령)	화문사	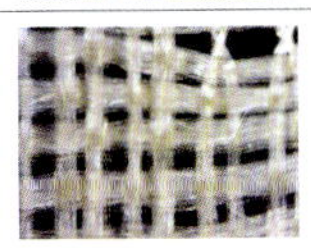	사직	평직	61.5	0.15	경사	무연	0.18	32
									위사	무연	0.28	20
B003958	흉배	자수	운문단	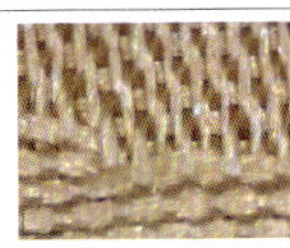	5매3뜀 경수자	5매3뜀 위수자	-	-	경사	Z연	0.09	114
									위사	무연	0.21	50
B003959	단령	겉 (단령)	주	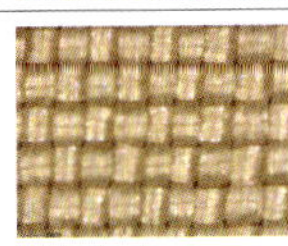	평직	-	52	0.17	경사	무연	0.26	42
									위사	무연	0.26	28
		안 (직령)	화문단		5매3뜀 경수자	5매3뜀 위수자	-	0.21	경사	무연	0.15	41
									위사	무연	0.29	25
		동정	주		평직	-	-	-	경사	무연	0.25	30
									위사	무연	0.32	34
		소매 안감	주		평직	-	-	-	경사	무연	0.32	32
									위사	무연	0.25	32
B004003	단령대	겉감	무문단	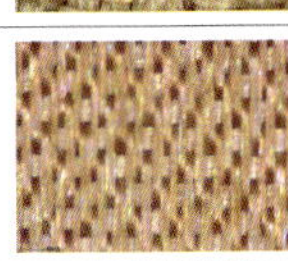	5매2뜀 경수자	-	-	-	경사	Z연	0.1	-
									위사	무연	0.2	-

유물 번호	유물명	구분	직물명	이미지	직물 조직 (바탕/무늬)		직물 폭 (㎝)	직물 두께 (㎜)	실 구분	꼬임	실 굵기 (㎜)	밀도 (올수/㎝)
B003960	철릭	겉감	운문단		5매3뜀 경수자	5매3뜀 위수자	67	0.29	경사	Z연	0.1	52
									위사	무연	0.23	39
		동정	주		평직	-	-	-	경사	무연	0.29	28
									위사	무연	0.2	33
B003961	철릭	겉감	운문사	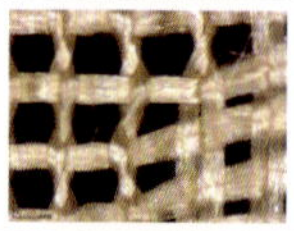	사직	평직	68	0.15	경사	무연	0.22	31
									위사	무연	0.31	14
		동정	주	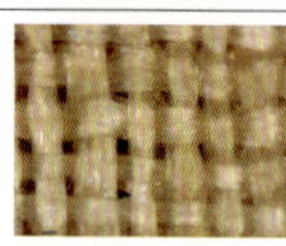	평직	-	-	-	경사	무연	0.27	25
									위사	무연	0.24	22
B003962	누비 중치막	겉감	주		평직	-	40	-	경사	무연	0.19	30
									위사	무연	0.22	50
		안감	주	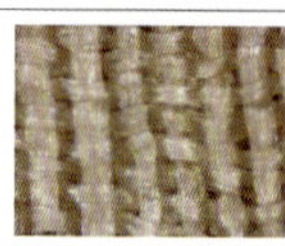	평직	-	39.5	-	경사	무연	0.24	28
									위사	무연	0.17	35
		동정	주		평직	-	-	-	경사	무연	0.22	28
									위사	무연	0.22	50
		고름	주	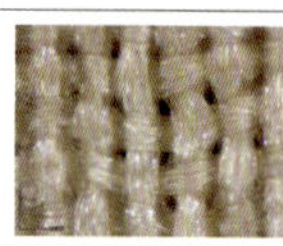	평직	-	-	-	경사	무연	0.35	25
									위사	무연	0.26	27
B003963	누비 중치막	겉감	주		평직	-	34	-	경사	무연	0.21	33
									위사	무연	0.27	32
		안감	주	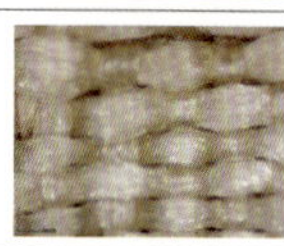	평직	-	-	-	경사	무연	0.29	21
									위사	무연	0.46	32
		동정	주	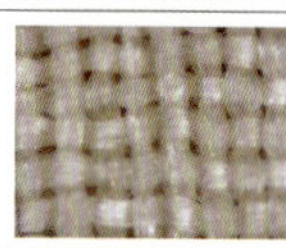	평직	-	-	-	경사	무연	0.2	29
									위사	무연	0.21	28
B003964	누비 중치막	겉감	주		평직	-	31	-	경사	무연	0.25	25
									위사	무연	0.25	26

유물 번호	유물명	구분	직물명	이미지	직물 조직 (바탕/무늬)		직물 폭 (㎝)	직물 두께 (㎜)	실 구분	꼬임	실 굵기 (㎜)	밀도 (올수/㎝)
		안감	주		평직	-	33	-	경사	무연	0.35	24
									위사	무연	0.36	22
		선단	주		평직	-	-	-	경사	무연	0.22	-
									위사	무연	0.31	26
B003965	누비 중치막	겉감	주	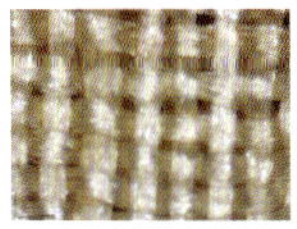	평직	-	33	-	경사	무연	0.26	27
									위사	무연	0.32	32
		안감	주	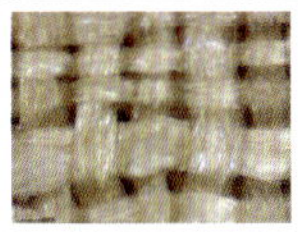	평직	-	33	-	경사	무연	0.49	20
									위사	무연	0.37	18
		동정	주	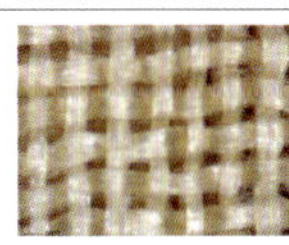	평직	-	-	-	경사	무연	0.25	24
									위사	무연	0.22	28
		선단	주		평직	-	-	-	경사	무연	0.26	-
									위사	무연	0.27	31
B003966	누비 중치막	겉감	주	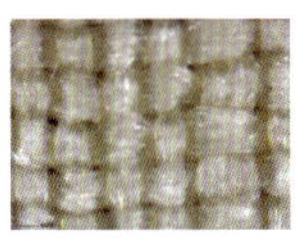	평직	-	32.5	-	경사	무연	0.31	23
									위사	무연	0.32	24
		안감	주	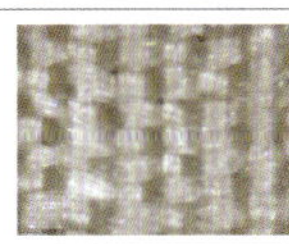	평직	-	37	-	경사	무연	0.28	25
									위사	무연	0.23	63
B003967	중치막	겉감	주		평직	-	40	-	경사	무연	0.21	29
									위사	무연	0.25	40
		안감	주		평직	-	42		경사	무연	0.31	24
									위사	무연	0.35	32
		동정	주		평직	-	-	-	경사	무연	0.27	25
									위사	무연	0.29	41
B003968	누비 중치막	겉감	주	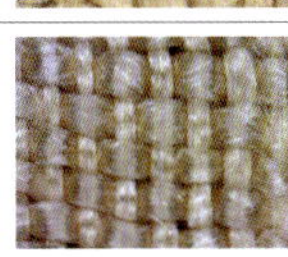	평직	-	35	0.2	경사	무연	0.34	34
									위사	무연	0.38	26

유물 번호	유물명	구분	직물명	이미지	직물 조직 (바탕/무늬)		직물 폭 (㎝)	직물 두께 (㎜)	실 구분	꼬임	실 굵기 (㎜)	밀도 (올수/㎝)
		안감	주	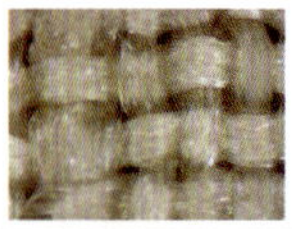	평직	-	35	0.18	경사	무연	0.38	20
									위사	무연	0.47	19
		깃	주		평직	-	-	-	경사	무연	0.24	30
									위사	무연	0.33	33
		깃안감	주		평직	-	-	-	경사	무연	0.27	22
									위사	무연	0.27	20
		선단	주		평직	-	-	-	경사	무연	0.33	-
									위사	무연	0.37	24
B003969	중치막	겉감	주		평직	-	39	-	경사	무연	0.33	29
									위사	무연	0.33	24
		안감	주		평직	-	33	-	경사	무연	0.38	23
									위사	무연	0.33	14
		수구 안단	주		평직	-	-	-	경사	무연	-	26
									위사	무연	-	18
B003970	누비 중치막	겉감	주	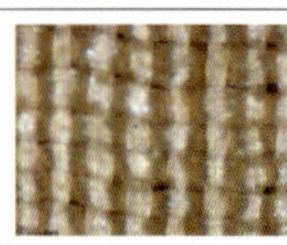	평직	-	38	-	경사	무연	0.18	34
									위사	무연	0.22	41
		안감	주	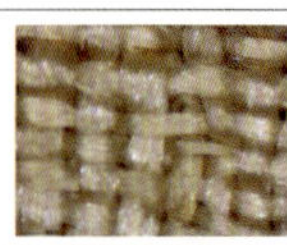	평직	-	36	-	경사	무연	0.29	23
									위사	무연	0.33	24
		선단	주	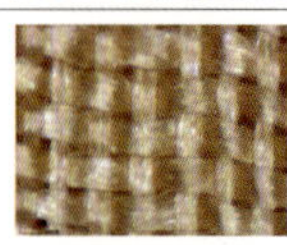	평직	-	-	-	경사	무연	0.36	-
									위사	무연	0.43	29
B003971	누비 소창의	겉감	주	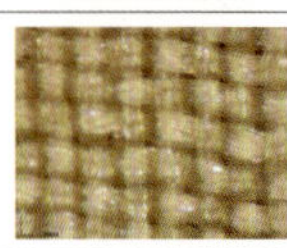	평직	-	40	-	경사	무연	0.27	29
									위사	무연	0.3	30
		안감	주	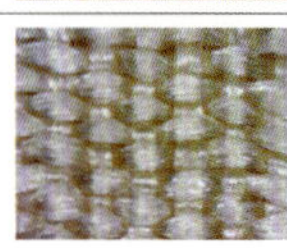	평직	-	40	-	경사	무연	0.18	26
									위사	무연	0.26	43

유물 번호	유물명	구분	직물명	이미지	직물 조직 (바탕/무늬)		직물 폭 (㎝)	직물 두께 (㎜)	실 구분	꼬임	실 굵기 (㎜)	밀도 (올수/㎝)
		동정	주		평직	-	-	-	경사	무연	0.32	25
									위사	무연	0.29	19
B003972	누비 소창의	겉감	주		평직	-	36	-	경사	무연	0.2	30
									위사	무연	0.26	25
		안감	주		평직	-	36	-	경사	무연	0.31	23
									위사	무연	0.43	25
B003973	중치막	겉감	주	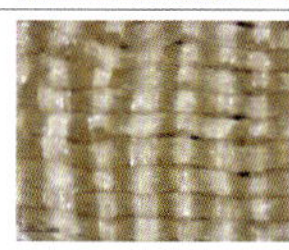	평직	-	36	0.2	경사	무연	0.21	27
									위사	무연	0.23	42
		안감	주	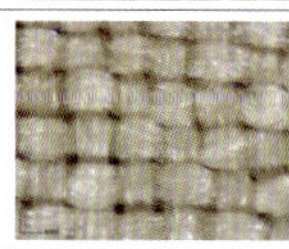	평직	-	38.5	0.17	경사	무연	0.32	22
									위사	무연	0.23	27
		무_겉감	주		평직	-	-	-	경사	무연	0.23	28
									위사	무연	0.26	39
		무_안감	주	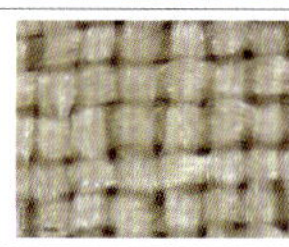	평직	-	-	-	경사	무연	0.36	24
									위사	무연	0.28	20
B003974	누비 소창의	겉감	주		평직	-	37	-	경사	무연	0.19	31
									위사	무연	0.25	30
		안감	주	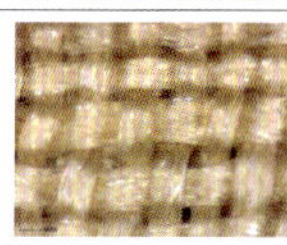	평직	-	34.5	-	경사	무연	0.36	22
									위사	무연	0.27	29
		동정	주	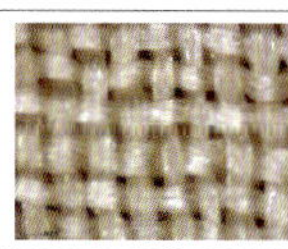	평직			-	경사	무연	0.22	31
									위사	무연	0.21	36
B003975	누비 소창의	겉감	주	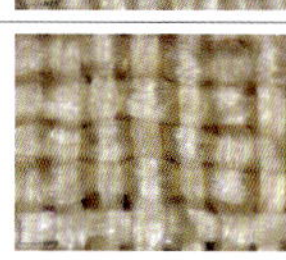	평직	-	32	-	경사	무연	0.31	-
									위사	무연	0.28	37
		안감	주		평직	-	32.5	-	경사	무연	0.39	29
									위사	무연	0.37	24

유물 번호	유물명	구분	직물명	이미지	직물 조직 (바탕/무늬)		직물 폭 (㎝)	직물 두께 (㎜)	실 구분	꼬임	실 굵기 (㎜)	밀도 (올수/㎝)
		깃	주		평직	-	-	-	경사	무연	0.25	-
									위사	무연	0.26	-
		동정	주	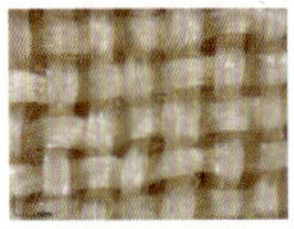	평직	-	-	-	경사	무연	0.26	29
									위사	무연	0.17	21
B003976	누비 소창의	겉감	주		평직	-	34	-	경사	무연	0.3	26
									위사	무연	0.27	27
		안감	주		평직	-	31	-	경사	무연	0.36	21
									위사	무연	0.26	26
		깃	주	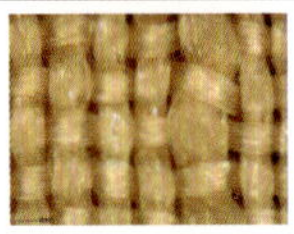	평직	-	-	-	경사	무연	0.25	-
									위사	무연	0.23	-
		소매 안단	주	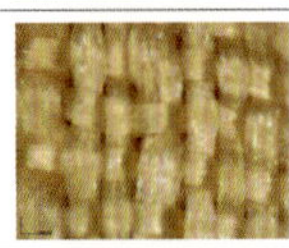	평직	-	-	-	경사	무연	0.32	26
									위사	무연	0.29	21
B003977	중치막	겉감	주		평직	-	42	-	경사	무연	0.21	38
									위사	무연	0.3	30
		안감	주	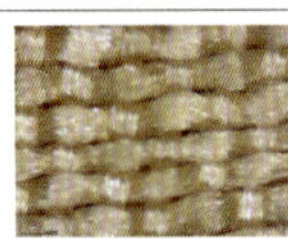	평직	-	34	-	경사	무연	0.29	24
									위사	무연	0.31	30
		겉고름	주	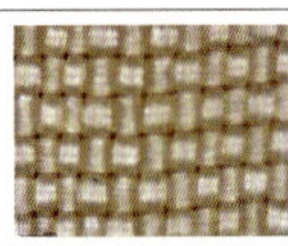	평직	-	-	-	경사	무연	0.26	30
									위사	무연	0.32	27
		안고름	주	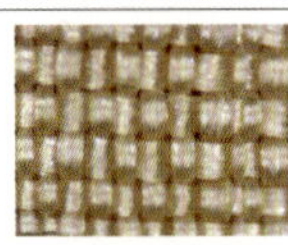	평직	-	-	-	경사	무연	0.19	41
									위사	무연	0.31	34
B003978	소창의	겉감	문주		평직	3/1우능	43	-	경사	무연	0.15	26
									위사	무연	0.18	24
		안감	주	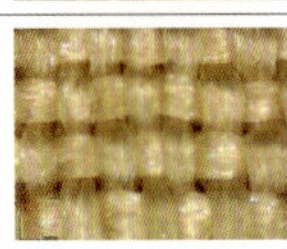	평직	-	33.5	-	경사	무연	0.29	21
									위사	무연	0.34	20

유물 번호	유물명	구분	직물명	이미지	직물 조직 (바탕/무늬)		직물 폭 (㎝)	직물 두께 (㎜)	실 구분	꼬임	실 굵기 (㎜)	밀도 (올수/㎝)
		동정	주		평직	-	-	-	경사	무연	0.3	25
									위사	무연	0.3	26
B003979	누비 소창의	겉감	주		평직	-	34	0.21	경사	무연	0.33	24
									위사	무연	0.28	37
		안감	주		평직	-	29	0.26	경사	무연	0.26	24
									위사	무연	0.31	19
		깃	주	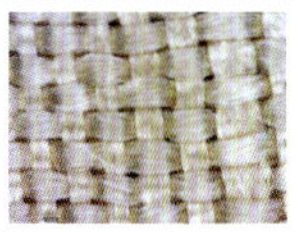	평직	-	-	-	경사	무연	0.25	26
									위사	무연	0.25	31
		깃_안감	주		평식	-	-	-	경사	무연	-	24
									위사	무연	-	19
		소매	주	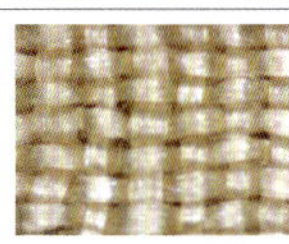	평직	-	-	-	경사	무연	0.21	-
									위사	무연	0.19	-
		소매_안감	주	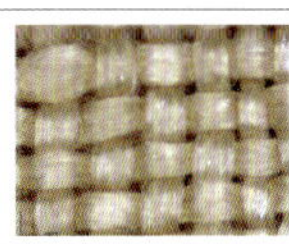	평직	-	-	-	경사	무연	0.35	-
									위사	무연	0.24	-
B003980	무수창의	겉감	주	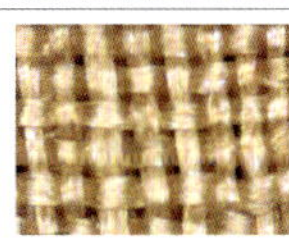	평직	-	36.5	0.22	경사	무연	0.2	31
									위사	무연	0.22	32
		안감	주	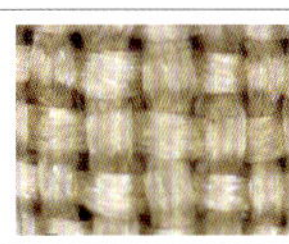	평직	-	31	0.23	경사	무연	0.41	22
									위사	무연	0.3	19
B003981	누비 중치막	겉감	주	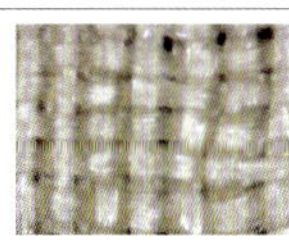	평직	-	34	-	경사	무연	0.26	28
									위사	무연	0.28	23
		안감	주	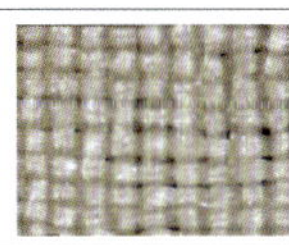	평직	-	34	-	경사	무연	0.19	26
									위사	무연	0.22	27
		겉고름	주		평직	-	-	-	경사	무연	0.19	-
									위사	무연	0.18	-

유물 번호	유물명	구분	직물명	이미지	직물 조직 (바탕/무늬)		직물 폭 (㎝)	직물 두께 (㎜)	실 구분	꼬임	실 굵기 (㎜)	밀도 (올수/㎝)
		안고름	주		평직	-	-	-	경사	무연	-	-
									위사	무연	-	-
		선단	주	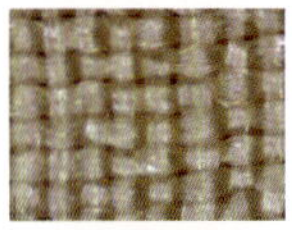	평직	-	-	-	경사	무연	-	-
									위사	무연	-	-
		옆선단	주	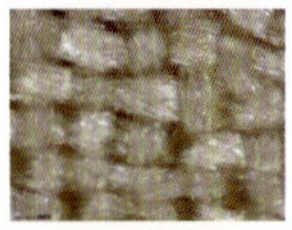	평직	-	-	-	경사	무연	0.27	-
									위사	무연	0.33	-
B003982	창의	겉감	운문단		5매2뜀 경수자	5매2뜀 위수자	68	-	경사	무연	0.1	122
									위사	무연	0.21	41(45)
		안감	주		평직	-	34	-	경사	무연	0.3	28
									위사	무연	0.3	35
		동정	주		평직	-	-	-	경사	무연	0.21	31
									위사	무연	0.2	32
B003983	창의	겉감	토주	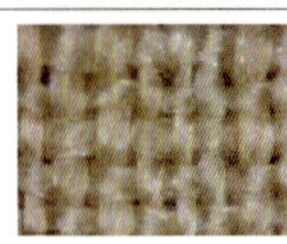	평직	-	38.5	-	경사	Z연	0.33	29
									위사	Z연	0.31	25
		안감	주	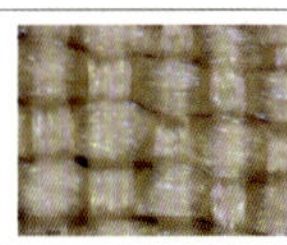	평직	-	31	-	경사	무연	0.38	20
									위사	무연	0.4	21
		겉고름	주	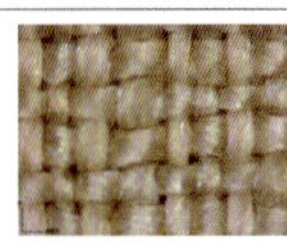	평직	-	-	-	경사	무연	0.22	30
									위사	무연	0.29	27
		안고름	주		평직	-	-	-	경사	무연	0.21	41
									위사	무연	0.19	34
		깃_안감	주	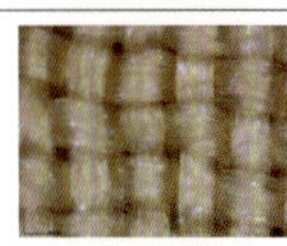	평직	-	-	-	경사	무연	0.55	-
									위사	무연	0.49	-
B003984	창의	겉감	토주		평직	-	37	0.24	경사	Z연	0.31	27
									위사	Z연	0.3	24

유물 번호	유물명	구분	직물명	이미지	직물 조직 (바탕/무늬)		직물 폭 (㎝)	직물 두께 (㎜)	실 구분	꼬임	실 굵기 (㎜)	밀도 (올수/㎝)
		안감①	주		평직	-	34	0.18	경사	무연	0.31	24(22)
									위사	무연	0.27	29(31)
		안감②	주	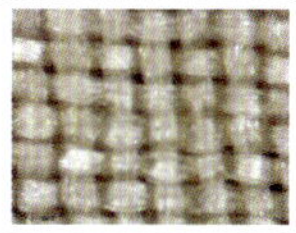	평직	-	34~	-	경사	무연	0.27	26
									위사	무연	0.23	33
		동정	주		평직	-	-	-	경사	무연	0.24	27
									위사	무연	0.29	29
B003985	상의	겉감	주	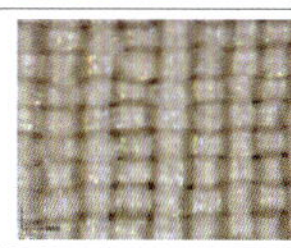	평직	-	40	-	경사	무연	0.27	30
									위사	무연	0.24	30
		안감	주	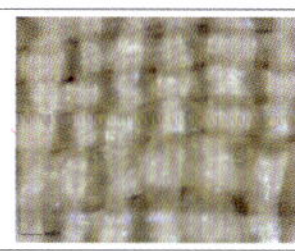	평직	-	35	0.2	경사	무연	0.33	26
									위사	무연	0.32	27
		동정	주	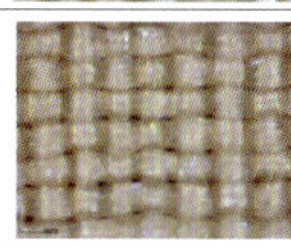	평직	-	-	-	경사	무연	0.23	31
									위사	무연	0.3	35
B003986	협수의	겉감	주		평직	-	52.5	0.16	경사	무연	0.27	40
									위사	무연	0.3	30
		안감	주	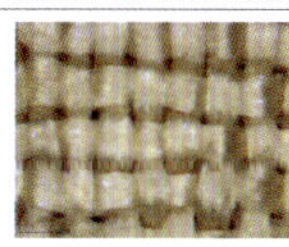	평직	-	57	-	경사	무연	0.41	20
									위사	무연	0.53	16
		깃_안감	주		평직	-	-	-	경사	무연	0.35	-
									위사	무연	0.37	-
		소매	주		평직	-	-	-	경사	무연	0.25	-
									위사	무연	0.33	-
B003987	무수창의	겉감	화문단	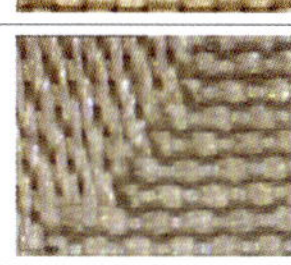	5매3뜀 경수자	5매3뜀 위수자	-	0.24	경사	Z연	0.11	49
									위사	무연	0.21	51
		안감	주		평직	-	-	0.15	경사	무연	0.28	31
									위사	무연	0.31	38

유물 번호	유물명	구분	직물명	이미지	직물 조직 (바탕/무늬)		직물 폭 (㎝)	직물 두께 (㎜)	실 구분	꼬임	실 굵기 (㎜)	밀도 (올수/㎝)
B003988	무수창의	겉감	화문단		5매2뜀 경수자	5매2뜀 위수자	-	0.23	경사	Z연	0.11	51
									위사	무연	0.18	44
		안감	주		평직	-	37	0.17	경사	무연	0.26	26
									위사	무연	0.3	22
		동정	주		평직	-	-	-	경사	무연	0.26	30
									위사	무연	0.33	29
		고름	주	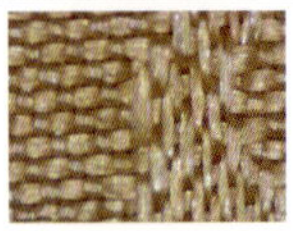	평직	-	-	-	경사	무연	-	50
									위사	무연	-	41
		안고름	주	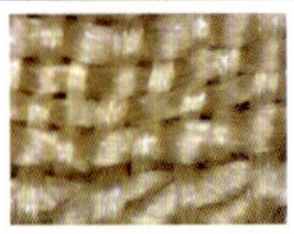	평직	-	-	-	경사	무연	0.21	31
									위사	무연	0.32	29
B003989	무수창의	겉감	주		평직	-	40	-	경사	무연	0.27	28
									위사	무연	0.33	30
		안감	주		평직	-	40	-	경사	무연	0.25	28
									위사	무연	0.24	33
B003990	도포	안감	주	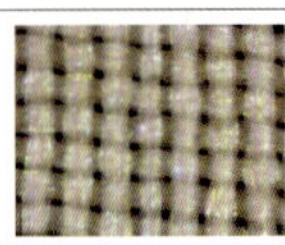	평직	-	39	0.13	경사	무연	0.26	33
									위사	무연	0.24	31
B003991	도포	안감	주	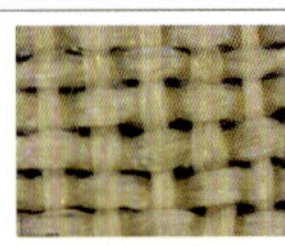	평직	-	31	0.13	경사	무연	0.22	27
									위사	무연	0.31	34
B003992	겹저고리	겉감	화문단	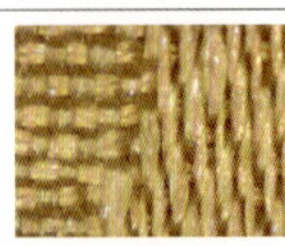	5매3뜀 경수자	5매3뜀 위수자	31~	-	경사	Z연	0.19	45
									위사	무연	0.2	39
		안감	주	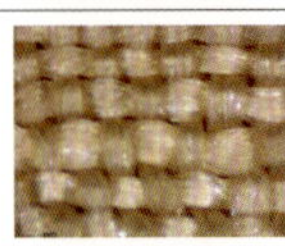	평직	-	39	-	경사	무연	0.26	26
									위사	무연	0.27	29
		거들지 ①	주		평직	-	-	-	경사	무연	0.33	-
									위사	무연	0.34	34

유물 번호	유물명	구분	직물명	이미지	직물 조직 (바탕/무늬)		직물 폭 (㎝)	직물 두께 (㎜)	실 구분	꼬임	실 굵기 (㎜)	밀도 (올수/㎝)
		거들지②/동정	문주		평직	3/1우능	-	-	경사	무연	0.15	47
									위사	무연	0.12	30
		겉고름	문단		5매3뜀 경수자	5매3뜀 위수자	-	-	경사	무연	0.2	45
									위사	무연	0.21	28
		안고름	문주		평직	3/1우능	-	-	경사	무연	0.19	57
									위사	무연	0.21	33
B003993	속적삼	①길/깃	문주		평직	3/1우능 (뒷면)	44	0.2	경사	무연	0.23	55
									위사	무연	0.23	25
		②소매	-		평직	3/1우능	43	-	경사	무연	0.18	55
									위사	무연	0.23	24
		고름	주		평직	-	-	-	경사	무연	0.2	26
									위사	무연	0.28	33
B003994	누비 저고리	겉감	주	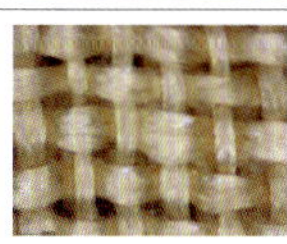	평직	-	33	0.26	경사	무연	0.31	22
									위사	무연	0.4	19
		안감	주		평직	-	33	0.3	경사	무연	0.3	22
									위사	무연	0.44	16
B003995	등거리(배자)	겉감	문주	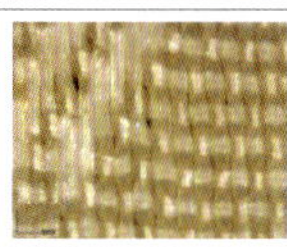	평직	3/1우능	-	-	경사	무연	0.16	54
									위사	무연	0.2	28
		안감	주	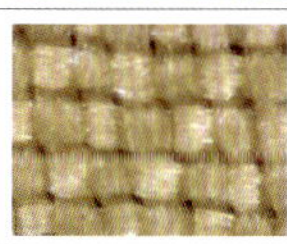	평직	-	-	-	경사	무연	0.3	25
									위사	무연	0.37	26
		겉고름	문주	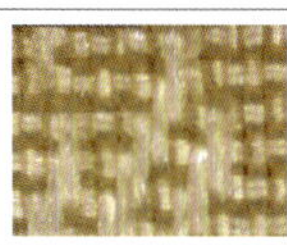	평직	3/1우능	-	-	경사	무연	-	57
									위사	무연	-	29
B004011	누비바지	겉감	주	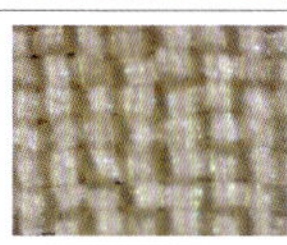	-	-	40	-	경사	무연	0.22	30
									위사	무연	0.29	28

유물 번호	유물명	구분	직물명	이미지	직물 조직 (바탕/무늬)		직물 폭 (㎝)	직물 두께 (㎜)	실 구분	꼬임	실 굵기 (㎜)	밀도 (올수/㎝)
		안감	주		-	-	36	-	경사	무연	0.27	24
									위사	무연	0.33	24
B004012	누비바지	겉감	주		평직	-	38.5	-	경사	무연	0.25	28
									위사	무연	0.28	26
		안감	주		평직	-	32/34	-	경사	무연	0.3	23
									위사	무연	0.36	25
B004013	겹바지	겉감	주		평직	-	38	0.15	경사	무연	0.24	31
									위사	무연	0.29	31
		안감	주	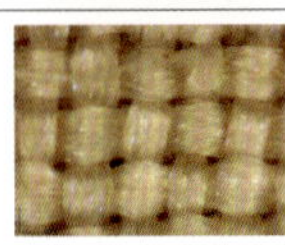	평직	-	29	0.24	경사	무연	0.33	21
									위사	무연	0.3	23
B004014	겹바지	겉감	주	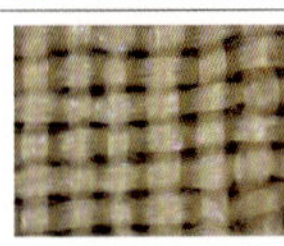	평직	-	34	-	경사	무연	0.22	24
									위사	무연	0.2	35
		안감	주	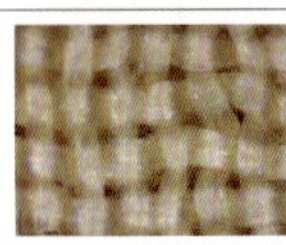	평직	-	37	-	경사	무연	0.22	25
									위사	무연	0.27	35
B004015	겹바지	겉감	주	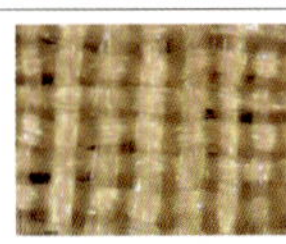	평직	-	38	-	경사	무연	0.25	28
									위사	무연	0.27	26
		안감	주		평직	-	32.5	-	경사	무연	0.32	22
									위사	무연	0.26	25
B004016	속바지	겉감	문주	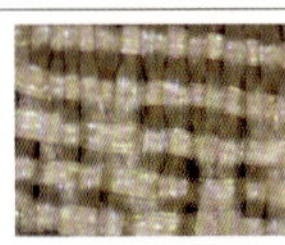	평직	3/1우능 (뒷면)	42	0.21	경사	무연	0.17	58
									위사	무연	0.25	24
B004017	누비 중치막	겉감	주	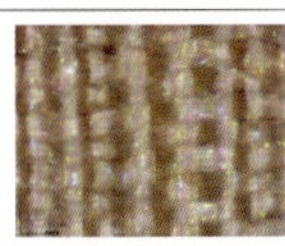	평직	-	36.5	0.05	경사	무연	0.18	32
									위사	무연	0.2	57
		안감	주		평직	-	36.5	0.15	경사	무연	0.28	27
									위사	무연	0.23	34

유물 번호	유물명	구분	직물명	이미지	직물 조직 (바탕/무늬)		직물 폭 (㎝)	직물 두께 (㎜)	실 구분	꼬임	실 굵기 (㎜)	밀도 (올수/㎝)
		깃	주		평직	-	-	-	경사	무연	0.15	31
									위사	무연	0.2	43
		깃_안	주		평직	-	-	-	경사	무연	-	26
									위사	무연	-	30

표 2 탐릉군 묘 출토 습구 및 치관구에 사용된 직물 특성

유물 번호	유물명	구분	직물명	이미지	직물 조직 (바탕/무늬)		직물 폭 (㎝)	직물 두께 (㎜)	실 구분	꼬임	실 굵기 (㎜)	밀도 (올수/㎝)
B003996	습신	겉감	무문단		5매2띔 경수자	5매2띔 위수자	-	0.07	경사	Z연	0.1	-
									위사	무연	0.18	44
B003997	사모	겉감	무문단	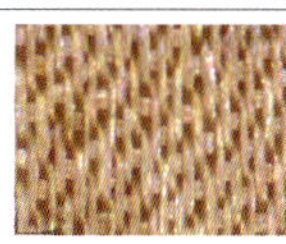	5매2띔 경수자	5매2띔 위수자	-	0.21	경사	Z연	0.1	-
									위사	무연	0.19	-
B003998	베개	겉감	화문단	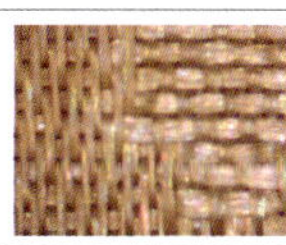	5매2띔 경수자	5매2띔 위수자	-	-	경사	Z연	0.1	-
									위사	무연	0.2	50
B003999	두발낭	겉감	화문단		5매2띔 경수자	5매2띔 위수자	-	0.18	경사	Z연	0.09	-
									위사	무연	0.16	53
		낭끈	삼선(三線)		-	-	-	0.23	-	Z연	-	-
B004000	우족낭	겉감	화문단	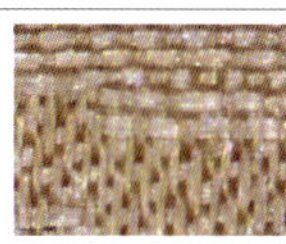	5매2띔 경수자	5매2띔 위수자	-	0.15	경사	Z연	0.09	-
									위사	무연	0.16	-
B004001	좌수낭	겉감	화문단		5매2띔 경수자	5매2띔 위수자	-	0.15	경사	Z연	0.1	-
									위사	무연	0.16	-

유물 번호	유물명	구분	직물명	이미지	직물 조직 (바탕/무늬)		직물 폭 (㎝)	직물 두께 (㎜)	실 구분	꼬임	실 굵기 (㎜)	밀도 (올수/㎝)
B004002	망건	겉감	무문단		5매2뜀 경수자	-	-	0.24	경사	Z연	0.09	-
									위사	무연	0.21	38
		망건끈			-	-	-	0.49	-	S연	0.48	-
B004004	악수	겉감	무문단		5매2뜀 경수자	-	-	-	경사	Z연	0.09	-
									위사	무연	0.19	43
		안감	화문사		사직	평직	-	-	경사	무연	0.12	32
									위사	무연	0.24	15
B004005	요대	겉감	주		평직	-	-	-	경사	무연	0.31	31
									위사	무연	0.3	24
B004006	천금	길	운문단	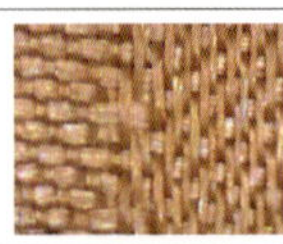	5매2뜀 경수자	5매2뜀 위수자	-	0.18	경사	Z연	0.09	48
									위사	무연	0.19	-
		깃	운문단	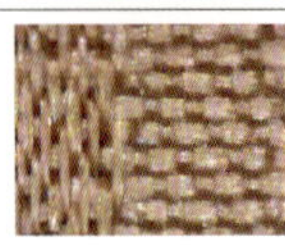	5매2뜀 경수자	5매2뜀 위수자	-	0.22	경사	Z연	0.1	46
									위사	무연	0.2	42
		동정	주		평직	-	-	0.2	경사	무연	0.2	58
									위사	무연	0.22	23
B004007	지요	겉감	화문단		5매2뜀 경수자	5매2뜀 위수자	-	-	경사	Z연	0.1	115
									위사	무연	0.12	36
									문위사	무연	0.32	18
B004008	구의	겉감	화문사		사직	평직	61	0.15	경사	무연	0.18	32
									위사	무연	0.28	17
B004009	대렴금	길	화문단	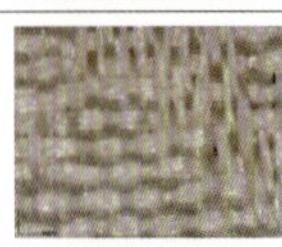	5매2뜀 경수자	5매2뜀 위수자	61	-	경사	Z연	0.09	46
									위사	무연	0.18	44
		깃	화문단	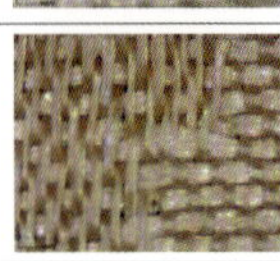	5매2뜀 경수자	5매2뜀 위수자	-	-	경사	Z연	0.12	54
									위사	무연	0.2	43

유물 번호	유물명	구분	직물명	이미지	직물 조직 (바탕)	직물 조직 (무늬)	직물 폭 (㎝)	직물 두께 (㎜)	실 구분	꼬임	실 굵기 (㎜)	밀도 (올수/㎝)
		동정	문주	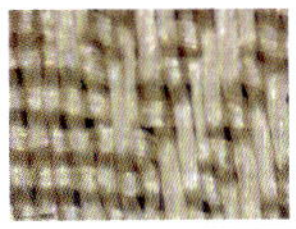	평직	3/1우능	-	-	경사	무연	0.19	57
									위사	무연	0.2	23
		안감	주		평직	-	30.5	-	경사	무연	0.38	18
									위사	무연	0.26	13
B004010	대렴금	길	화문단	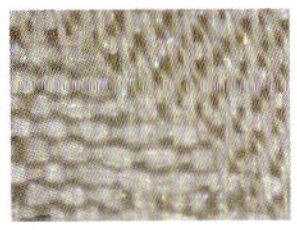	5매2뜀 경수자	5매2뜀 위수자	64	-	경사	Z연	0.09	48
									위사	무연	0.14	53
		깃	운문단		5매2뜀 경수자	5매2뜀 위수자	-	-	경사	Z연	0.13	50
									위사	무연	0.17	47
		농정	눈수	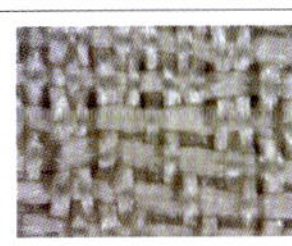	평직	3/1우능	-	-	경사	무연	0.15	59
									위사	무연	0.25	24
		안감	주	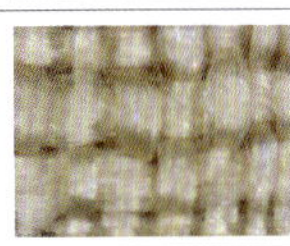	평직	-	31	-	경사	무연	0.26	21
									위사	무연	0.3	17
B004018	훈	직물	화문단	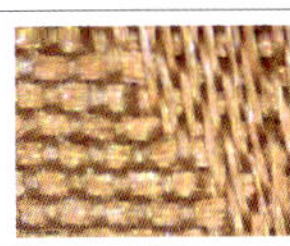	5매2뜀 경수자	5매2뜀 위수자	65.8	0.2	경사	Z연	0.09	47
									위사	무연	0.22	40
B004019	현	직물	화문단	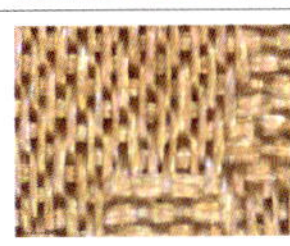	5매2뜀 경수자	5매2뜀 위수자	63.5	0.21	경사	Z연	0.1	48
									위사	무연	0.15	54
B004020	명정	겉감	무문단	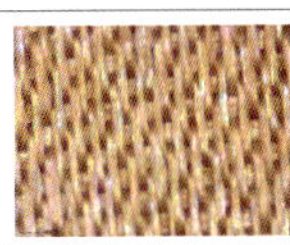	5매2뜀 경수자	5매2뜀 위수자	65.5	0.23	경사	Z연	0.1	54
									위사	무연	0.18	-

3. 직물의 종류 및 특징

1) 직물에 나타난 제직 관련 자료

탐릉군 묘에서 출토된 유물에는 직물 생산과 관련된 것으로 보이는 몇 가지 흔적들을 확인할 수 있다.

철릭(B003960)의 상(裳)의 시접에는 "抗成朱大成號選制(항성주대성호선제)"라는 글이 직조되어 있다(그림 4). 이것은 제직 시 직물의 처음이나 끝에 제직과 관련된 사항을 표기한 것으로 그 내용은 항주에 위치한 주대성이란 사람 또는 제직소에서 제작한 것임을 나타낸 것으로 추정된다. 이와 관련해 1982년 조사 발표 내용[4]에는 이 글귀를 근거로 직물들이 '중국산'라고 밝힌 바 있다. 이 같은 제직과 관련된 흔적은 이진승 묘에서 출토된 단령에서도 볼 수 있다. 이 단령(45554)의 겉감 앞길 식서 부분에는 "定織加長清水重絹(정직가장청수중견)", 안감 앞길 식서 부분에는 '○○加長(○○가장)'이라는 묵서가 있는 것으로 보고되었다.[5]

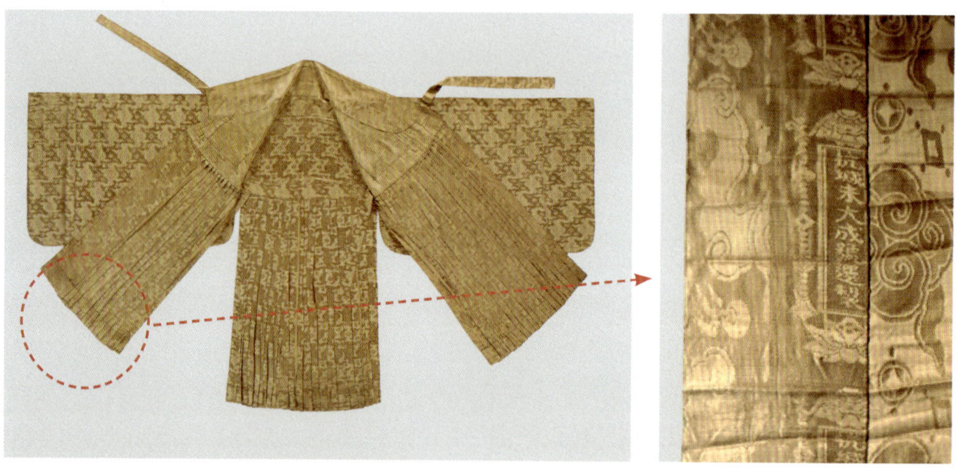

그림 4 철릭(B003960)의 상(裳) 시접에 직조된 명문

조사하는 과정 중에 직물에 찍힌 도장 흔적이 4점의 유물에서 확인되었다. 단령(B003956) 안 직령의 소매 솔기 변사에 찍힌 원형의 도장 흔적과 훈(B004018)과 현(B004019)의 직물 끝에 찍힌 원형의 도장 흔적이 확인되었다(그림 5, 6). 다른 직물의 도

4 석주선(1982), 앞의 책.

5 국립민속박물관(2010), 유물보존총서Ⅳ 이진승 묘 출토 복식.

장이 원형인 것과는 달리 소렴금(B004009)에는 직사각 형태의 도장 흔적이 길과 깃을 이은 솔기 두 부분에 남아 있다(그림 7). 현재 남아 있는 흔적만으로는 단령과 현훈에 찍힌 원형의 도장이 일치하는지는 명확하지 않지만 매우 유사한 것으로 보인다. 반면 소렴금에 남아 있는 2개의 도장 흔적은 같은 것으로 보인다. 확인된 도장의 흔적에 대한 정보를 확인하지 못했으며 이후 추가적인 조사와 연구가 필요하다.

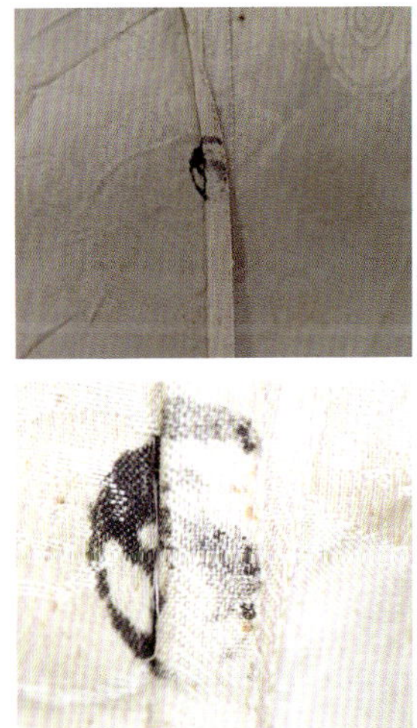

그림 5 단령(B003956)의 직령의 솔기에 찍힌 도장

그림 6 훈(B004018)과 현(B004019) 직물 끝의 도장 흔적

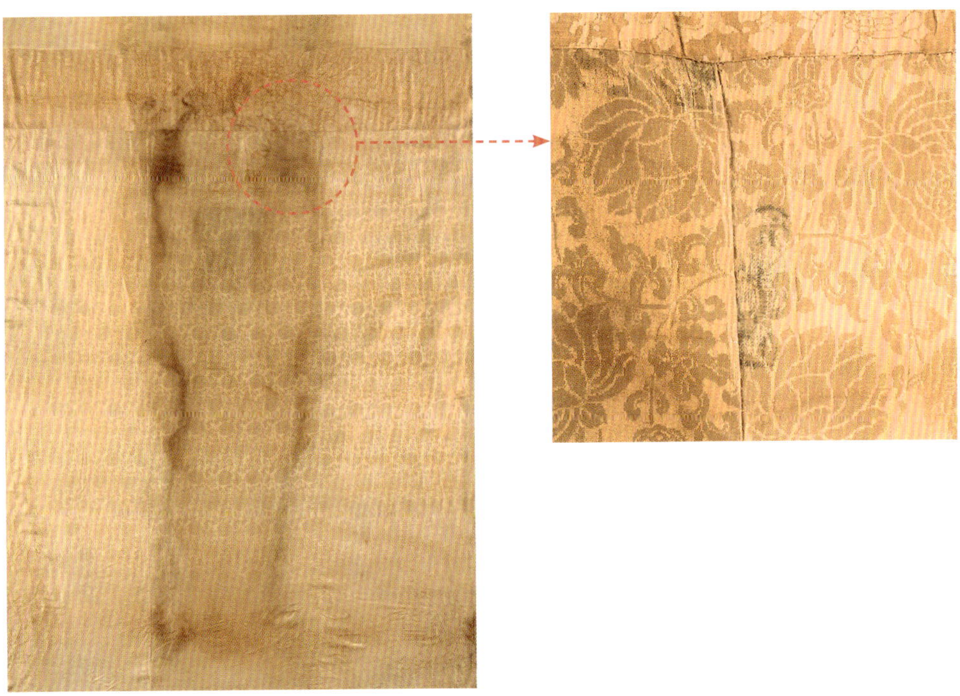

그림 7 소렴금(B004009)에 찍힌 도장 흔적

2) 무문직물

탐릉군 묘 출토 직물 중 무늬가 없는 직물은 주(紬)와 토주(吐紬), 무문단(無紋緞) 등이다. 가장 많이 사용된 주(紬)는 단령 등을 제외한 대부분 의복의 안감으로 사용되었으며, 등거리(B003995)를 제외한 누비로 제작된 옷의 겉안감으로 사용되었다. 대체로 겉감은 안감보다 첨밀하고 균일하게 제직된 주를 사용한 경우가 많았다(그림 8). 주의 직물 폭은 약 31~42㎝ 정도로 다양한데 대체로 겉감에 사용된 명주의 폭이 안감에 사용된 폭보다 다소 넓은 것으로 나타났다. 경사 수에 대한 위사 수의 비는 약 1~1.2 정도로 사용된 경위사의 수가 거의 비슷하거나 위사가 약간 많은 것으로 조사되었다.

무문의 평직물 중 주(紬)와 함께 2점의 창의(B003983, B003984) 겉감으로 토주가 사용되었다. 경위사 모두 Z 방향으로 연사된 실로 직조했으며 직물 폭은 약 38cm 정도이다. 비교적 사용된 실의 굵기가 가늘고 꼬임이 강하지 않으며 조직 사이 공간이 있어 전체적인 질감은 명주와 유사하다(그림 9, 10).

주와 토주 등 평견직물 외에 무늬가 없는 직물은 5매2뜀 경수자직으로 직조된 무문단이 사용되었다. 의복류에서는 유일하게 단령대(B004003)에 사용되었으며 그 외 습신이나 사모 등의 일부 습구에 사용되었다. 단령대(B004003)의 직물 표면에는 각대(角帶)의 띠돈 모양을 그린 흑선이 남아 있다(그림 11, 12). 그려진 흑선의 성분을 조사한 결과 먹으로 나타났다. 이러한 가화대(假畵帶)는 밀창군이나 최숙 등 다수의 출토 유물에서도 확인된다(그림 13).

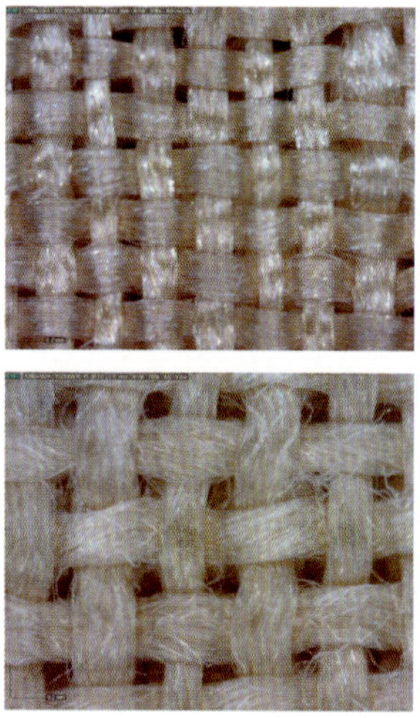

그림 8 답호(B003980)의 겉감(위)과 안감(아래)

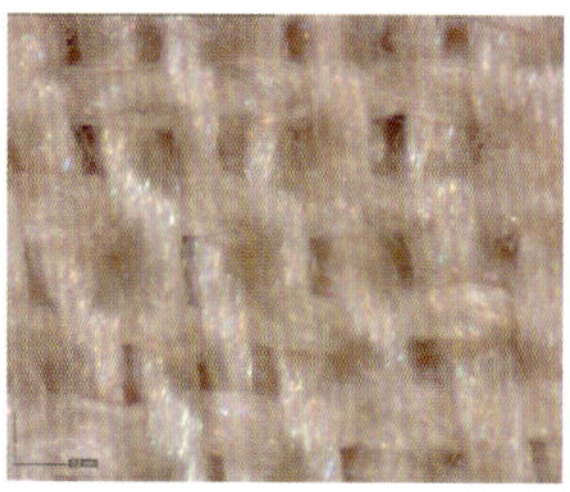

그림 9 창의(B003983) 겉감

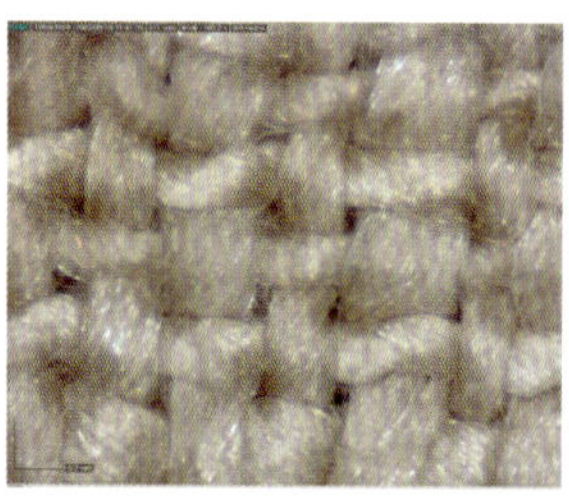

그림 10 창의(B003984) 겉감

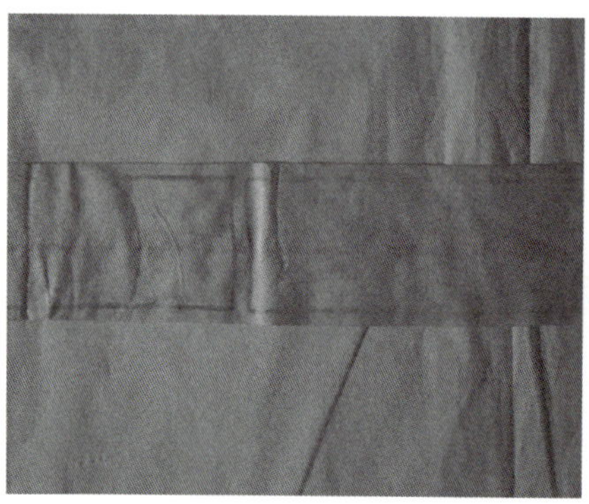

그림 11 단령대(부분)의 적외선 사진

그림 12 단령대 직물 표면의 흑선 흔적

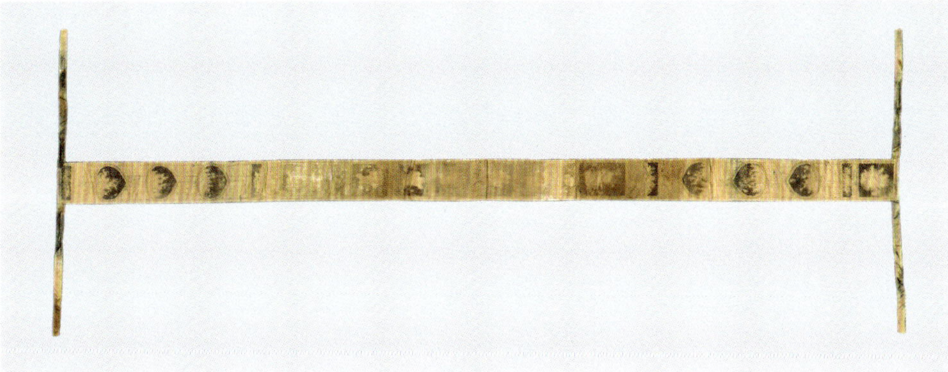

그림 13 밀창군 묘 출토 단령대

3) 무늬직물

탐릉군 묘에서 출토된 유물의 직물 중 무늬 직물로 제작된 것은 42점으로 운문 10점(흉배 2점 포함), 화문 29점, 기하문 1점 등이다. 이 중 동일한 직물로 제작된 유물이 여러 건 확인되었다.

가) 운문직물

구름을 주제한 무늬 직물로 제작된 의복류 유물은 총4점이다. 운문단에 자수한 흉배 2점 외에 단령(B003956), 철릭(B003960), 창의(B003982) 등에 수자직으로 직조된 운문단이 사용되었고 철릭(B003961)은 운문사가 사용되었다. 의복 외에 습구 및 치관구 유물 2점의 사용되었다(표 3). 사용된 운문단은 모두 5매 수자직으로 직조했으며 직물 폭은 대부분 약 67~69cm 정도이다.

사용된 구름무늬 직물은 보배무늬가 함께 시문된 것이 대부분인데 이들 중 창의(B003982)의 겉감으로 사용된 것을 제외한 나머지 직물은 모두 8개의 보배무늬가 구름무늬와 함께 배치된 구성이다. 단위무늬의 가로 길이는 10~11.5㎝ 정도로 비슷한 반면 세로 길이는 13.5~22.5㎝로 다양하다. 이 운문들은 운두가 쌍방향으로 배치되었으며 보문의 종류가 모두 같아 이 시기에 흔히 볼 수 있는 운문직물의 전형적인 구성과 형태를 가진다. 이중 단령(B003956)의 겉감과 철릭(B003960)에 사용된 직물은 직조 방법과 보문의 종류, 단위 무늬의 크기 등이 모두 같지만 문양의 배치가 서로 반전된 형태이다. 아마도 직조할 때 같은 문양지를 서로 다른 방향으로 사용해 직조한 것으로 보인다. 이러한 현상은 다른 운문단에서도 보이는데 단령(B003956, 안감-직령)과 대렴금(B004010)의 깃에 사용된 직물과 천금(B004006)의 길에 사용된 직물도 이와 같은 예이다. 이러한 운문단의 구름무늬는 각 행 운두가 상하 대칭적으로 배치된 형태로, 운두의 꼭지점이 180도 회전한 형태로 배열되어 있다. 구름무늬와 함께 배치된 보배무늬의 구성은 거의 같은데, 산호(珊瑚), 서각(犀角), 여의두(如意頭), 방승(方勝), 서보(書寶), 금정(金錠), 보주(火珠), 전보(錢寶) 등으로 모두 8개 보문이 배치되어 있다[6]. 이러한 무늬의 구성은 철릭(B003961)에 사용된 운문사도 같다. 반면 창의(B003982)의 겉감으로 사용된 운문단은 운두가 같은 방향으로 배치되었으며 4개의 보문인 서각, 방승, 전보, 서보 등을 모두 쌍으로 표현했다(표 4). 이와 같이 운문과 4종의 쌍보문을 시문한 직물은 이진숭 묘 출토 단령과 철릭 등에서도 확인된다.

표 3 탐릉군 묘에서 출토된 구름무늬 직물 특성

유물	B003956 단령-겉(단령)	B003956 단령-안(직령) B004006 천금-길 B004010 대렴금-깃	B003960 철릭	B003961 철릭(겉감)	B003982 창의-겉감	B004006 천금-깃
직물조직(바탕)	5매3뜀 경수자	5매2뜀 경수자	5매3뜀 경수자	사직	5매2뜀 경수자	5매2뜀 경수자
직물 폭(㎝)	68	63	67	68	68	/
단위무늬(㎝)	11×15.5	10.5×22.5	11×15.5	11×19	11×15	9×18.5
이미지						

표 4 탐릉군 묘 출토 운문단의 보문

B003956 단령(안-직령) 운문단	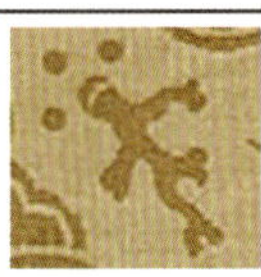		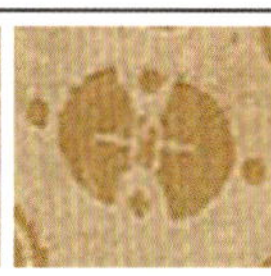		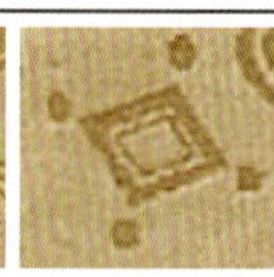		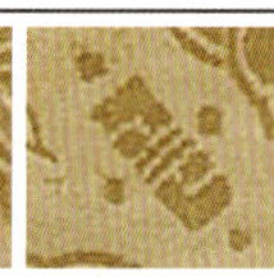	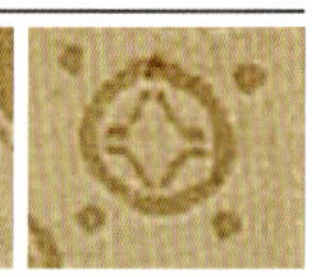
	보주	여의두	금정	산호	방승	서각	서보	전보
창의(B003982) 운문단								
					쌍방승	쌍서각	쌍서보	쌍전보

6 보문의 명칭은 이은주(2019) '외규장각 의궤 책의 문양을 통한 운보문 편년 설정 방법'(문화재, 52(4), pp.18-37)에 준하여 표기하였다.

4) 꽃무늬와 기타 무늬 직물

탐릉군 묘에서 출토된 직물에 나타난 꽃무늬는 연꽃무늬가 가장 많고 그 외 매화, 모란, 국화 등이다. 이중 연꽃이 주된 무늬로 사용된 직물의 유물과 그 제직 특징은 <표 5>와 같다. 연꽃무늬 직물은 단령과 무수창의, 그리고 여자저고리 등에 사용되었다. 운문과 마찬가지로 대부분 5매 수자직으로 직조되었고 직물 폭은 약 63.5~66㎝ 정도이다. 가장 많이 보이는 연꽃무늬는 꽃잎이 끝이 뾰족한 타원형의 연꽃 주위를 연잎과 연방이 달려있는 넝쿨무늬가 둥글게 감고 있는 형태이다. 이때 일부 직물은 연꽃과 넝쿨 사이에 보배무늬를 넣어 장식하기도 했다. 다른 연꽃무늬 직물에서는 한 개 또는 두 개 정도의 보배무늬가 배치된 것과는 대조적으로 소렴금(B004009)의 깃에 사용된 무늬에는 7개의 다양한 보배무늬를 함께 시문했다. 지요(B004007)의 연꽃무늬는 꽃잎 윗부분이 뾰족하고 아래는 구름무늬처럼 말려 있고, 연잎은 팔메트형의 곡선적이고 화려한 잎사귀를 배치한 보상화풍이다.[7] 이와 같은 연꽃무늬는 훈(B004018)에서도 보이는데 넝쿨무늬 없이 절지된 국화가 함께 배치되어 있다. 현(B004019) 직물은 복숭아를 꽃 중심에 품은 복숭아꽃과 석류를 꽃 중심에 품은 석류꽃을 중앙에 배치하고 여백에는 불수감과 난초, 부채 등을 시문하였다.

표 5 탐릉군 묘 출토 유물에 사용된 연꽃무늬 직물 특징

유물		B003957 단령-겉(단령)-안(직령)	B003959 단령-안(직령)	B003987 무수창의-겉감	B003988 무수창의-겉감
직물명		화문사	화문단	화문단	화문단
직물조직	바탕	사직	5매3뜀 경수자	5매3뜀 경수자	5매2뜀 경수자
	무늬	평직	5매3뜀 위수자	5매3뜀 위수자	5매2뜀 위수자
직물 폭(cm)		61.5	-	-	-
단위무늬(cm)		20×17	9.5×12	11×18	11×20

7 이은진(2017), 한국 전통 직물의 연꽃무늬 유형 연구, 복식 67(1). pp.56-73.

유물		B003992 겹저고리-겉감	B004007 지요	B004008 구의 B004004 악수	B004009 대렴금-길
직물명		화문단	화문단	화문사	화문단
직물조직	바탕	5매3뜀경수자	5매2뜀 경수자	사직	5매2뜀 경수자
	무늬	5매3뜀위수자	5매2뜀 위수자	평직	5매2뜀 위수자
직물 폭(cm)		-	-	61	61
단위무늬(cm)		11×14.5	20.5×34	10.5×18	10.5×17~18
이미지					

유물		B004009 소렴금-깃 B003998 베개	B004010 대렴금-길 B003999 두발낭 B004000 우족낭 B004001 조수낭	B004018 훈	B004019 현
직물명		화문단	화문단	화문단	화문단
직물조직	바탕	5매2뜀 경수자	5매2뜀 경수자	5매2뜀 경수자	5매2뜀 경수자
	무늬	5매2뜀 위수자	5매2뜀 위수자	5매2뜀 위수자	5매2뜀 위수자
직물 폭(cm)		-	64	65.8	63.5
단위무늬(cm)		10.5×15	11×19	15.5×24	21×25.5
이미지			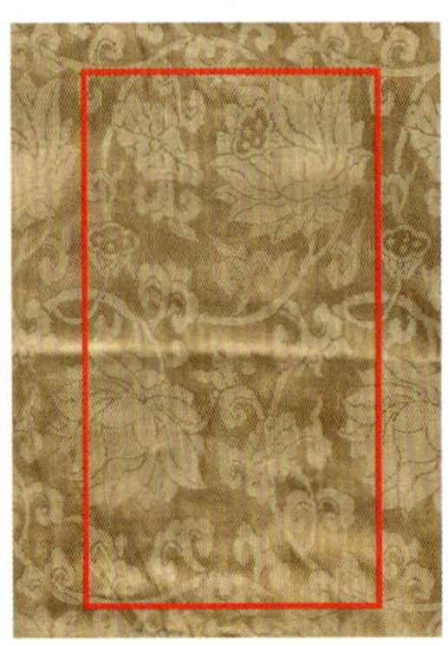		

평직 바탕에 능직으로 무늬를 표현한 문주는 비교적 여러 가지 무늬가 확인된다(표 6). 소창의(B003978) 겉감에 사용된 문주는 절지한 매화를 중심으로 날개를 편 나비와 날개를 접은 나비를 규칙적으로 배치하였다. 이전의 보고서[8]에는 이 직물을 '唐草牧丹紋緞'으로 기록하여 현재의 직물 명칭과는 다소 차이가 있다.

그 외 매화나 모란 등의 꽃무늬를 작은 원형으로 도안해 2~3㎝ 간격으로 3~4개를 연속으로 배치한 소원문주(小圓紋紬)이다. 주로 속바지와 속적삼, 등거리 등에 사용했다. 이 문주는 바탕조직을 평직으로, 무늬조직을 3/1우향경능직으로 제직했다. 이 직물은 바탕조직이 평직이고 무늬가 작고 반복적이므로 앞뒤를 혼동하기 쉽기 때문인지 일부 유물에서는 직물의 앞뒤를 뒤집어 사용한 예가 여러 부분에서 보인다(그림 14, 15). 원형으로 무늬를 시문한 직물은 두 종류로 하나는 절지한 매화 3개를 둥글게 배치했고 다른 하나는 모란과 나비를 함께 배치했다. 두 직물의 폭은 거의 유사하며 4개의 원형문이 가로로 배치되어 있고 무늬의 행간은 약 36~40㎝ 정도이다(그림 16). 이와 같은 작은 원형 무늬 직물은 남오성(1643~1712) 묘, 밀창군(1677~1746) 묘 등 17~18세기 출토 복식 유물에서도 자주 볼 수 있다. 이러한 유물에서도 주로 소창의나 중치막, 저고리와 바지, 이불의 일부 등에서 주로 사용된 것을 볼 수 있는데 무늬가 화려하지 않고 소박하여 일상적인 의복에 많이 사용했던 것으로 생각된다.

표 6 의복 유물에 사용된 기타 무늬 직물

유물		B003978 소창의-겉감	B003992 겹저고리-동정	B003993 속적삼(소매) B004009 소렴금(동정) B004010 대렴금(동정)	B003995 등거리(배자) B004016 속바지 B003992 겹저고리(안고름) B003993 속적삼(길)
직물명		문주	문주	문주	문주
직물조직	바탕	평직	평직	평직	평직
	무늬	능직(3/1 ↗)	능직(3/1 ↗)	능직(3/1 ↗)	능직(3/1 ↗)
직물 폭(cm)		43	-	44	42
단위무늬(cm)		14.5×12	7×3	8.5×8.5	8.2×8.2
이미지				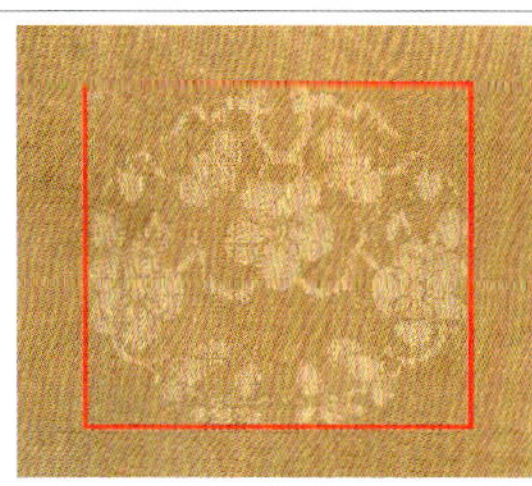	

8 석주선(1982), 앞의 책.

그림 14 등거리(배자)(B03995)의 무늬(좌)와 직물 조직(우)

그림 15 속바지(B004016)의 무늬(좌)와 직물 조직(우)

그림 16 겹저고리(B003993)의 길의 무늬

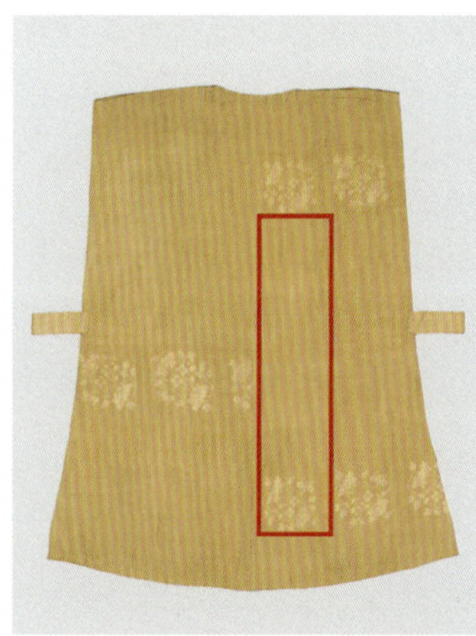

그림 17 등거리(B003995)의 직물 무늬

4. 맺음말

탐릉군 묘의 출토 복식은 묘주의 생몰연대를 확인할 수 있고 수습된 의복이 아름답고 다양할 뿐 아니라 보존 상태가 우수하여 1700년대 복식과 직물을 연구하는 데 있어서 그 사료적 가치가 크다. 이 유물이 수습될 당시는 출토 복식에 대한 관심과 연구가 많지 않던 시기임에도 불구하고 최초의 발굴 수습 과정과 유물에 대한 조사와 연구가 잘 남아 있어 유물에 대한 충분한 배경 지식을 제공하고 있다. 이번 전시는 최초 연구 후 약 40년이 경과한 현재에 발전되고 심화된 선동 복식의 학문적 토대를 바탕으로 탐릉군의 유물을 다시 고찰하는 좋은 기회를 제공한다.

탐릉군 묘에서 출토된 직물의 종류와 기초 특징 등에 대하여 조사하였으며 그 결과는 다음과 같다.

출토된 직물은 모두 견직물로 면마직물이나 누비의 솜과 같은 식물성 섬유는 완전 퇴화되어 전혀 남아 있지 않다.

출토된 직물의 종류는 평직물과 수자직물, 사직물 등이 다양하게 사용되었다. 가장 많이 사용된 평직물은 주로 의복의 겉안감에 두루 사용되었으며 토주 등도 사용되었다. 비교적 겉감은 안감보다 품질이 우수한 직물을 사용한 것으로 조사되었다. 이와 함께 평직을 기반으로 여러 무늬를 표현한 문주(紋紬)가 의복과 습구 등에 사용되었다.

주자직을 기반으로 하는 직물로는 무문단과 문단이 있으며, 사직물은 모두 무늬가 시문된 문사이다. 무늬가 있는 직물로 제작된 의복은 모두 8점으로 문주 1점, 문단이 4점, 문사가 3점이다. 구름과 연꽃을 주제로 한 무늬직물이 많이 사용되었으며 그 외 작은 꽃을 둥글게 도안한 문주 등이 사용되었음을 확인했다. 이러한 무늬와 그 사용은 17~18세기 출토 복식 유물에서의 보편적 특징을 보여준다. 또한 문주는 무늬가 크지 않고 바탕 조직이 평직이라 앞뒤를 혼동하기 쉽기 때문에 여러 유물에서 앞뒤를 뒤집어서 사용했다.

철릭에 사용된 운문직물의 끝에는 제작과 관련된 명문이 시직되어 있는데 중국 항주에서 제직된 것임을 확인할 수 있었다. 또한 특징적으로 직물의 시서나 끝부분에 남아 있는 도장의 흔적이 여러 곳에서 발견되어 당시 직물 생산과 유통에 대한 근거로 추정되나 명확한 확인이 어려워 추후 연구가 필요할 것으로 생각된다.

탐릉군 묘에서 출토된 직물은 17~18세기의 전형적인 직물 특징을 잘 보여주고 있다. 특히 무늬 직물들은 아름다울 뿐 아니라 매우 정교하게 잘 직조된 고급의 직물이다. 반면 저고리나 창의 등 받침옷에 주로 사용된 토주나 문주 등은 조직이 첨밀하지 못하고 무늬가 잘못 직조된 부분 등이 보인다. 이러한 것으로 관복 등에는 고급 직물을 사용하고 일상적인 의복에는 가볍고 단출한 직물을 사용하는 이분적인 직물 사용의 경향성을 알 수 있다.

참고 문헌

국립민속박물관(2014), 유물보존총서Ⅰ 남오성 묘 출토 복식.

국립민속박물관(2010), 유물보존총서Ⅳ 이진승 묘 출토 복식.

석주선(1982), 탐릉군 수의에 관한 소고, 동양학 제12집, 단국대학교 동양학연구소.

이은주(2019), 외규장각 의궤 책의 문양을 통한 운보문 편년 설정 방법, 문화재, 52(4).

이은진(2017), 한국 전통 직물의 연꽃무늬 유형 연구, 복식 67(1).

용인 사람, 탐릉군의 패션

용인 김량장동 이변 묘 출토 복식

Fashion,
Prince Tamneung in Yongin (1636-1731)

IV

도식화

일러스트 **김윤미**

단령 | B003956

구성	겹
옷감 소재	운보문단 / 운보문단
옷감 너비	67

구분	항목	치수
길	뒷길이	128
	화장	121(33+67.3+20.5)
	뒤품	59
소매	진동	36
	소매 너비	66.5
	수구	22
고대(단령/직령)		18/20
깃	깃 총길이(단령/직령)	143/105
	깃 너비(단령/직령)	5.3(0.4㎝ 단령심 소실)/ 14.5
	겉깃 길이(단령/직령)	직선길이(26.5+24)/43
	안깃 길이(단령/직령)	52/42.5
	동정 너비	12
	동정 시작점	13.5
섶	겉섶 너비 (上/下)	19.5/44
	겉섶 길이 (內/外)	128/109
	안섶 너비 (上/下)	11/29
	안섶 길이 (內/外)	96/82
무	너비 (上/下)	(앞)0/20 (뒤)14/14
	길이 (內/外)	(앞)93/91 (뒤)90/99
옆선	옆선 길이 (진동점~도련끝)	90
도련 너비 (뒷길 / 겉섶 / 안섶)		118 / 102.5(무펼침) / 92(무펼침)
고름	겉 (길이×너비)	67/70 ×5/5.5
	안 (길이×너비)	71.5 ×5
어깨바대		7/10.5 ×66.5
겨드랑바대		12 ×12
비 고	단령 깃 파임 25㎝, 단령·직령 시접 안감 방향으로 끼워 합봉	

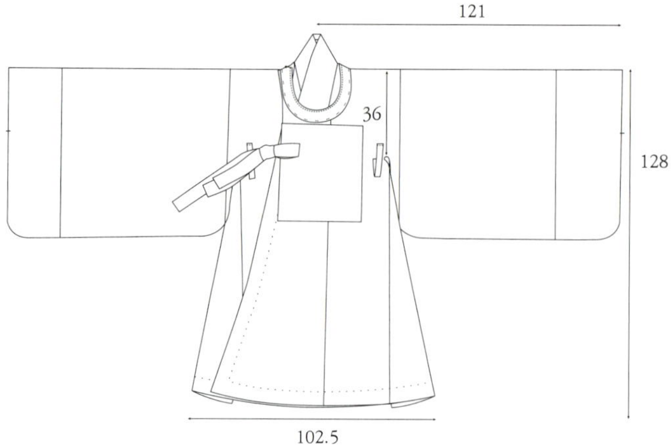

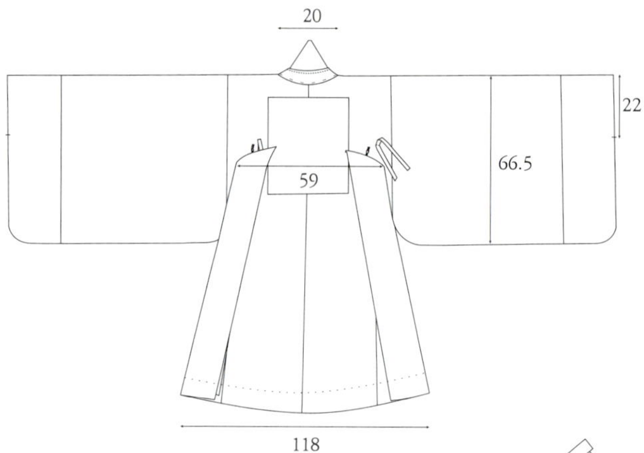

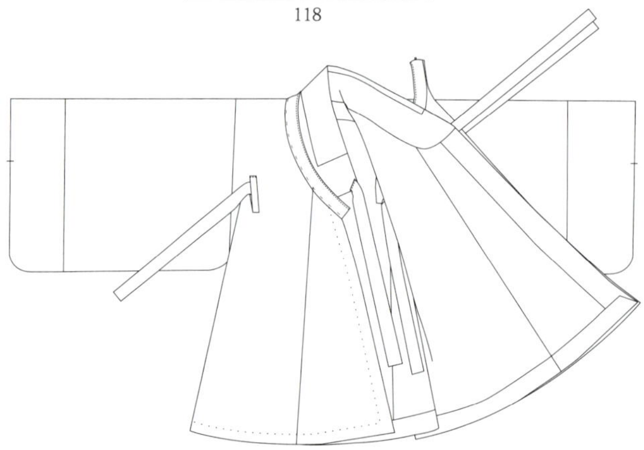

흉배 | NO. B003955

구성	-
옷감 소재	운보문단(단령과 동일) / 자수
옷감 너비	-

가로(앞면/뒷면)	33 / 32.5
세로(앞면/뒷면)	38 / 38

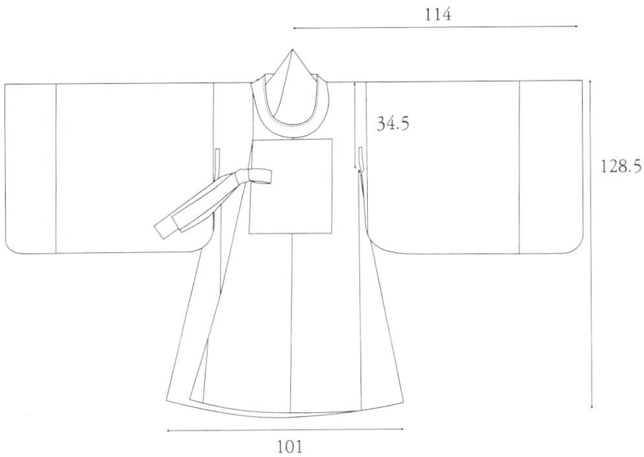

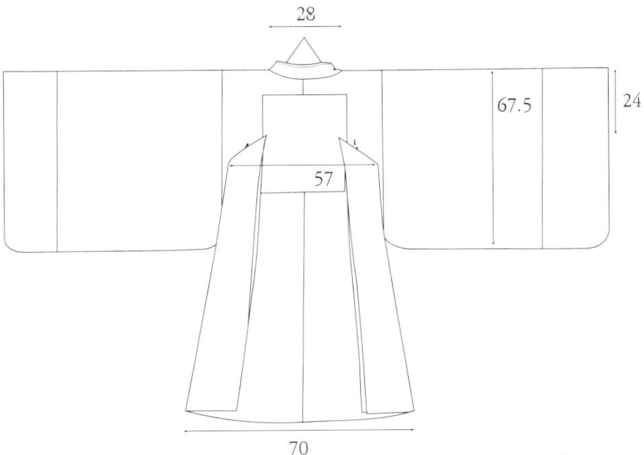

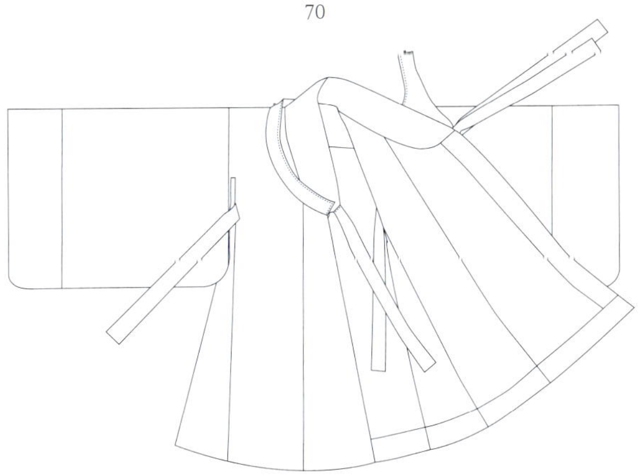

단령 | B003957

구성	겹
옷감 소재	연화보문사 / 연화보문사
옷감 너비	61

구분	항목	치수
길	뒷길이	128.5
	화장	114.5(29.5+60+25)
	뒤품	57
소매	진동	34.5
	소매 너비	67.5
	수구	24
고대(단령/직령)		28/19.5
깃	깃 총길이(단령/직령)	135/107
	깃 너비(단령/직령)	5.5/13.5
	겉깃 길이(단령/직령)	23+30/44
	안깃 길이(단령/직령)	44.5/45
	동정 너비	-
	동정 시작점	-
섶	겉섶 너비 (上/下)	21/41
	겉섶 길이 (内/外)	127/108.5
	안섶 너비 (上/下)	9/27
	안섶 길이 (内/外)	96.3/90.5
무	너비 (上/下)	(앞)0/19 (뒤)13.5/14
	길이 (内/外)	(앞)90.5/93.5 (뒤)91/101
옆선	옆선 길이 (진동점~도련끝)	70
도련 너비(뒷길 / 겉섶 / 안섶)		70 / 101(무펼침) / 90(무펼침)
고름	겉 (길이×너비)	66.5/67.5×6.5/
	안 (길이×너비)	99×5
어깨바대		9/19×58
겨드랑바대		13.5×11.5
비 고		단령 깃 파임 24㎝, 단령·직령 시접 안감 방향으로 끼워 합봉

흉배 | NO. B003958

구성	-
옷감 소재	운보문단(NO.3955와 동일) / 자수
옷감 너비	-
가로(앞면/뒷면)	33 / 32.5
세로(앞면/뒷면)	37 / 36.5

단령 | B003959

구성	겹
옷감 소재	명주 / 연화문단
옷감 너비	52

구분	항목	치수
길	뒷길이	127
	화장	114(50.5+51+12.5)
	뒤품	56
소매	진동	33.5
	소매 너비	65
	수구	19.5
고대(단령/직령)		26/19.5
깃	깃 총길이(단령/직령)	122/101
	깃 너비(단령/직령)	5/13.5
	겉깃 길이(단령/직령)	23+28.7/37.5
	안깃 길이(단령/직령)	48.5/43
	동정 너비	10.5
	동정 시작점	12.5
섶	겉섶 너비 (上/下)	20/47.5
	겉섶 길이 (內/外)	106.5/122
	안섶 너비 (上/下)	9/30
	안섶 길이 (內/外)	93/78.5
무	너비 (上/下)	(앞)14/32.5 (뒤)12/32.5
	길이 (內/外)	(앞)98/92(뒤)92/88
옆선	옆선 길이 (진동점~도련끝)	92
도련 너비(뒷길 / 겉섶 / 안섶)		138 / 118 / 100(무펼침)
고름	겉 (길이×너비)	70×5
	안 (길이×너비)	55×4.5
어깨바대		12/11×76
겨드랑바대		18×9
비 고	단령 깃 파임 21㎝, 단령·직령 시접 안감 방향으로 끼워 합봉	

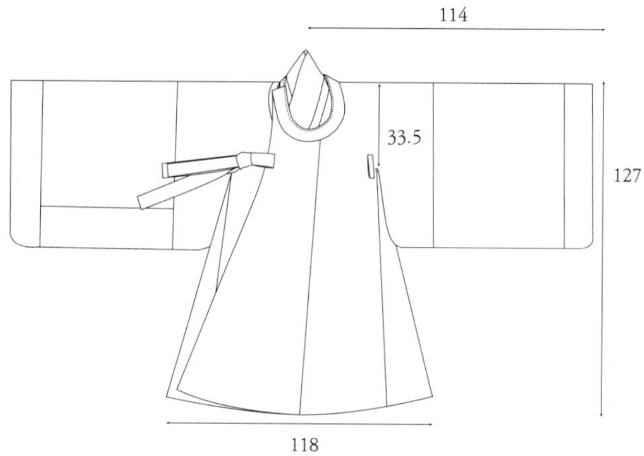

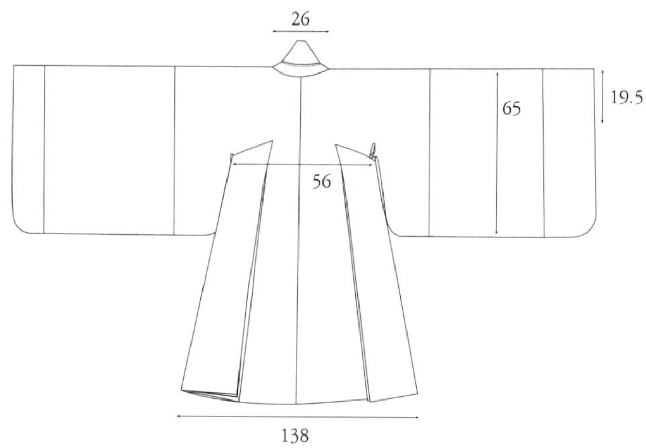

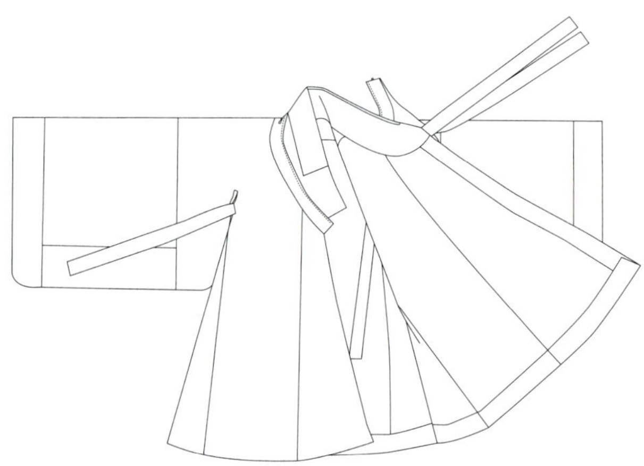

철릭 | B003960

구성	홑
옷감 소재	운보문단
옷감 너비	66

구분	항목	치수
길	뒷길이	131
	화장	119.5(32.5+66.5+20.5)
	뒤품	56
소매	진동	33.5
	소매 너비	63.5
	수구	22.5
고대		21
깃	깃 총길이	99
	깃 너비	14.5
	겉깃 길이	41
	안깃 길이	35.5
	동정 너비	8.5
	동정 시작점	16
섶	겉섶 너비 (上/下)	19.2/19.5
	겉섶 길이 (內/外)	19/10.5
	안섶 너비 (上/下)	5/7
	안섶 길이 (內/外)	19/11.5
상	길이	83.5
옆선	옆선 길이 (진동점~도련끝)	90.5
	겨드랑밑 길이 (진동~무시작점)	5.5
	옆트임	86
도련 너비(뒷상 / 겉상 / 안상)		161 / 156.5 / 113
고름	겉 (길이×너비)	긴: 62.5×4.7 / 짧: 63.5×5
	안 (길이×너비)	긴: 58×4 / 짧: 48×4.5
바대	어깨바대	10/10×51
	겨드랑바대	15×14(겨드랑이 기준)
	허리 바대	6
비 고	하의(裳)에서 1.5㎝ 올라가서 대고리 위치함	

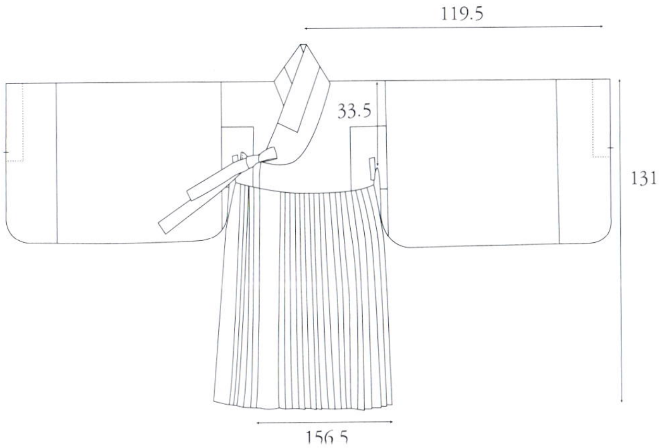

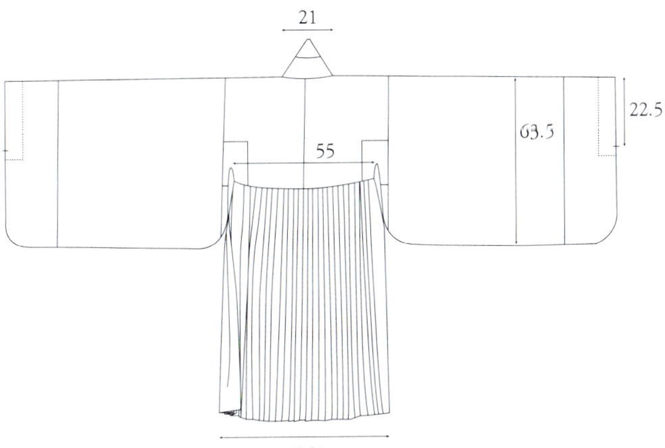

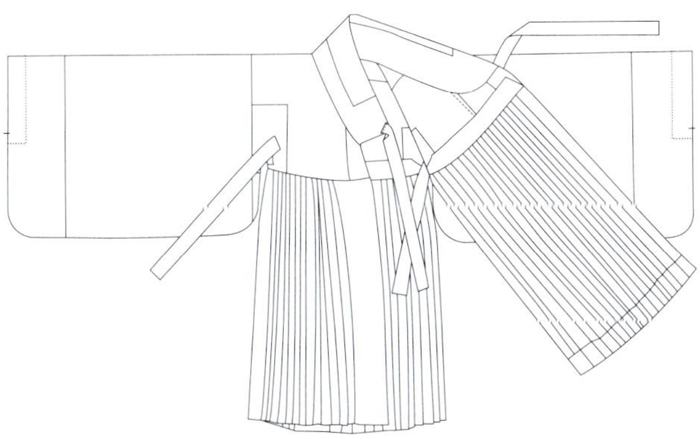

철릭 | B003961

구성		홑
옷감 소재		운보문단
옷감 너비		67
길	뒷길이	127
	화장	122.7(33+65.7+24)
	뒤품	55.5
소매	진동	33
	소매 너비	63.5
	수구	24
고대		20
깃	깃 총길이	99
	깃 너비	15
	겉깃 길이	42
	안깃 길이	38
	동정 너비	8.5
	동정 시작점	17
섶	겉섶 너비 (上/下)	20.5/21
	겉섶 길이 (內/外)	24.3/10.5
	안섶 너비 (上/下)	9/10
	안섶 길이 (內/外)	23/18
상	겉섶 치마길이	81
옆선	옆선 길이 (진동점~도련끝)	89
	겨드랑밑 길이 (진동~무시작점)	7.5
	옆트임	80.5
도련 너비(뒷상 / 겉상 / 안상)		160 / 155.5 / 122.5
고름	겉 (길이×너비)	67×5.5
	안 (길이×너비)	56×5.5
바대	어깨바대	9/17.5×60
	겨드랑바대	17.5×19
	허리 바대	7
비 고	치마 위 대고리, 고름아래 쌍미리 단추 부착	

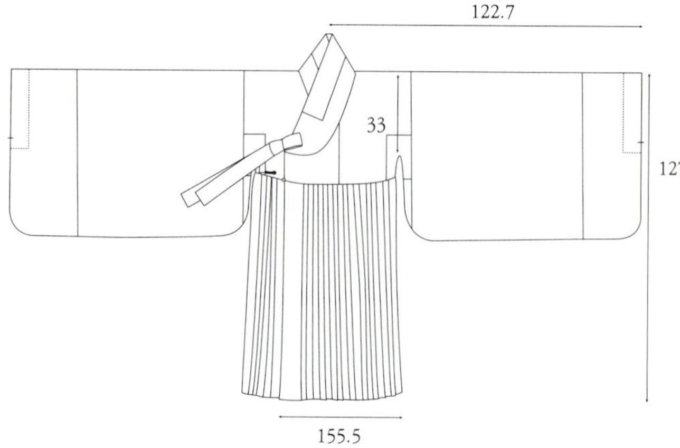

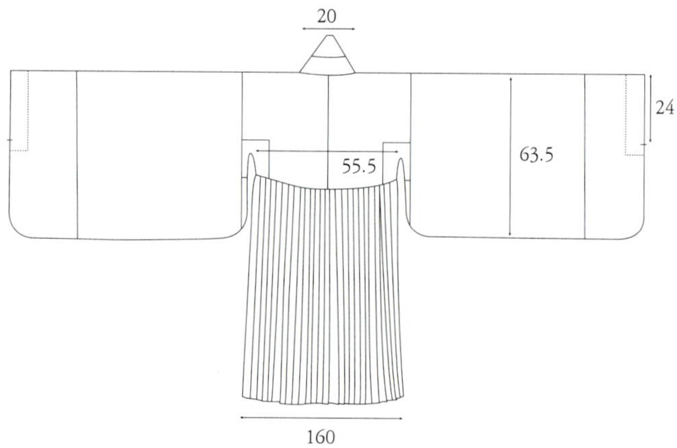

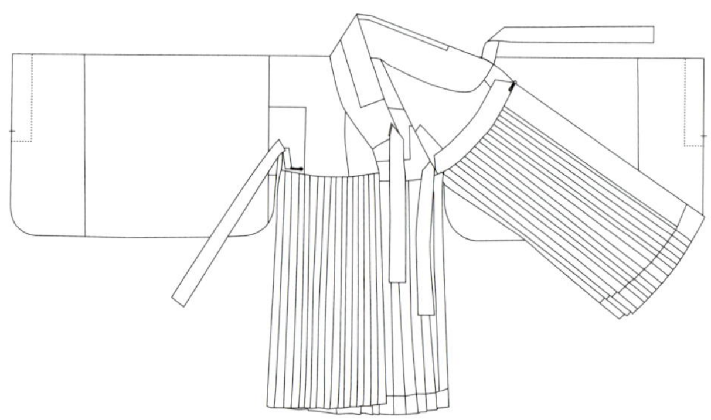

창의 | B003982

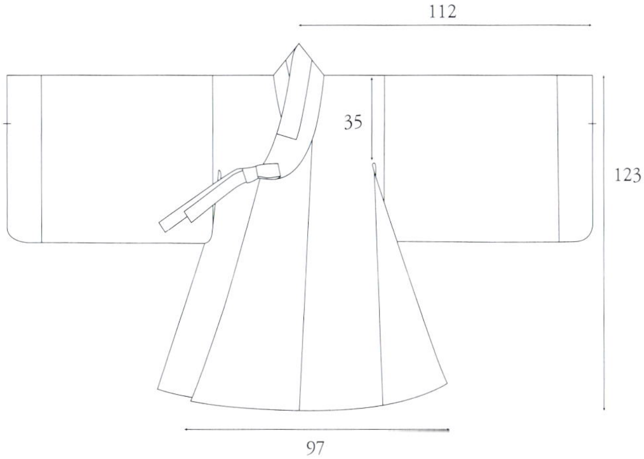

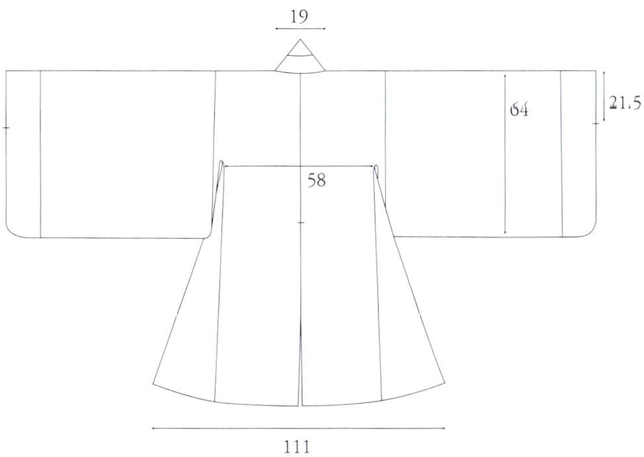

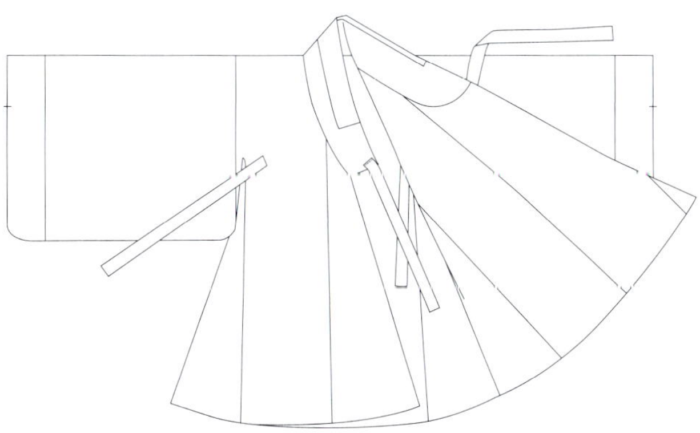

	구성	겹
	옷감 소재	운보문단 / 명주
	옷감 너비	66.5
길	뒷길이	123
	화장	112(32.5+66.5+13)
	뒤품	58
소매	진동	35
	수매 너비	64
	수구	21.5
고대		19
깃	깃 총길이	106.5
	깃 너비	13.5
	겉깃 길이	45
	안깃 길이	45
	동정 너비	7.2
	동정 시작점	16.7
섶	겉섶 너비 (上/下)	19.5/41
	겉섶 길이 (內/外)	97.5/86.7
	안섶 너비 (上/下)	9/30.5
	안섶 길이 (內/外)	95/79.5
무	너비 (上/下)	0/25
	길이 (內/外)	89/86
옆선	옆선 길이 (진동점~도련끝)	-
	뒷트임	75.5
도련 너비(뒷길 / 겉길 / 안길)		111 / 97 / 84
고름	겉 (길이×너비)	62×5
	안 (길이×너비)	53.5×3.5
비고	–	

창의 | B003983

	구성	겹
	옷감 소재	명주 / 명주
	옷감 너비	-
길	뒷길이	125
	화장	112(39+39.5+34)
	뒤품	54.5
소매	진동	31(3사뜨기)
	소매 너비	51.5
	수구	22(0.7사뜨기)
고대		19.5
깃	깃 총길이	103
	깃 너비	13
	겉깃 길이	44.5
	안깃 길이	42.5
	동정 너비	-
	동정 시작점	-
섶	겉섶 너비 (上/下)	20/40.5
	겉섶 길이 (內/外)	105.5/93.5
	안섶 너비 (上/下)	7/25(시작점 사뜨기)
	안섶 길이 (內/外)	99/84.5
무	너비 (上/下)	0/18
	길이 (內/外)	87/87
옆선	옆선 길이 (진동점~도련끝)	91.5
	뒷트임	73(1사뜨기)
도련 너비(뒷길 / 겉길 / 안길)		106 / 92 / 77
고름	겉 (길이×너비)	63×2.8
	안 (길이×너비)	53×3
비 고	-	

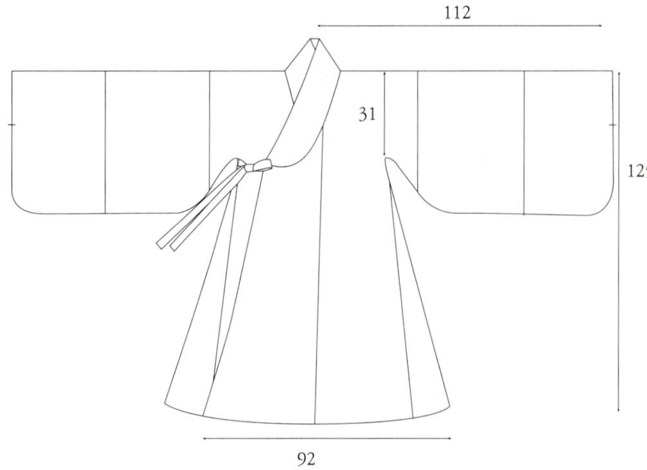

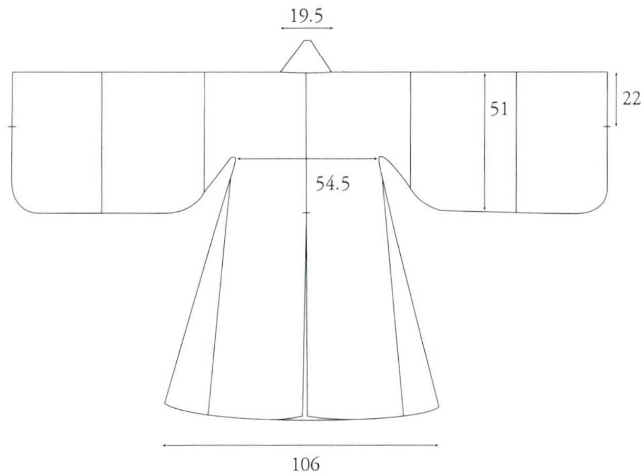

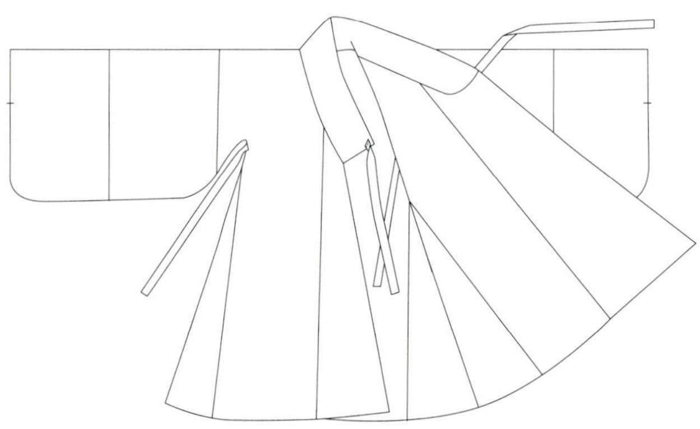

창의 | B003984

	구성	겹
	옷감 소재	명주 / 명주
	옷감 너비	-
길	뒷길이	129
	화장	108.5(36+36.5+36)
	뒤품	56
소매	진동	34(사뜨기)
	소매 너비	59
	수구	23
고대		19
깃	깃 총길이	109
	깃 너비	14
	겉깃 길이	45.5
	안깃 길이	43
	동정 너비	7.5
	동정 시작점	19.3
섶	겉섶 너비 (上/下)	19.5/44.5
	겉섶 길이 (內/外)	102/98.5
	안섶 너비 (上/下)	7/30
	안섶 길이 (內/外)	99.5/84
무	너비 (上/下)	0/24
	길이 (內/外)	92/93
옆선	옆선 길이 (진동점~도련끝)	-
	뒷트임	/8
도련 너비(뒷길 / 겉길 / 안길)		112 / 101 / 87
고름	겉 (길이×너비)	63.5×4
	안 (길이×너비)	54×2.2
비고		-

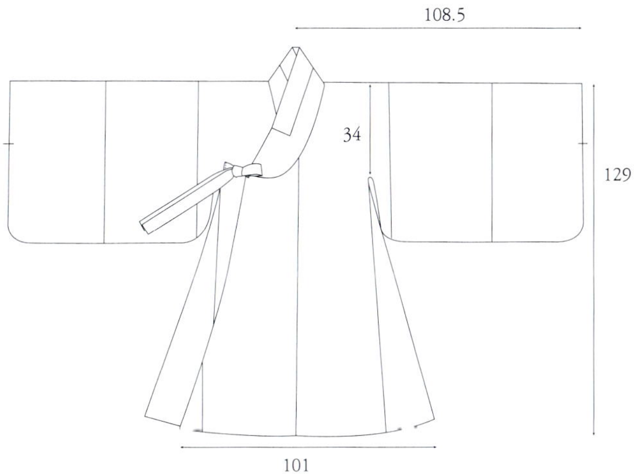

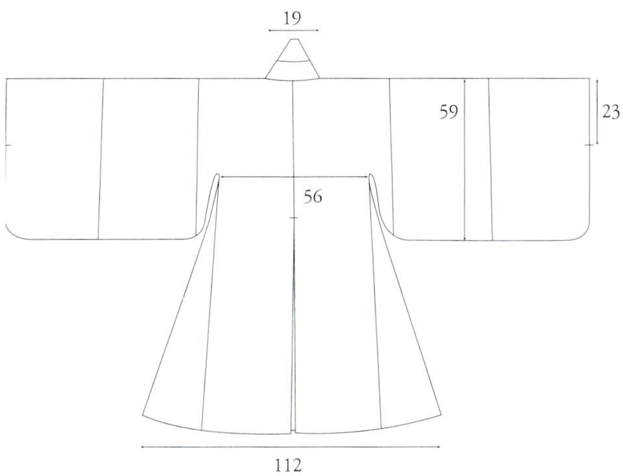

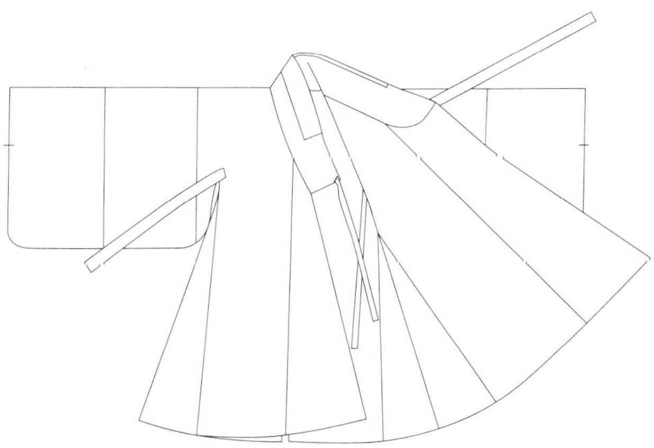

_ 도식화

창의 | B003985

구성	겹
옷감 소재	명주 / 명주
옷감 너비	-

구분	항목	치수
길	뒷길이	128
	화장	111(40+40+31.5)
	뒤품	55
소매	진동	35
	소매 너비	62.5
	수구	22.5
고대		20
깃	깃 총길이	109
	깃 너비	13
	겉깃 길이	45
	안깃 길이	43.5
	동정 너비	8.5
	동정 시작점	17
섶	겉섶 너비 (上/下)	19.5/40
	겉섶 길이 (內/外)	103.5/93
	안섶 너비 (上/下)	6/30
	안섶 길이 (內/外)	96/86
무	너비 (上/下)	0/28.5
	길이 (內/外)	85.5/83.5
옆선	옆선 길이 (진동점~도련끝)	89
	뒷트임	75.5
도련 너비(뒷길 / 겉길 / 안길)		120 / 97.5 / 88
고름	겉 (길이×너비)	64×4.5
	안 (길이×너비)	
비고	-	

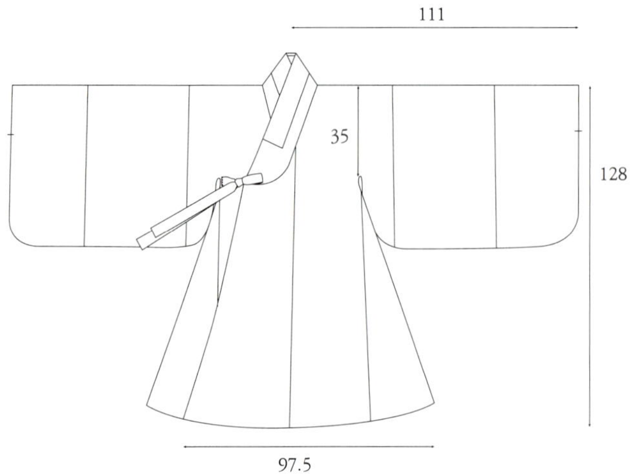

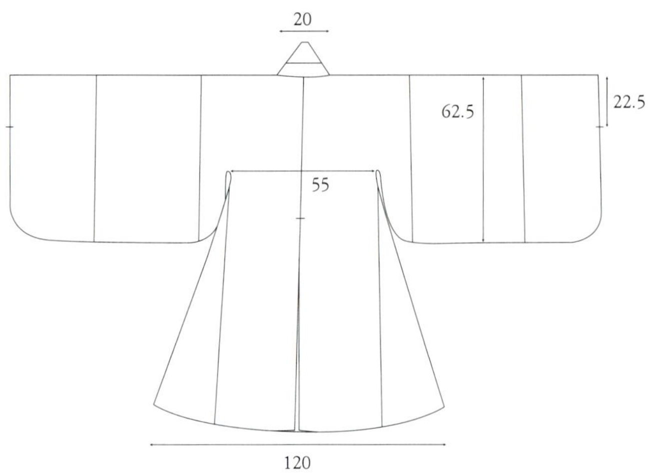

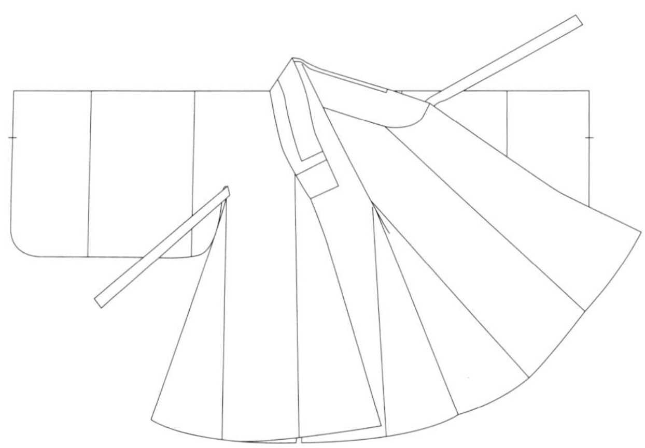

누비중치막 | B003962

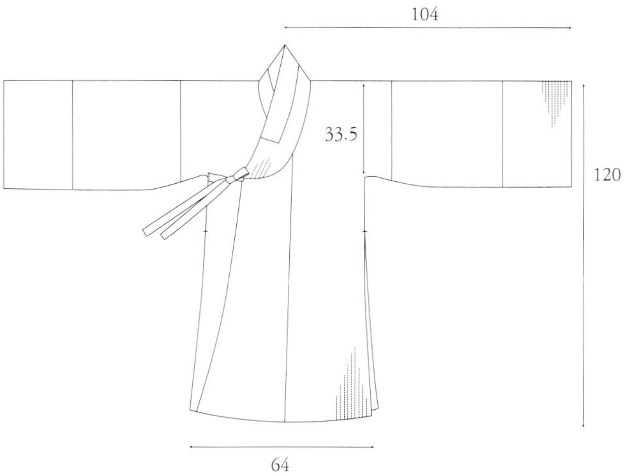

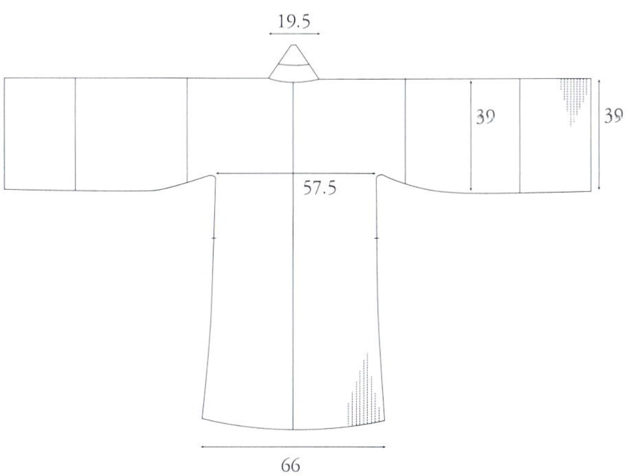

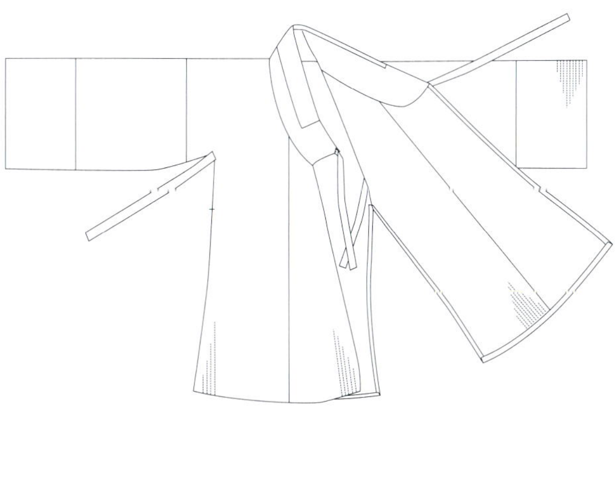

구성	겹
옷감 소재	명주 / 명주
옷감 너비	-

구분	항목	치수
길	뒷길이	120
	화장	104(39.5+39.5+25.2)
	뒤품	57.5
소매	진동	33.5
	소매 너비	39
	수구	39
고대		19.5
깃	깃 총길이	102
	깃 너비	13.5
	겉깃 길이	43.5
	안깃 길이	40
	동정 너비	7
	동정 시작점	16.5
섶	겉섶 너비 (上/下)	19.3/32
	겉섶 길이 (內/外)	96/85.5
	안섶 너비 (上/下)	9/27.5
	안섶 길이 (內/外)	93.3/82
옆선	옆선 길이 (진동점~도련끝)	89
	겨드랑밑 길이 (진동~무시작점)	19
	옆트임	63.5
도련 너비(뒷길 / 겉길 / 안길)		66 / 64 / 60
고름	겉 (길이×너비)	54.5×8
	안 (길이×너비)	43×2.2
누비 간격		0.7~0.8
비 고		-

누비중치막 | B003963

구성	겹
옷감 소재	명주 / 명주
옷감 너비	-

구분	항목	치수
길	뒷길이	118
	화장	100(34+34+33)
	뒤품	52
소매	진동	29
	소매 너비	49.5
	수구	48.5
고대		19
깃	깃 총길이	92
	깃 너비	13
	겉깃 길이	41
	안깃 길이	34
	동정 너비	7.5
	동정 시작점	15.5
섶	겉섶 너비 (上/下)	20.5/33
	겉섶 길이 (內/外)	98/87.5
	안섶 너비 (上/下)	5.5/22
	안섶 길이 (內/外)	92.5/84.5
옆선	옆선 길이 (진동점~도련끝)	85
	겨드랑밑 길이 (진동~무시작점)	20
	옆트임	65
도련 너비(뒷길 / 겉길 / 안길)		63 / 64 / 52
고름	겉 (길이×너비)	?×3.5
	안 (길이×너비)	43×2.2
누비 간격		1~1.2
비 고		-

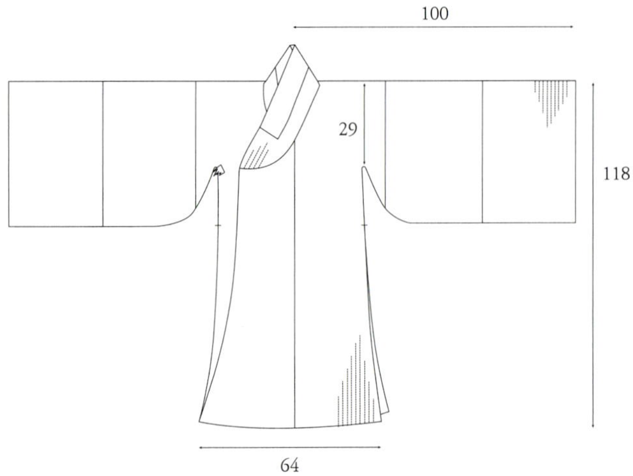

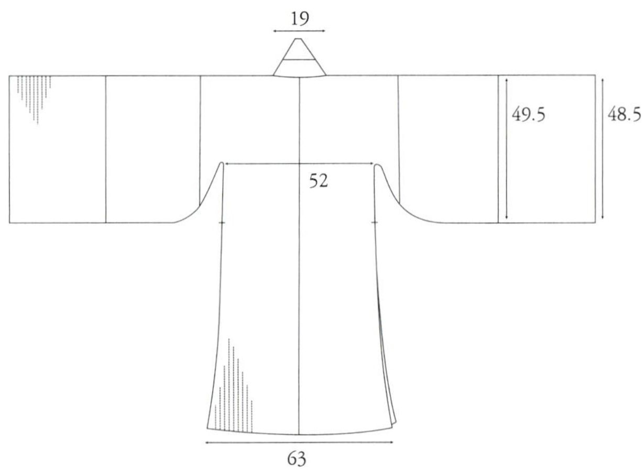

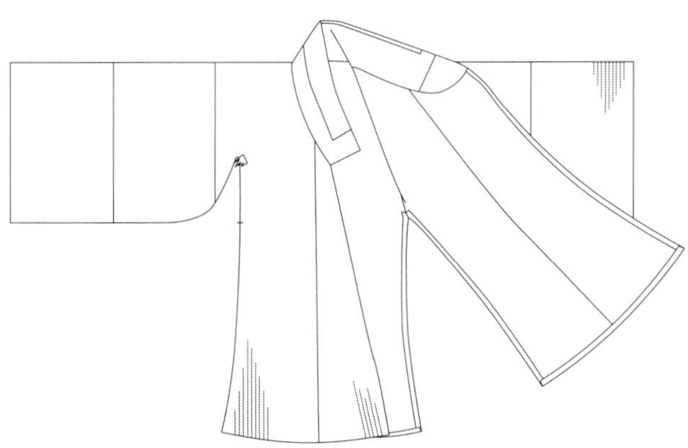

누비중치막 | B003964

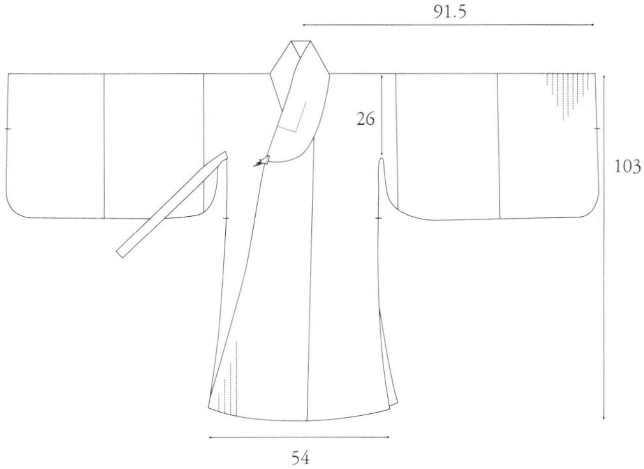

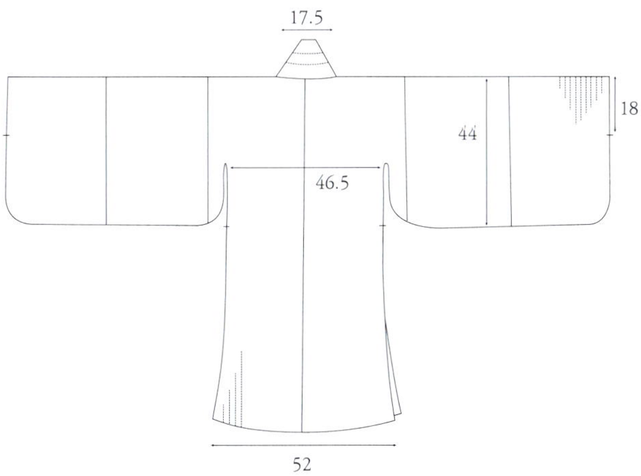

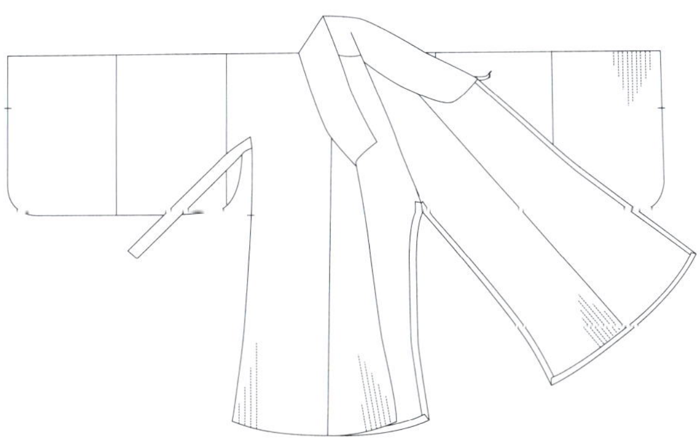

구성	누비
옷감 소재	명주 / 명주
옷감 너비	-

구분	항목	치수
길	뒷길이	103
	화장	91.5(30.5+31+30)
	뒤품	46.5
소매	진동	26
	소매 너비	44
	수구	18
고대		17.5
깃	깃 총길이	82
	깃 너비	11.5
	겉깃 길이	33
	안깃 길이	35
	동정 너비	6
	동정 시작점	14.5(흔적만 남음)
섶	겉섶 너비 (上/下)	16/29
	겉섶 길이 (內/外)	84/75
	안섶 너비 (上/下)	6.2/19.5
	안섶 길이 (內/外)	70/80.5
옆선	옆선 길이 (진동점~도련끝)	74.5
	겨드랑밑 길이 (진동~무시작점)	17
	옆트임	58.5
도련 너비(뒷길 / 겉길 / 안길)		52 / 54 / 45
고름	겉 (길이×너비)	45.5×3.3 / 겉섶 쪽 머리만 남음(2.5)
	안 (길이×너비)	45×3 / 안섶 고름 흔적 1.5
누비 간격		1.8~2
비 고	선단 1.4-1.8㎝, 어린이용 중치막	

누비중치막 | B003965

구성	누비
옷감 소재	명주 / 명주
옷감 너비	-

구분	항목	치수
길	뒷길이	124
	화장	113(33.5+33.5+33+13)
	뒤품	60
소매	진동	32
	소매 너비	53.5
	수구	21.5(사뜨기)
고대		19.2
깃	깃 총길이	102.5
	깃 너비	13.8
	겉깃 길이	43
	안깃 길이	42
	동정 너비	7.5
	동정 시작점	18.5
섶	겉섶 너비 (上/下)	20.5/40.5
	겉섶 길이 (內/外)	98/91.5
	안섶 너비 (上/下)	5.5/23.5
	안섶 길이 (內/外)	91.8/83.5
옆선	옆선 길이 (진동점~도련끝)	89
	겨드랑밑 길이 (진동~무시작점)	18.5
	옆트임	70.5
도련 너비(뒷길 / 겉길 / 안길)		81.5 / 79.5 / 54
고름	겉 (길이×너비)	54.5×3.8 (안섶쪽 겉고름 탈락)
	안 (길이×너비)	49×2.5
누비 간격		1~1.5
비 고	자주색 선단 1.5	

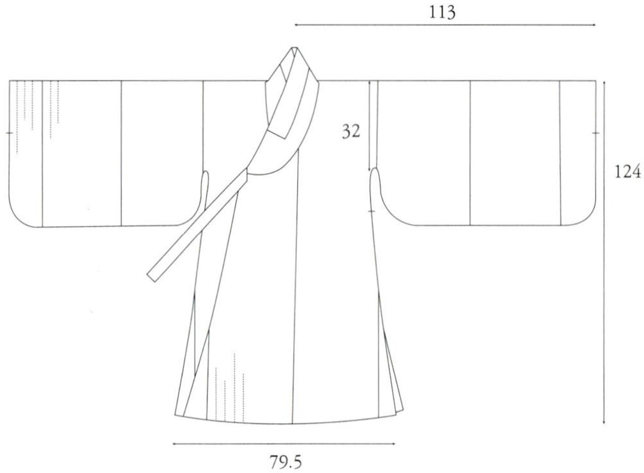

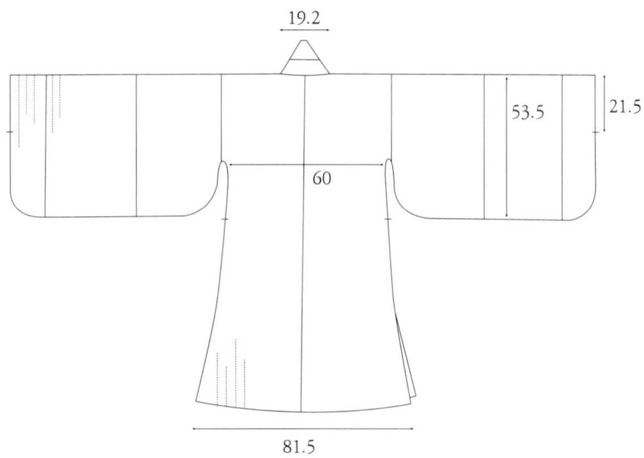

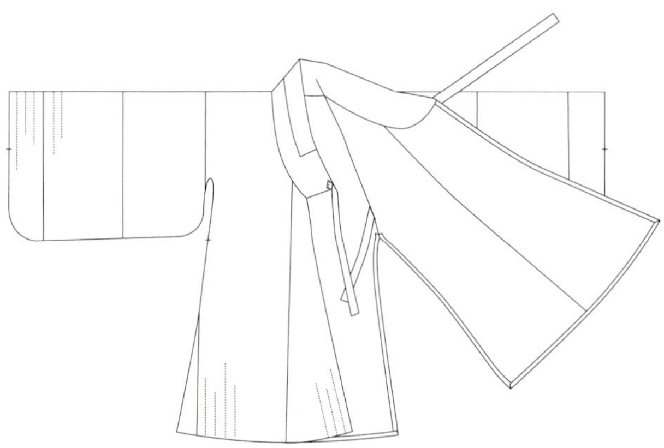

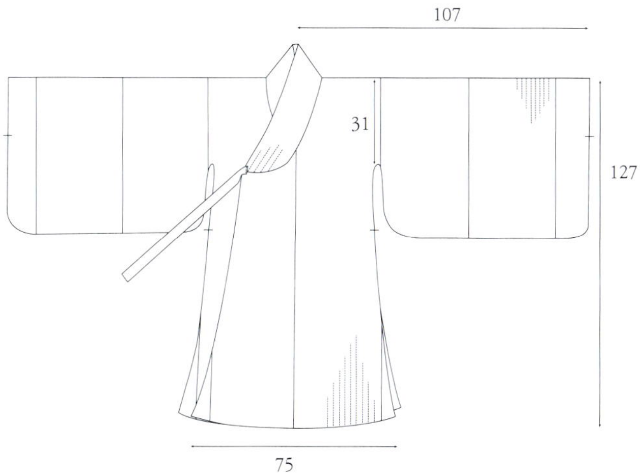

누비중치막 | B003966

구성	누비
웃감 소재	명주 / 명주
웃감 너비	-

구분	항목	치수
길	뒷길이	127
	화장	107(31.5+32+32.5+11)
	뒤품	58.5
소매	진동	31
	소매 너비	57
	수구	21.5
고대		21
깃	깃 총길이	103
	깃 너비	13
	겉깃 길이	44.5
	안깃 길이	40
	동정 너비	6.5흔적
	동정 시작점	14.5흔적
섶	겉섶 너비 (上/下)	20/37.5
	겉섶 길이 (內/外)	101/91
	안섶 너비 (上/下)	5.5/24.5
	안섶 길이 (內/外)	96.7/88
옆선	옆선 길이 (진동점~도련끝)	90
	겨드랑밑 길이 (진동~무시작점)	19.5
	옆트임	71
도련 너비(뒷길 / 겉길 / 안길)		74 / 75 / 60.5
고름	겉 (길이×너비)	60×3.5
	안 (길이×너비)	50×2.5
누비 간격		2
비고	-	

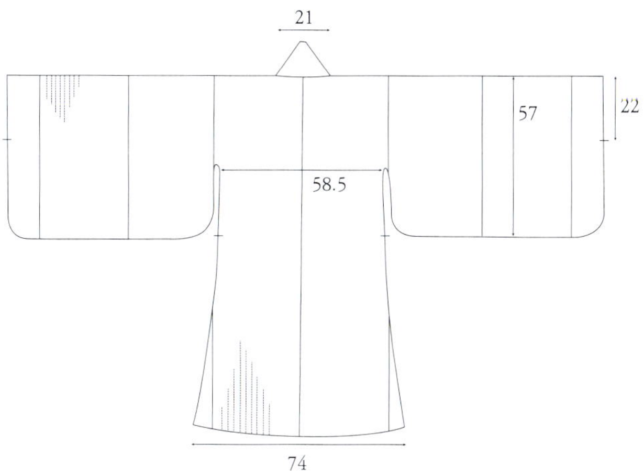

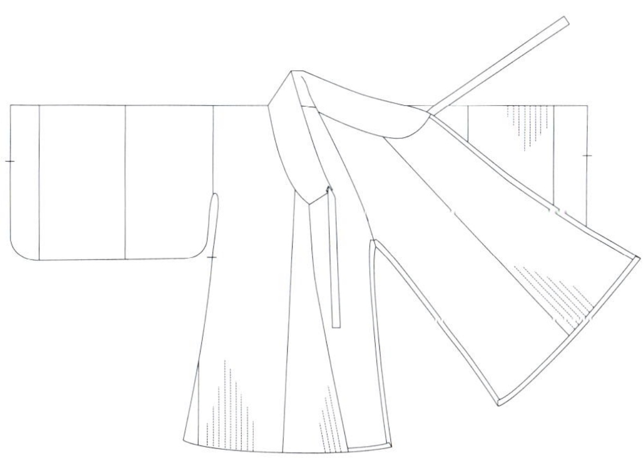

누비중치막 | B003967

구성	겹(솜추정)
옷감 소재	세주 / 명주
옷감 너비	-

구분	항목	치수
길	뒷길이	124.5
	화장	109.5(37.5+38.5+33)
	뒤품	58
소매	진동	33.5
	소매 너비	52.5
	수구	23.5
고대		23
깃	깃 총길이	92
	깃 너비	13.5
	겉깃 길이	46.5
	안깃 길이	41.5
	동정 너비	8.5
	동정 시작점	16
섶	겉섶 너비 (上/下)	20.5/44.5
	겉섶 길이 (內/外)	98.5/97
	안섶 너비 (上/下)	4/28
	안섶 길이 (內/外)	91/86
옆선	옆선 길이 (진동점~도련끝)	92
	겨드랑밑 길이 (진동~무시작점)	19
	옆트임	73
도련 너비(뒷길 / 겉길 / 안길)		78 / 83.5 / 68
고름	겉 (길이×너비)	54×4.5
	안 (길이×너비)	53×4.3
비 고	7 올라가서 7 간격으로 두땀 상침	

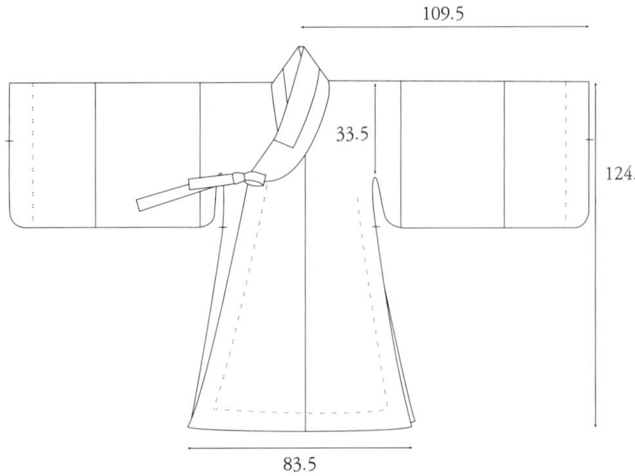

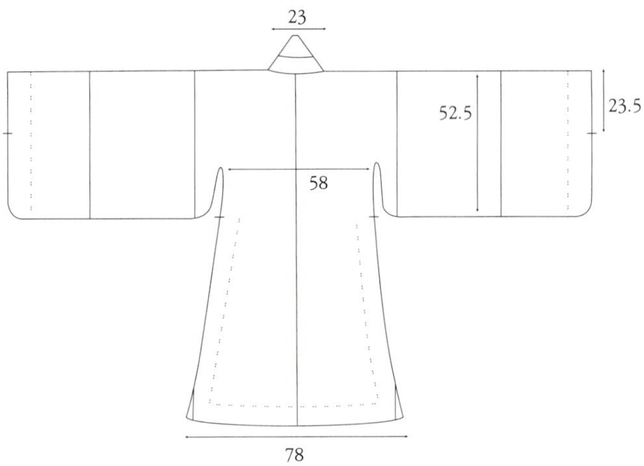

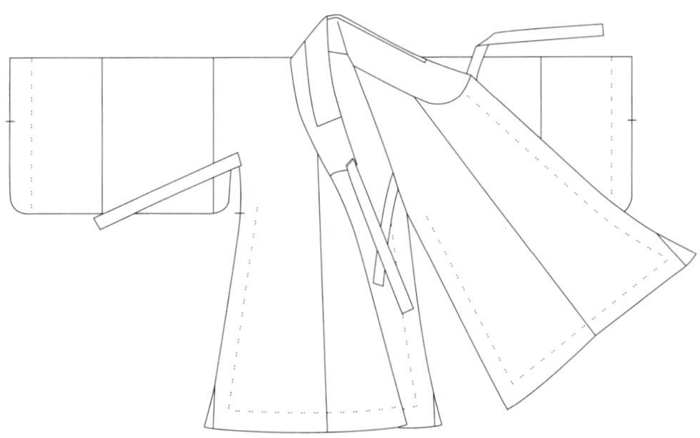

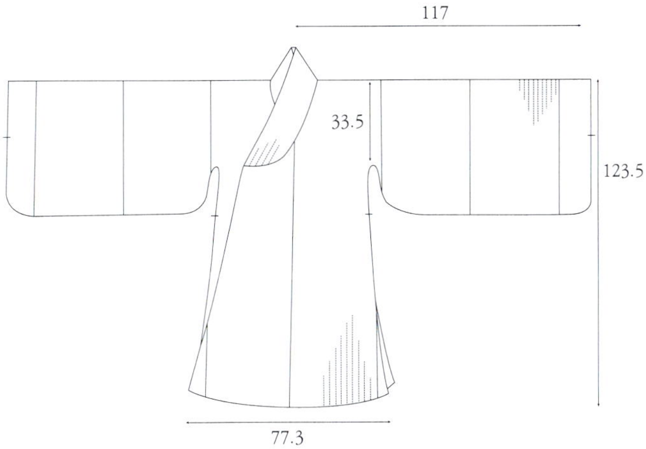

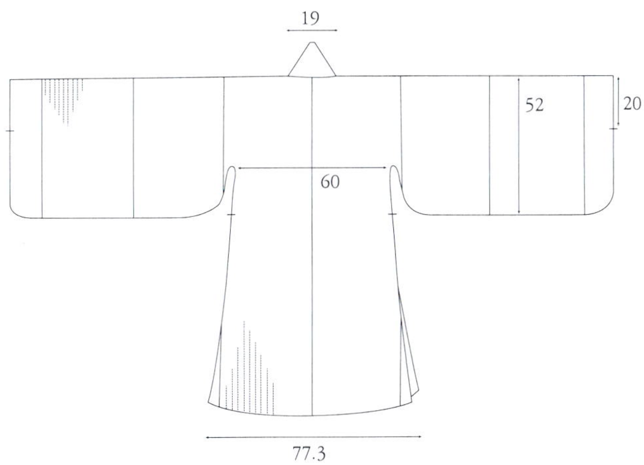

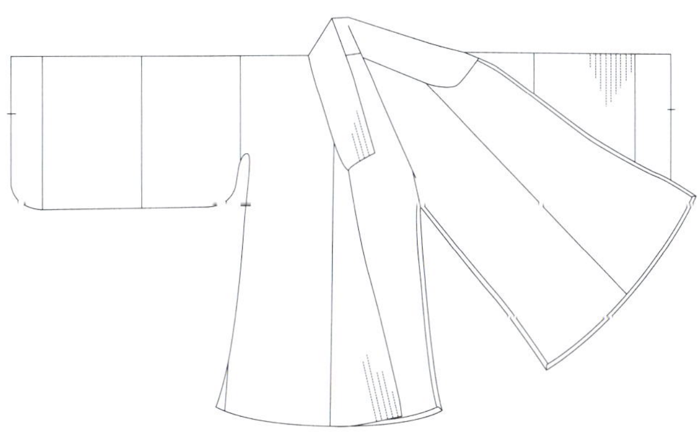

누비중치막 | B003968

	구성	누비
	옷감 소재	명주 / 명주
	옷감 너비	-

구분	항목	치수
길	뒷길이	123.5
	화장	117(34.5+34+20.5+27)
	뒤품	60
소매	진동	33.5
	소매 너비	52
	수구	20
고대		19
깃	깃 총길이	101
	깃 너비	13
	겉깃 길이	43.5
	안깃 길이	40
	농성 너비	-
	동정 시작점	-
섶	겉섶 너비 (上/下)	20/40
	겉섶 길이 (內/外)	99.5/87
	안섶 너비 (上/下)	5.5/26
	안섶 길이 (內/外)	95/84
옆선	옆선 길이 (진동점~도련끝)	85.5
	겨드랑밑 길이 (진동~무시작점)	19.5
	옆트임	67.5
도련 너비(뒷길 / 겉길 / 안길)		77.5 / 77.3 / 63
고름	겉 (길이×너비)	-
	안 (길이×너비)	-
누비 간격		1.5
비 고	자주색 선단 1.5	

_ 도식화

누비중치막 | B003969

	구성	겹
	옷감 소재	명주 / 명주
	옷감 너비	-
길	뒷길이	122
	화장	106(40+40+26.5)
	뒤품	57.5
소매	진동	35
	소매 너비	56.7
	수구	23.5
고대		20.5
깃	깃 총길이	105
	깃 너비	14
	겉깃 길이	44
	안깃 길이	42.5
	동정 너비	7.8흔적
	동정 시작점	14흔적
섶	겉섶 너비 (上/下)	19.5/39
	겉섶 길이 (內/外)	98/94
	안섶 너비 (上/下)	5.5/25
	안섶 길이 (內/外)	92.5/82
옆선	옆선 길이 (진동점~도련끝)	85
	겨드랑밑 길이 (진동~무시작점)	19
	옆트임	67
도련 너비(뒷길 / 겉길 / 안길)		74 / 74 / 60
고름	겉 (길이×너비)	54×4.5
	안 (길이×너비)	45.5×4
비 고	6 올라가서 6.5 간격으로 두땀 상침	

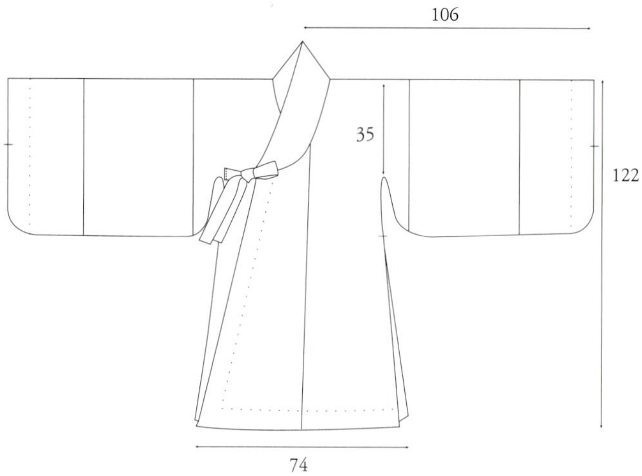

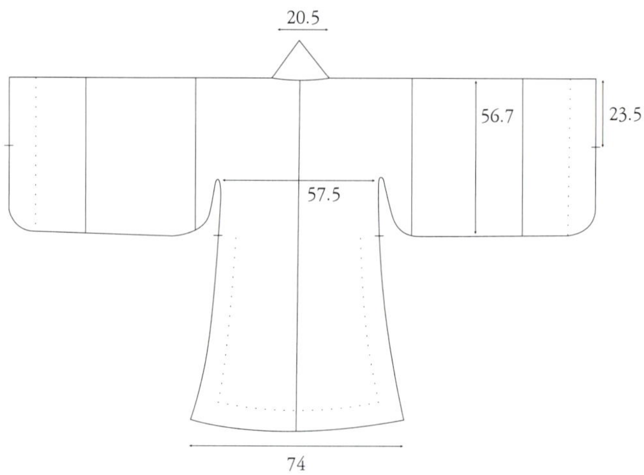

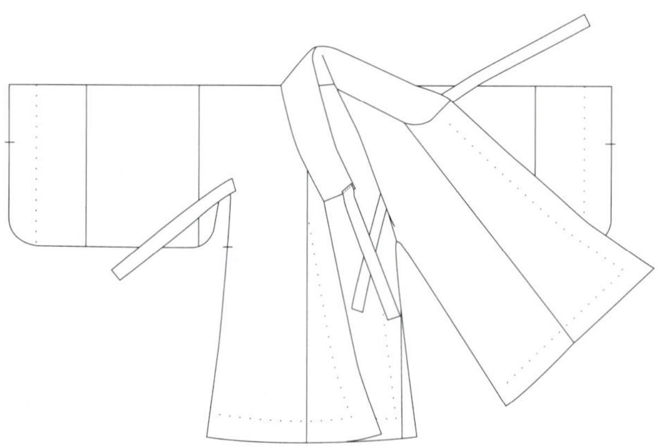

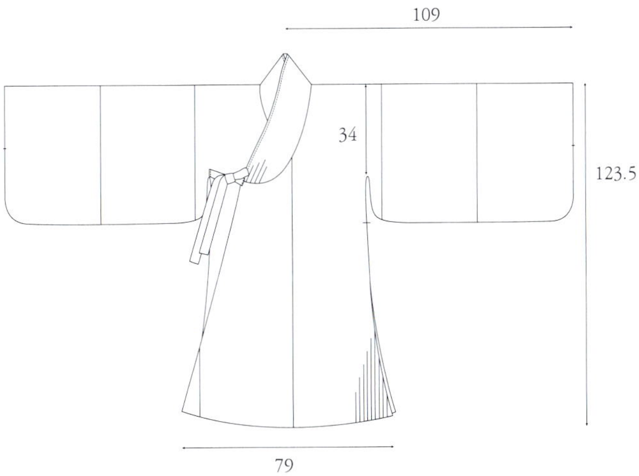

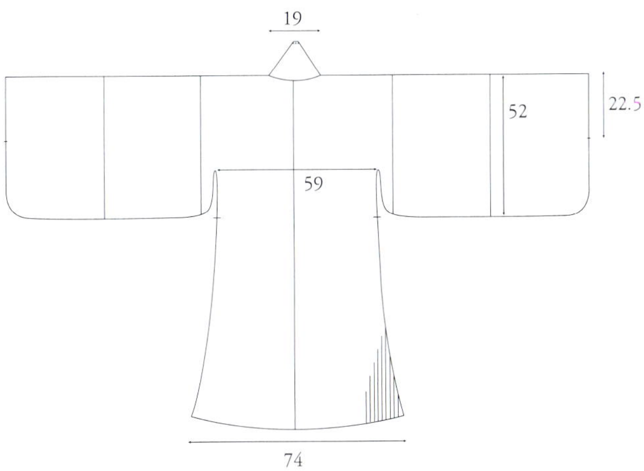

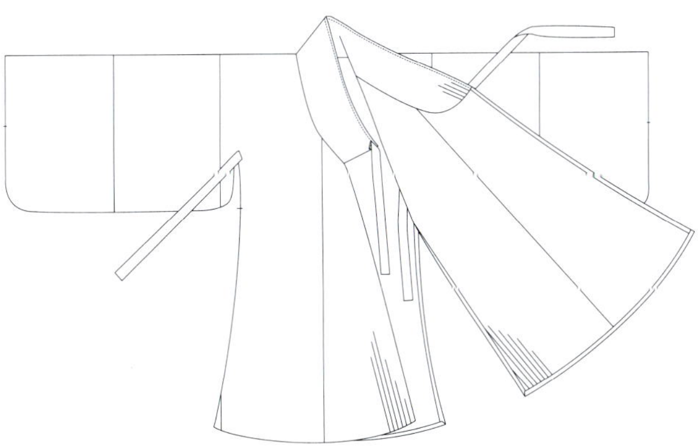

누비중치막 | B003970

구성		누비
옷감 소재		명주 / 명주
옷감 너비		
길	뒷길이	123.5
	화장	109(35.5+37+36.5)
	뒤품	59
수매	진동	34
	소매 너비	52
	수구	22.5
고대		19
깃	깃 총길이	101.5
	깃 너비	13.5
	겉깃 길이	45
	안깃 길이	40
	동정 너비	-
	동정 시작점	-
섶	겉섶 너비 (上/下)	20/42.5
	겉섶 길이 (內/外)	97.5/87
	안섶 너비 (上/下)	6.5/28
	안섶 길이 (內/外)	97/86
옆선	옆선 길이 (진동점~도련끝)	87.5
	겨드랑밑 길이 (진동~무시작점)	17.5
	옆트임	69.5
도련 너비(뒷길 / 겉길 / 안길)		74 / 79 / 65
고름	겉 (길이×너비)	긴: 58×3 / 짧: 56.5×3
	안 (길이×너비)	겉: 44×3 / 안: 43.5×3
누비 간격		1
비 고	선단 1.2~1.5	

_ 도식화

중치막 | B003973

구분	항목	치수
	구성	겹
	옷감 소재	명주 / 명주
	옷감 너비	-
길	뒷길이	122.5
	화장	108(35.5+36.5+36.5)
	뒤품	59
소매	진동	31.5
	소매 너비	34.5
	수구	34.5
고대		21
깃	깃 총길이	107
	깃 너비	13.5
	겉깃 길이	45.5
	안깃 길이	44
	동정 너비	6.5흔적
	동정 시작점	-
섶	겉섶 너비 (上/下)	18/36.5
	겉섶 길이 (內/外)	92/88.5
	안섶 너비 (上/下)	7/27
	안섶 길이 (內/外)	93.5/80.5
옆선	옆선 길이 (진동점~도련끝)	87
	겨드랑밑 길이 (진동~무시작점)	19.5
	옆트임	68.5
도련 너비(뒷길 / 겉길 / 안길)		86 / 79 / 69
고름	겉 (길이×너비)	61×4.5
	안 (길이×너비)	48.5×3.2
비 고	6 올라가서 6 간격으로 두땀 상침	

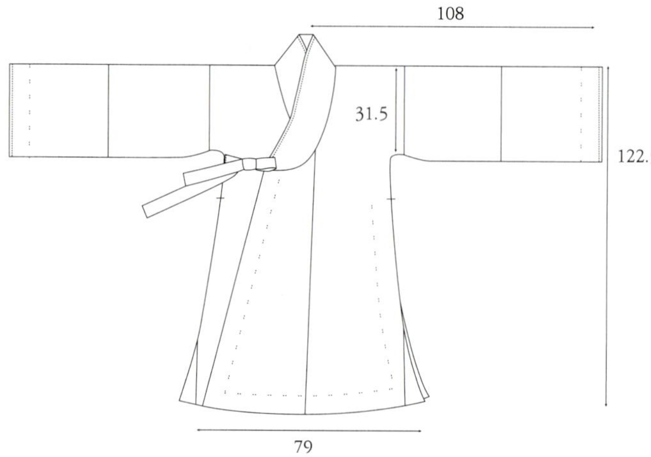

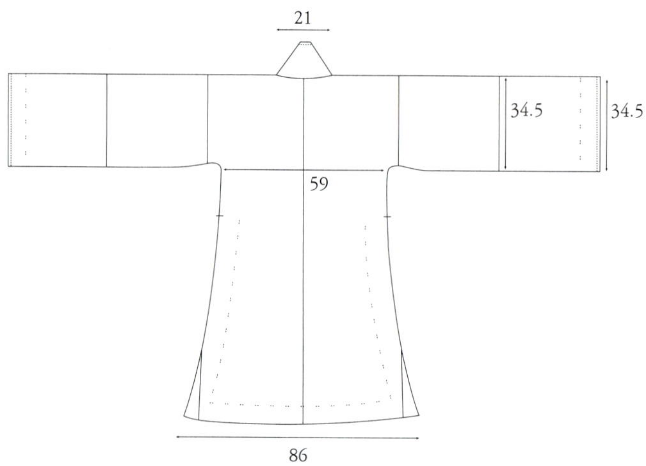

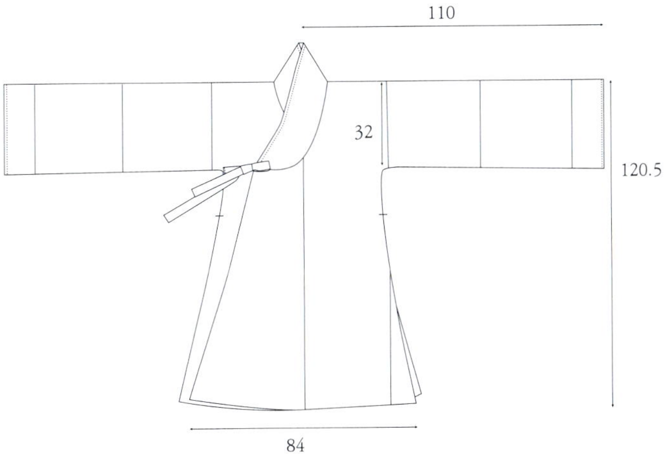

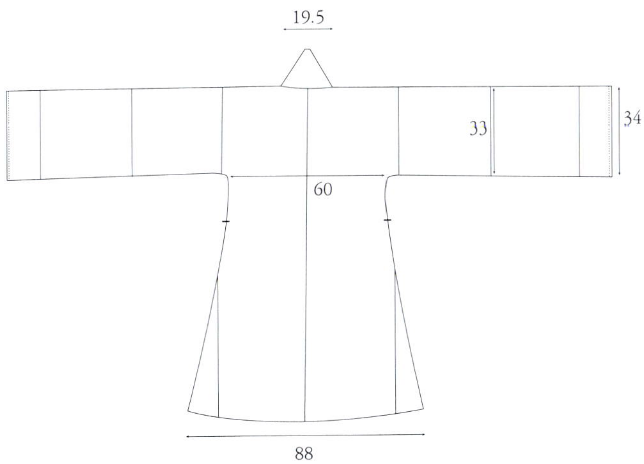

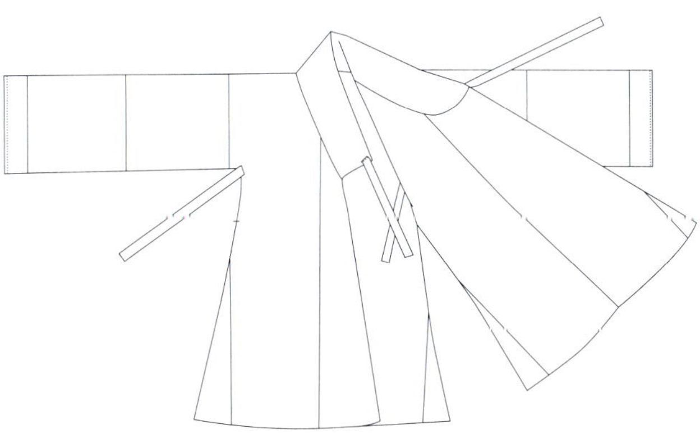

중치막 | B003977

구성	겹
옷감 소재	세주 / 명주
옷감 너비	-

구분	항목	치수
길	뒷길이	120.5
	화장	110(33+43+35.5)
	뒤품	60
소매	진동	32
	소매 너비	33
	수구	34
고대		19.5
깃	깃 총길이	101
	깃 너비	13.7
	겉깃 길이	43
	안깃 길이	39
	동정 너비	7흔적
	동정 시작점	15흔적
섶	겉섶 너비 (上/下)	20.5/41
	겉섶 길이 (內/外)	94/88
	안섶 너비 (上/下)	5.5/20
	안섶 길이 (內/外)	68/80
옆선	옆선 길이 (진동점~도련끝)	84
	겨드랑밑 길이 (진동~무시작점)	20
	옆트임	65(1 사뜨기)
도련 너비(뒷길 / 겉길 / 안길)		88 / 84 / 64
고름	겉 (길이×너비)	51.5×3.2
	안 (길이×너비)	35.5×2.7
비 고	-	

누비중치막 | B003981

구성	누비
옷감 소재	명주 / 명주
옷감 너비	-

구분	항목	치수
길	뒷길이	125
	화장	116(33.5+33.5+33.5+15.5)
	뒤품	57.5
소매	진동	30.5(사뜨기)
	소매 너비	55
	수구	20(사뜨기)
고대		20
깃	깃 총길이	104
	깃 너비	13
	겉깃 길이	44
	안깃 길이	41
	동정 너비	-
	동정 시작점	-
섶	겉섶 너비 (上/下)	19/35
	겉섶 길이 (內/外)	96.7/90
	안섶 너비 (上/下)	5/19.5
	안섶 길이 (內/外)	92.5/84
옆선	옆선 길이 (진동점~도련끝)	89
	겨드랑밑 길이 (진동~무시작점)	17.5
	옆트임	71.2
도련 너비(뒷길 / 겉길 / 안길)		75 / 73 / 56
고름	겉 (길이×너비)	62×3.5
	안 (길이×너비)	46.5×3
누비 간격		1.2
비 고	선단 1.5(안섶은 선단 없음)	

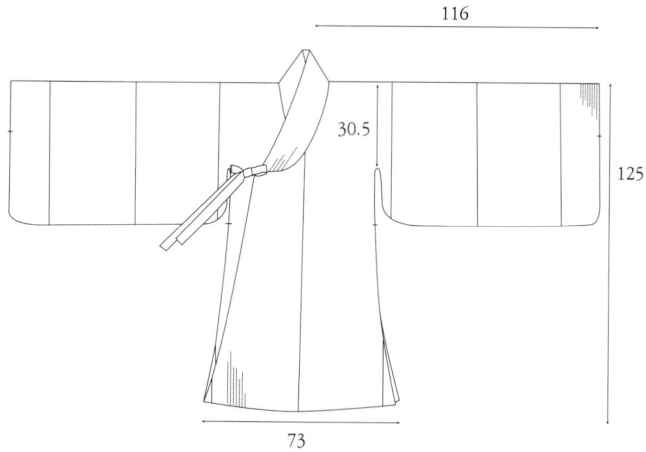

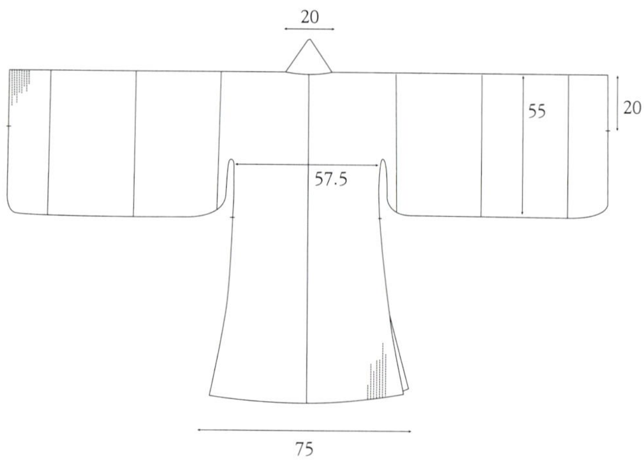

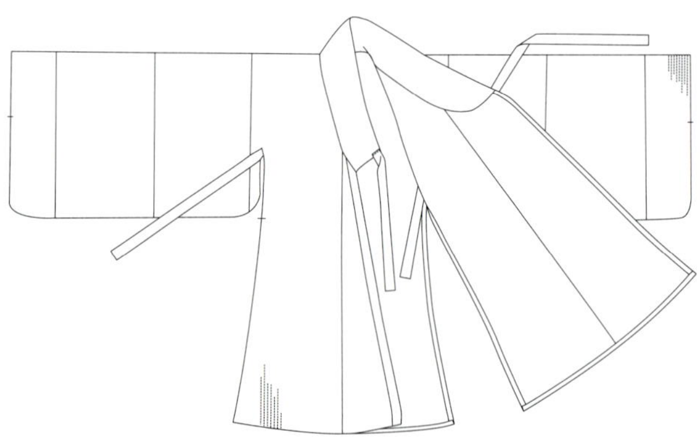

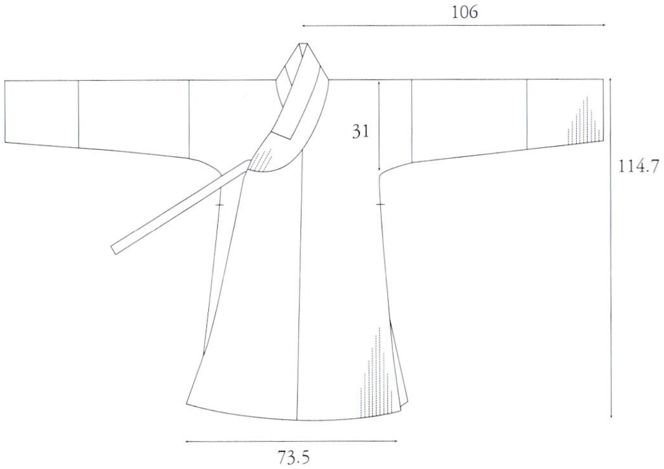

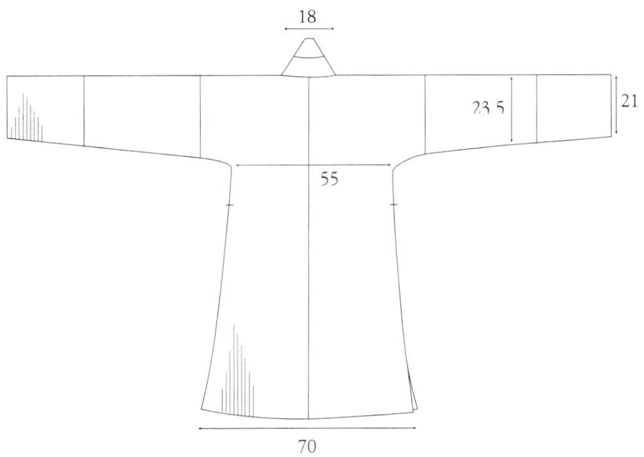

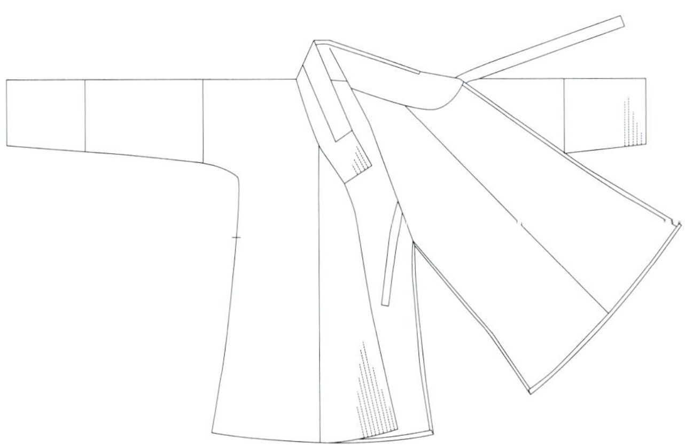

누비소창의 | B003971

구성	누비
옷감 소재	명주 / 명주
옷감 너비	-

구분	항목	치수
길	뒷길이	114.7
	화장	106(40+39.5+25.5)
	뒤품	55
소매	진동	31
	소매 너비	23.5
	수구	21
고대		18
깃	깃 총길이	95.5
	깃 너비	13
	겉깃 길이	42
	안깃 길이	37
	동정 너비	7
	동정 시작점	15
섶	겉섶 너비 (上/下)	19.7/37.5
	겉섶 길이 (內/外)	91.5/82.5
	안섶 너비 (上/下)	8/24.5
	안섶 길이 (內/外)	93.2/ /9
옆선	옆선 길이 (진동점~도련끝)	80.5
	겨드랑밑 길이 (진동~무시작점)	21
	옆트임	60
도련 너비(뒷길 / 겉길 / 안길)		70 / 73.5 / 58
고름	겉 (길이×너비)	57×3.7
	안 (길이×너비)	39.5×2.2
누비 간격		1.3
비고	-	

누비소창의 | B003972

구성	누비
옷감 소재	명주 / 명주
옷감 너비	-

구분	항목	치수
길	뒷길이	116
	화장	105(35+35+34.5)
	뒤품	57
소매	진동	29
	소매 너비	29.5
	수구	28
고대		18.5
깃	깃 총길이	99
	깃 너비	13.5
	곁깃 길이	44
	안깃 길이	40
	동정 너비	7.5흔적
	동정 시작점	
섶	겉섶 너비 (上/下)	17.5/34.5
	겉섶 길이 (內/外)	87/81.5
	안섶 너비 (上/下)	6.5/24.5
	안섶 길이 (內/外)	89.5/80
옆선	옆선 길이 (진동점~도련끝)	83
	겨드랑밑 길이 (진동~무시작점)	21
	옆트임	62.5
도련 너비(뒷길 / 겉길 / 안길)		70 / 68 / 60
고름	겉 (길이×너비)	?×3
	안 (길이×너비)	?×2
누비 간격		2~2.2
비 고	뒷길 옆선조각 소실됨	

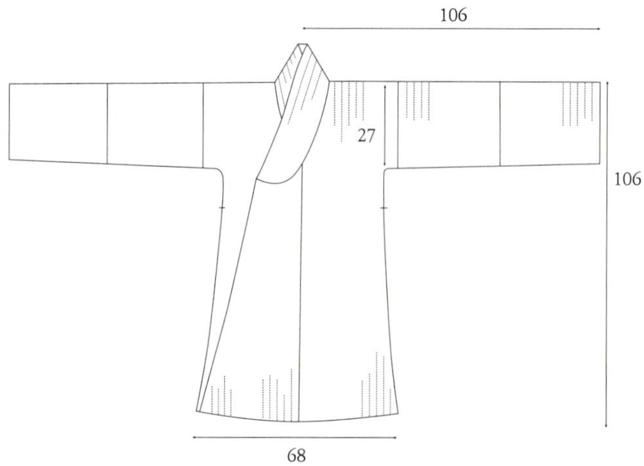

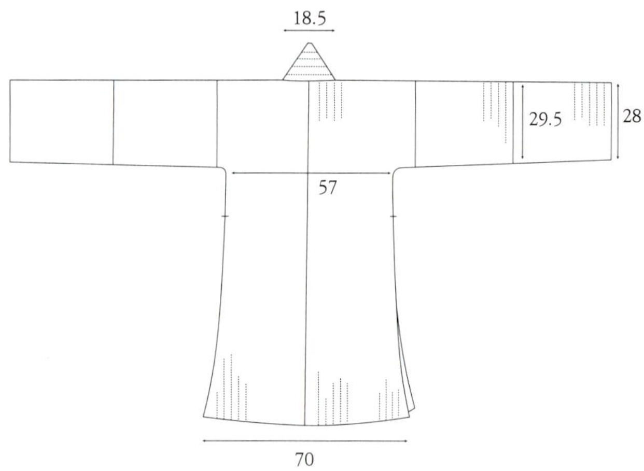

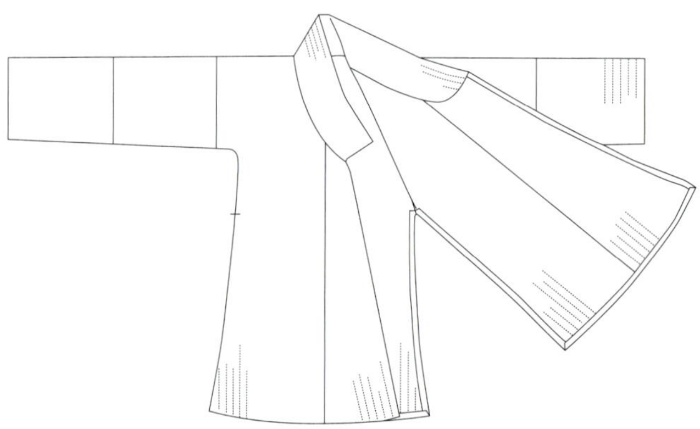

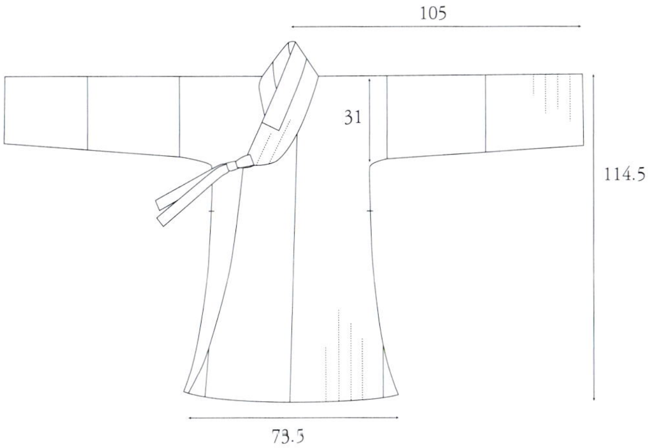

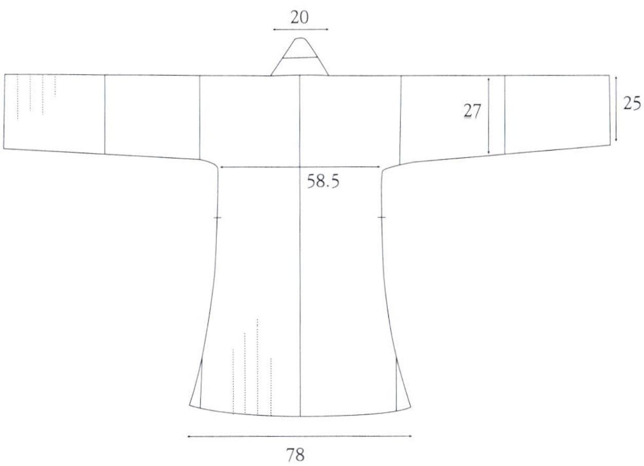

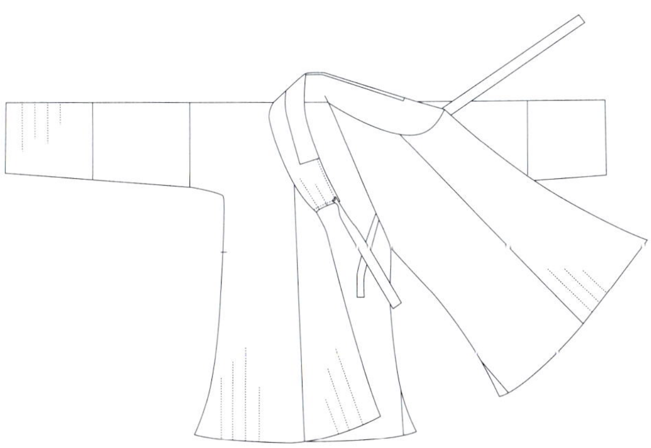

누비소창의 | B003974

구성	누비
옷감 소재	명주 / 명주
옷감 너비	-

구분	항목	치수
길	뒷길이	114.5
	화장	105(36.5+33.5+35)
	뒤품	58.5
소메	진동	31
	소메 너비	27
	수구	25
고대		20
깃	깃 총길이	100
	깃 너비	13.5
	겉깃 길이	42
	안깃 길이	40.5
	동정 너비	7
	동정 시작점	15
섶	겉섶 너비 (上/下)	19.5/36.2
	겉섶 길이 (內/外)	94/82
	안섶 너비 (上/下)	7.5/27
	안섶 길이 (內/外)	84/73
옆선	옆선 길이 (진동점~도련끝)	80
	겨드랑밑 길이 (진동~무시작점)	18
	옆트임	61
도련 너비(뒷길 / 겉길 / 안길)		78 / 73.5 / 65
고름	겉 (길이×너비)	긴: 58.5×4 / 짧: 50×4
	안 (길이×너비)	42×3.5
누비 간격		4-5
비　　고		솜옷 추정

_ 도식화

누비소창의 | B003975

	구성	누비
	옷감 소재	명주 / 명주
	옷감 너비	-

구분	항목	치수
길	뒷길이	106
	화장	106(32+31+30.5+12.5)
	뒤품	60
소매	진동	27
	소매 너비	25.5
	수구	23.5
고대		20
깃	깃 총길이	105.5
	깃 너비	13
	겉깃 길이	42
	안깃 길이	43.5
	동정 너비	8
	동정 시작점	14.5
섶	겉섶 너비 (上/下)	19/32
	겉섶 길이 (內/外)	84.5/76
	안섶 너비 (上/下)	8/23.5
	안섶 길이 (內/外)	79/67
옆선	옆선 길이 (진동점~도련끝)	77
	겨드랑밑 길이 (진동~무시작점)	24
	옆트임	53
도련 너비(뒷길 / 겉길 / 안길)		60.5 / 67.5 / 58.5
고름	겉 (길이×너비)	63×3
	안 (길이×너비)	59.5×3.2
누비 간격		6
비 고		-

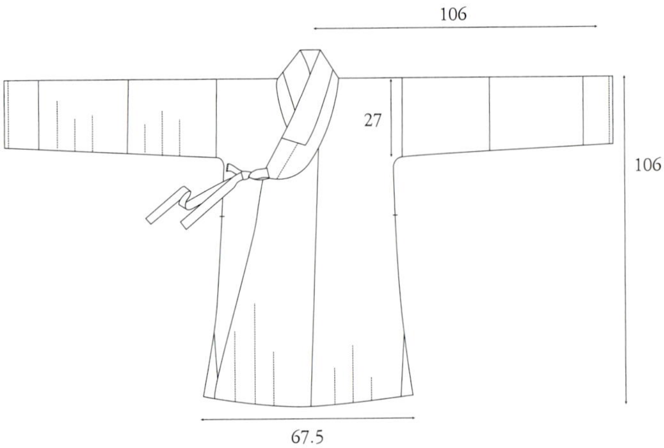

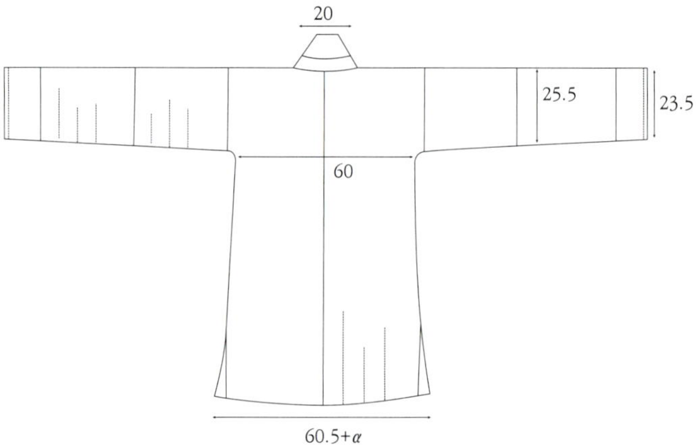

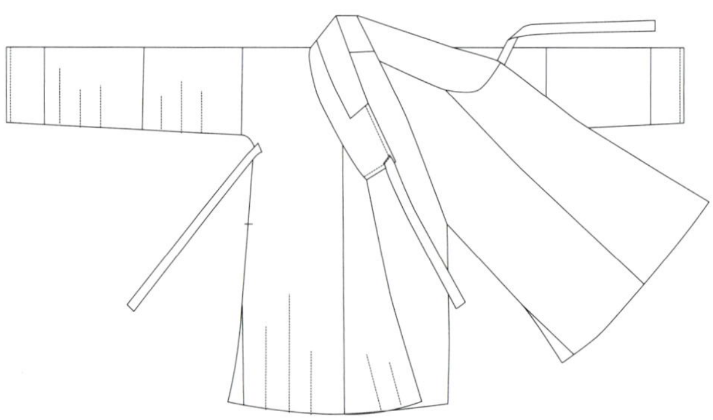

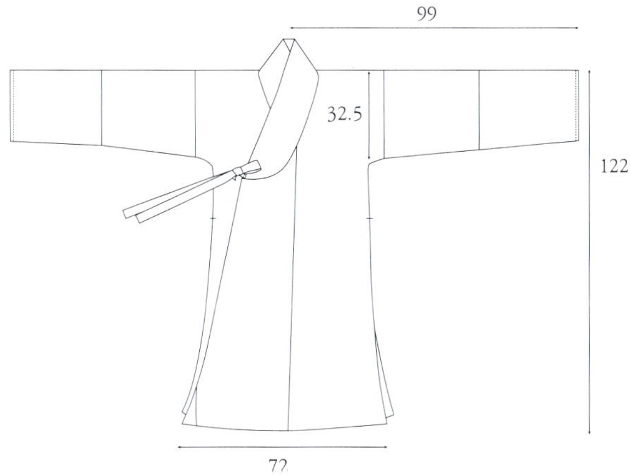

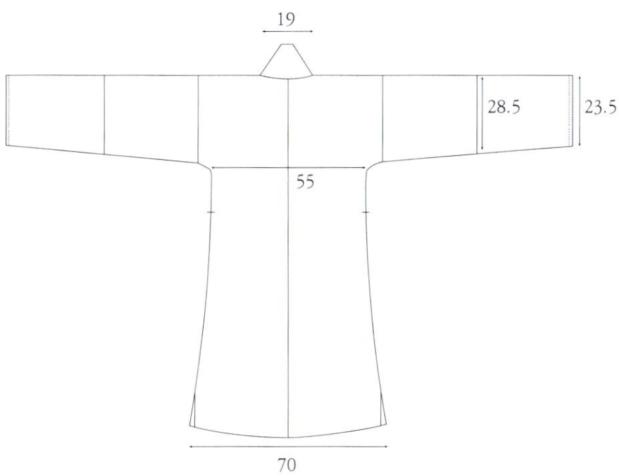

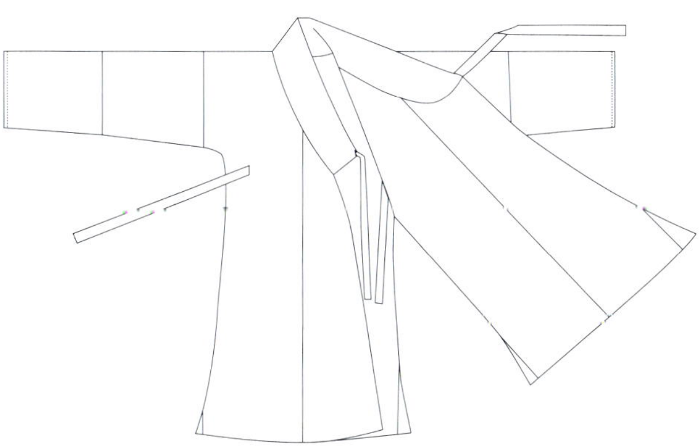

누비소창의 | B003976

구성		누비
옷감 소재		명주 / 명주
옷감 너비		-
길	뒷길이	122
	화장	99(32+33+34)
	뒤품	55
소매	진동	32.5
	소매 너비	28.5
	수구	23.5
고대		19
깃	깃 총길이	105
	깃 너비	13
	겉깃 길이	45
	안깃 길이	43.5
	동정 너비	-
	동정 시작점	22 흔적
섶	겉섶 너비 (上/下)	19/38.5
	겉섶 길이 (內/外)	97.5/91
	안섶 너비 (上/下)	8.5/25.5
	안섶 길이 (內/外)	67.5/82
옆선	옆선 길이 (진동점~도련끝)	87
	겨드랑밑 길이 (진동~무시작점)	19.5
	옆트임	70(1.5 사뜨기)
도련 너비(뒷길 / 겉길 / 안길)		70 / 72 / 61.5
고름	겉 (길이×너비)	65×3
	안 (길이×너비)	49×2
누비 간격		16
비 고		-

소창의 | B003978

구성		누비
옷감 소재		명주 / 명주
옷감 너비		-
길	뒷길이	116.5
	화장	111(41+42+28)
	뒤품	59
소매	진동	34.5
	소매 너비	28.5
	수구	25.5
고대		19.5
깃	깃 총길이	101
	깃 너비	13
	겉깃 길이	47
	안깃 길이	39.5
	동정 너비	6.5
	동정 시작점	4
섶	겉섶 너비 (上/下)	19.5/37
	겉섶 길이 (內/外)	89.3/84
	안섶 너비 (上/下)	7/23
	안섶 길이 (內/外)	92/79
옆선	옆선 길이 (진동점~도련끝)	79
	겨드랑밑 길이 (진동~무시작점)	20
	옆트임	60
도련 너비(뒷길 / 겉길 / 안길)		77 / 75 / 62
고름	겉 (길이×너비)	61×5
	안 (길이×너비)	?×3
비 고	나비, 매화, 구직 원형무늬	

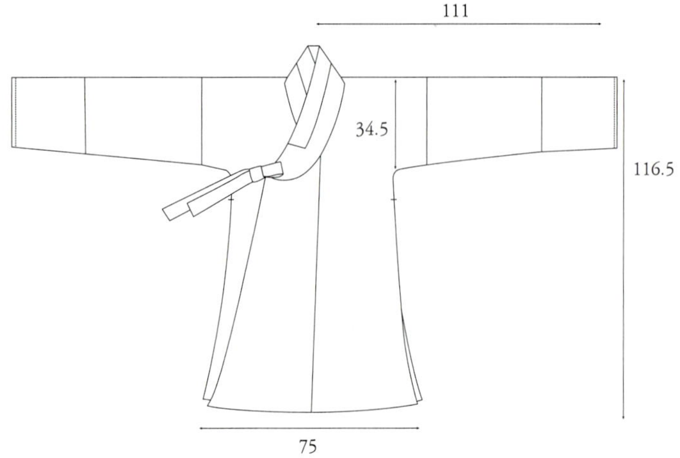

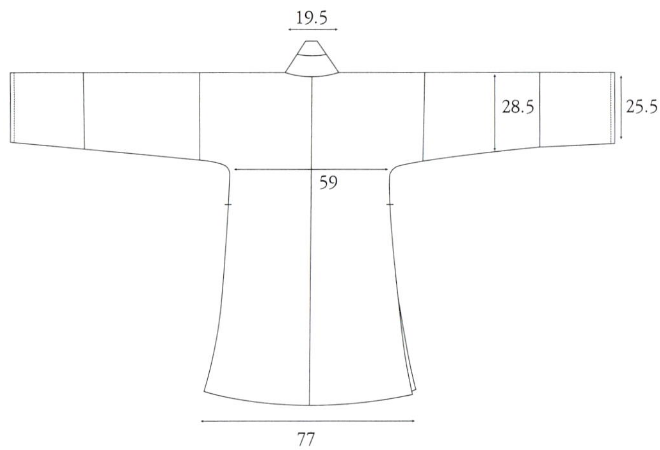

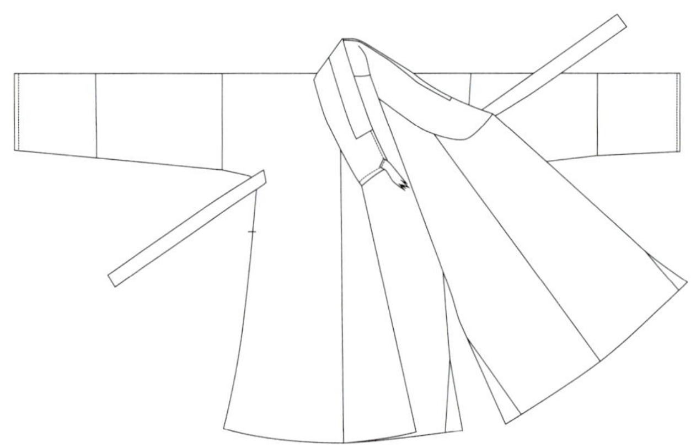

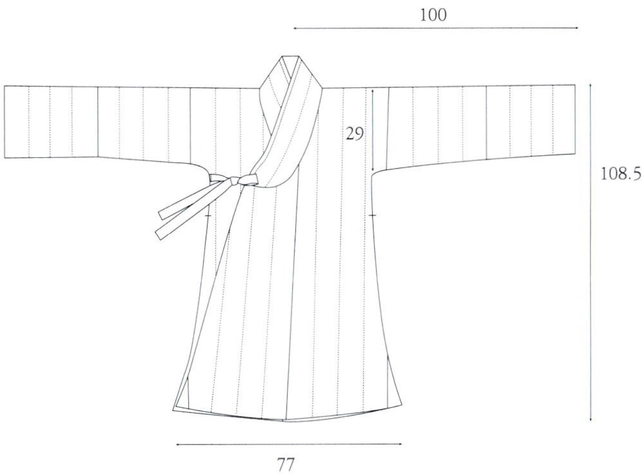

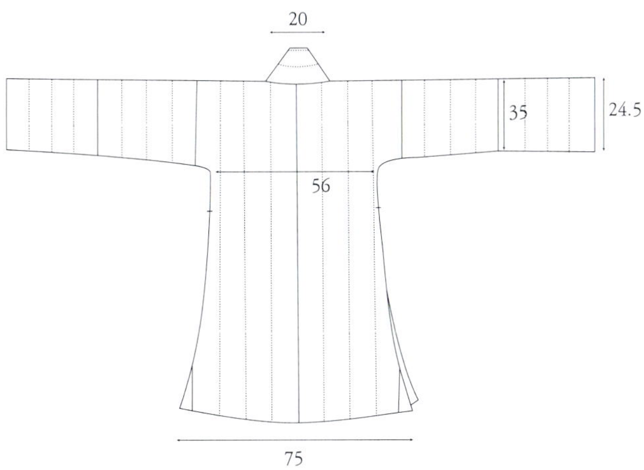

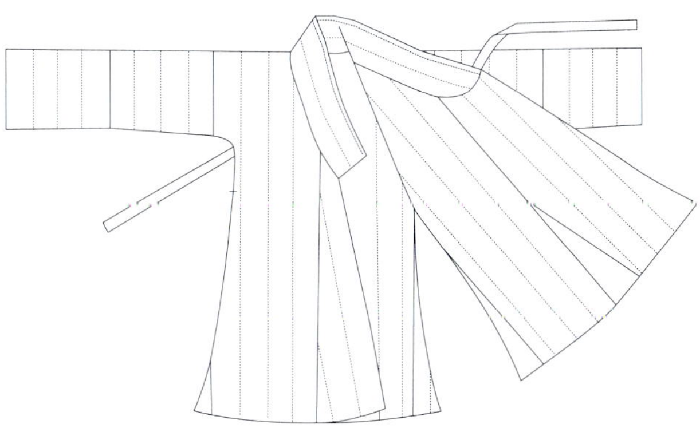

누비소창의 | B003979

구성		겹
옷감 소재		명주 / 명주
옷감 너비		-
길	뒷길이	108.5
	화장	100(34+33+33)
	뒤품	56
소매	진동	29
	소매 너비	35
	수구	24.5
고대		20
깃	깃 총길이	105
	깃 너비	12
	겉깃 길이	43
	안깃 길이	42
	동정 너비	6.5흔적
	동정 시작점	-
섶	겉섶 너비 (上/下)	18/36.5
	겉섶 길이 (內/外)	83/76
	안섶 너비 (上/下)	7/22
	안섶 길이 (內/外)	83/70
옆선	옆선 길이 (진동점~도련끝)	80
	겨드랑밑 길이 (진동~무시작점)	23.5
	옆트임	56
도련 너비(뒷길 / 겉길 / 안길)		75 / 77 / 59
고름	겉 (길이×너비)	57×3.2
	안 (길이×너비)	-
누비 간격		14
비고		-

협수의 | B003986

구성	겹
옷감 소재	명주 / 명주
옷감 너비	-

구분	항목	치수
길	뒷길이	118
	화장	103(36+53+14)
	뒤품	58
소매	진동	32.5
	소매 너비	31
	수구	31
고대		18.5
깃	깃 총길이	-
	깃 너비	5/5.5(깃머리)
	겉깃 길이	26.5
	안깃 길이	26.5
	동정 너비	-
	동정 시작점	-
무	너비 (上/下)	0/17.5
	길이 (內/外)	75/71.5
옆선	옆선 길이 (진동점~도련끝)	86
	뒷트임	67.5
도련 너비(뒷길 / 겉길 / 안길)		104/52/52
고름	겉 (길이×너비)	64×4.5
	안 (길이×너비)	-
비 고	대금형 맞깃, 깃 머리부터 14 간격으로 매듭단추 3개 부착 흔적	

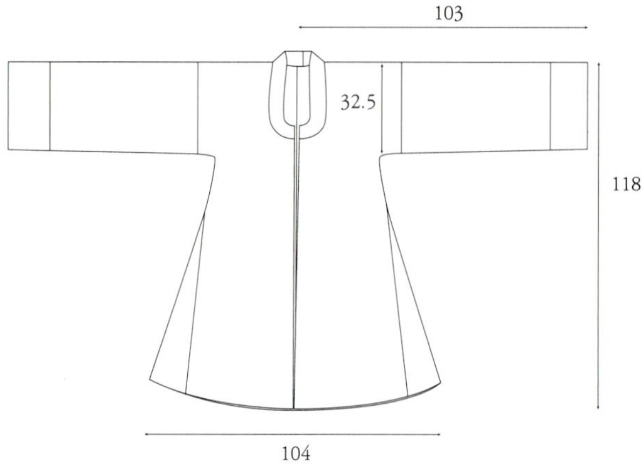

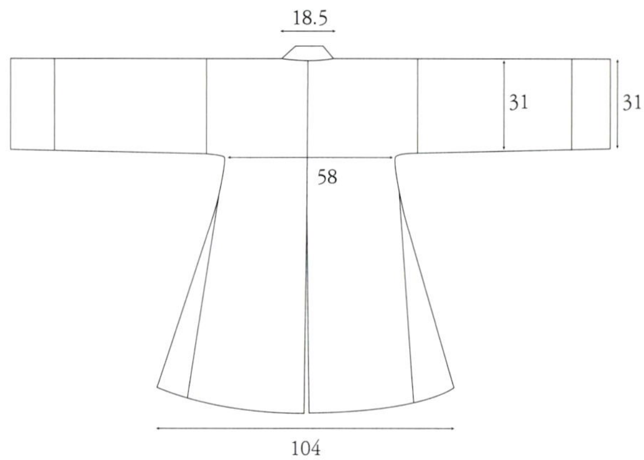

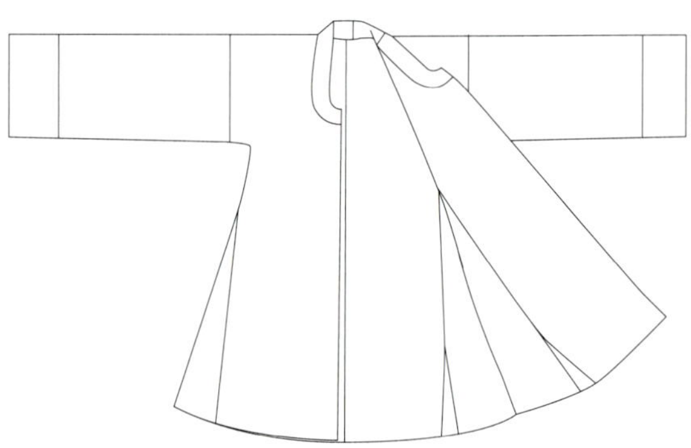

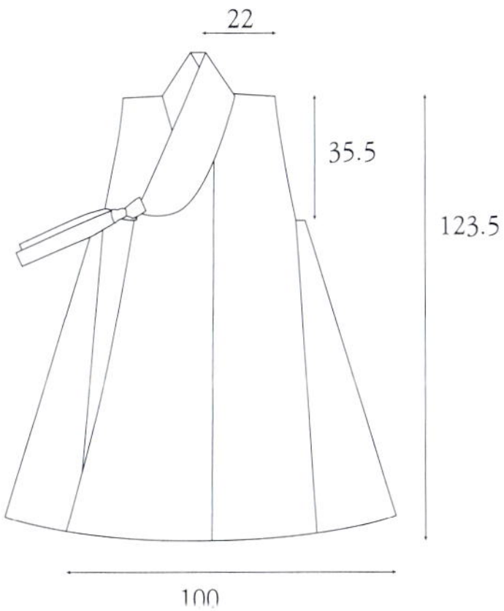

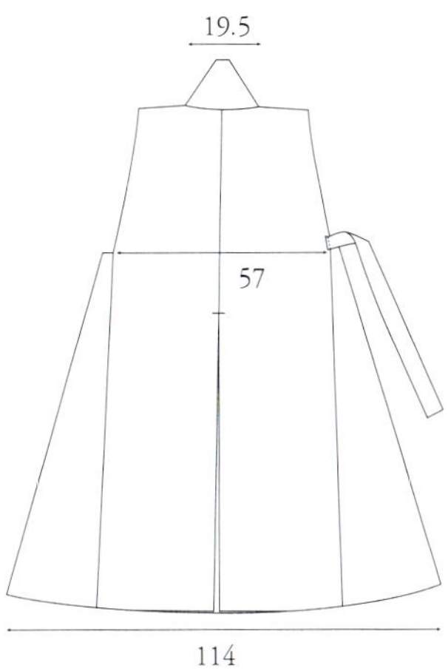

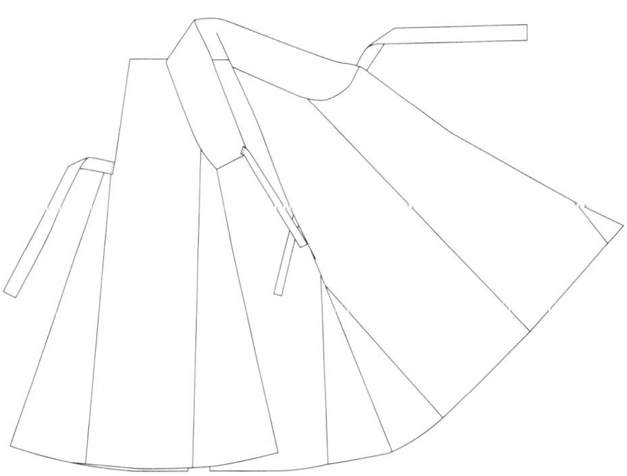

무수창의 | B003987

	구성	겹
	옷감 소재	연화문단 / 명주
	옷감 너비	-
길	뒷길이	123.5
	화장	22
	뒤품	57
소매	진동	35.5
	수매 너비	-
	수구	-
고대		19.5
깃	깃 총길이	96
	깃 너비	14
	겉깃 길이	38
	안깃 길이	38
	동정 너비	-
	동정 시작점	-
섶	겉섶 너비 (上/下)	23.5/44.5
	겉섶 길이 (內/外)	107/93.7
	안섶 너비 (上/下)	5.7/26.4
	안섶 길이 (內/外)	97.7/87.5
무	너비 (上/下)	2/24.5
	길이 (內/外)	88.3/87.8
옆선	옆선 길이 (진동점~도련끝)	88
	뒷트임	73
도련 너비(뒷길 / 겉길 / 안길)		114 / 100 / 84
고름	겉 (길이×너비)	57.5×4.5
	안 (길이×너비)	35×2.5
비 고	오른쪽 고름 뒷겨드랑이에 부착, 겉섶 중심선에서 안으로 들여달림	

무수창의 | B003988

	구성	겹
	옷감 소재	연화문단 / 명주
	옷감 너비	-

구분	항목	치수
길	뒷길이	123
	화장	24
	뒤품	60
소매	진동	33(1.2 사뜨기)
	소매 너비	-
	수구	-
고대		19
깃	깃 총길이	97
	깃 너비	14
	겉깃 길이	44
	안깃 길이	37
	동정 너비	8
	동정 시작점	15
섶	겉섶 너비 (上/下)	22/47
	겉섶 길이 (內/外)	16.5/91
	안섶 너비 (上/下)	7/30
	안섶 길이 (內/外)	96/83
무	너비 (上/下)	0.5/24.5
	길이 (內/外)	89.5/87.5
옆선	옆선 길이 (진동점~도련끝)	88
	뒷트임	73.5
도련 너비(뒷길 / 겉길 / 안길)		114 / 102 / 84
고름	겉 (길이×너비)	54×5
	안 (길이×너비)	62×3.8
비 고		-

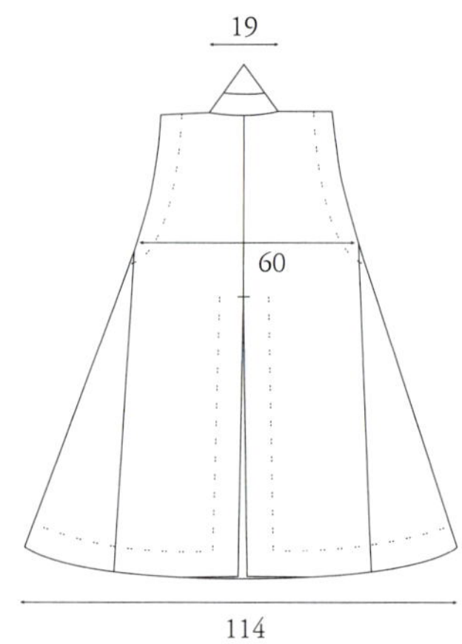

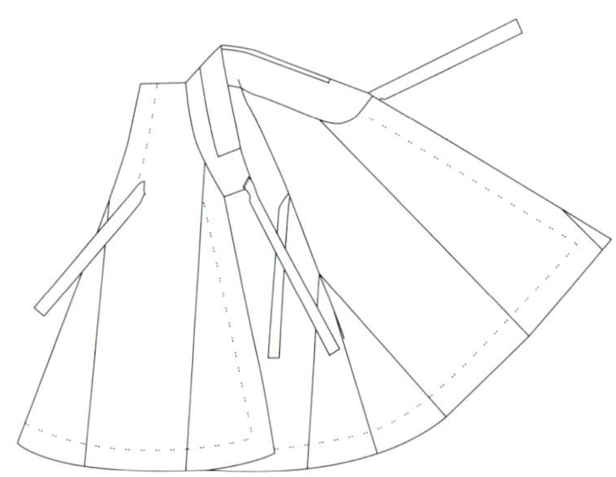

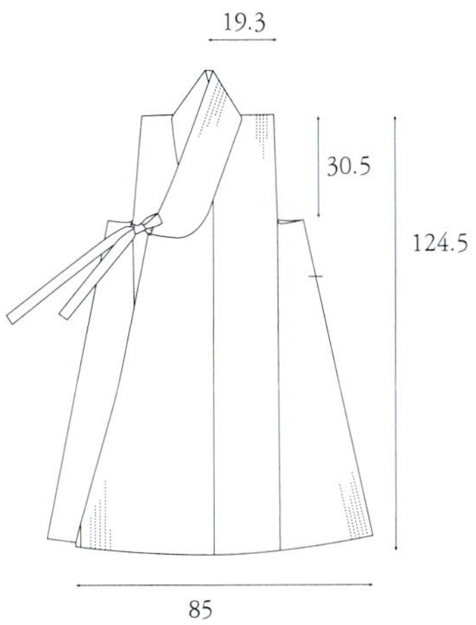

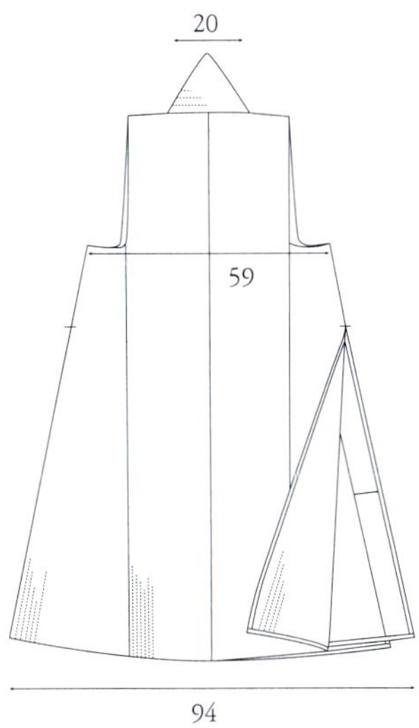

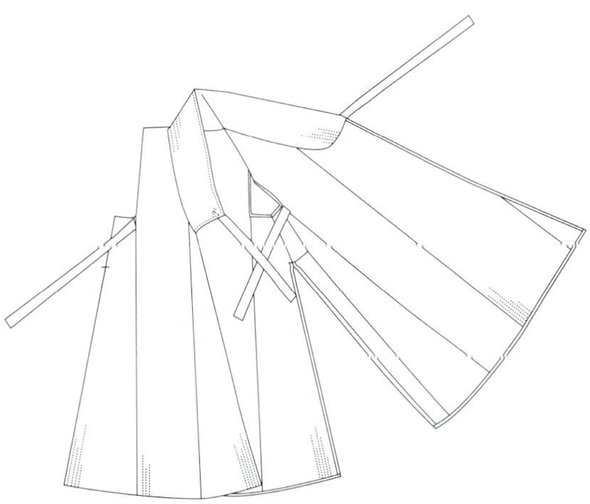

무수창의 | B003989

구성	겹
옷감 소재	명주 / 명주
옷감 너비	-

구분	항목	치수
길	뒷길이	124.5
	화장	19.3
	뒤품	59(무포함)
소매	진동	30.5(옆으로 8각짐 / 겨드랑이 0.5정도 사뜨기)
	소매 너비	-
	수구	-
고대		20
깃	깃 총길이	120
	깃 너비	13.7
	겉깃 길이	46
	안깃 길이	38
	동정 너비	5(흔적)
	동정 시작점	18.5(흔적)
섶	겉섶 너비 (上/下)	20/40
	겉섶 길이 (內/外)	100.5/92
	안섶 너비 (上/下)	2.5/22
	안섶 길이 (內/外)	93.5/87.5
무	너비 (上/下)	8/27.5
	길이 (內/外)	93.5/92
옆선	옆선 길이 (진동점~도련끝)	91.5
	옆트임	74
도련 너비(뒷길 / 겉길 / 안길)		94 / 85 / 68
고름	겉 (길이×너비)	57×3.2
	안 (길이×너비)	41×3
누비 간격		1.2
비 고		선단 0.6~1

무수창의 | B003980

	구성	겹
	옷감 소재	명주 / 명주
	옷감 너비	-
길	뒷길이	122.5
	화장	34.5
	뒤품	59
소매	진동	31.5
	소매 너비	-
	수구	-
고대		20
깃	깃 총길이	105
	깃 너비	14
	겉깃 길이	43
	안깃 길이	45.5
	동정 너비	8흔적
	동정 시작점	15흔적
섶	겉섶 너비 (上/下)	21/38
	겉섶 길이 (內/外)	100/95
	안섶 너비 (上/下)	7/26.5
	안섶 길이 (內/外)	89.5/77
옆선	옆선 길이 (진동점~도련끝)	90
	겨드랑밑 길이 (진동~무시작점)	20
	옆트임	71(사뜨기)
도련 너비(뒷길 / 겉길 / 안길)		74 / 79 / 64
고름	겉 (길이×너비)	64×3.7
	안 (길이×너비)	50×3.2
누비 간격		-
비 고		솜옷 추정

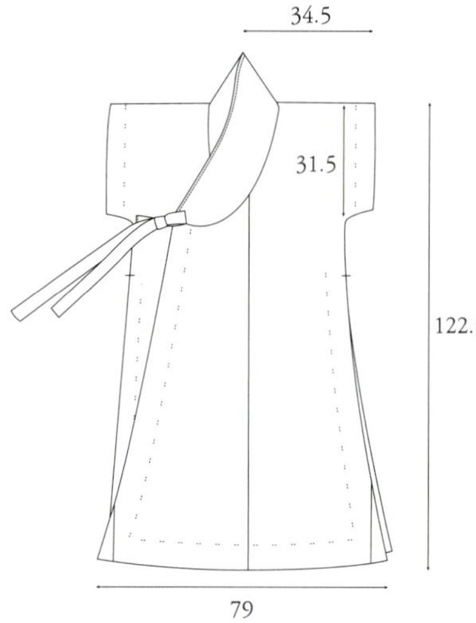

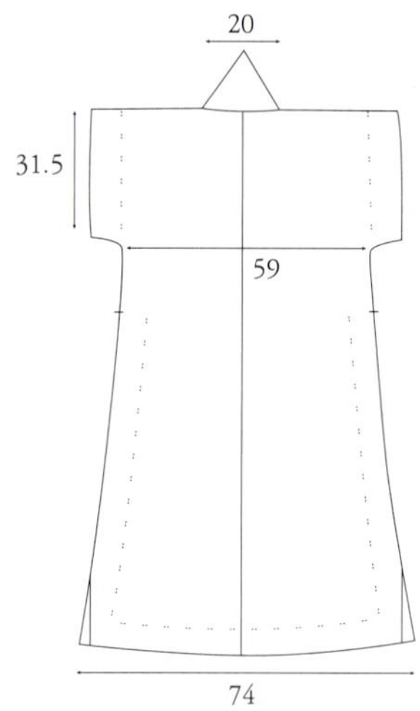

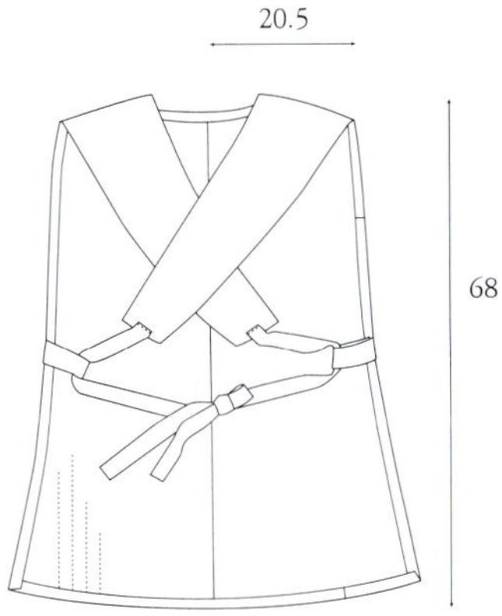

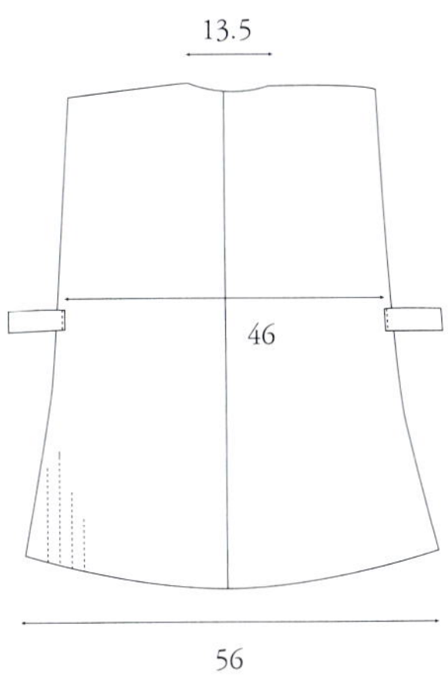

배자(등거리) | B003995

		구성	누비
		옷감 소재	문주 / 명주
		옷감 너비	-
길	총길이	106.5	
	뒷길이	68	
	화장	20.5-21	
	뒤품	46	
고대		13.5	
앞길 너비(앞/어깨선)		6.5/13.5	
옆선 길이 (진동점~어깨선)		39	
고리 너비		30.5 올라와서 16×3	
고름 끈		60×2.2	
뒷도련 너비		56(4 곡짐)	
누비 간격		1.2	
선단		1.3~1.5	
비 고		-	

저고리 | B003992

구성	겹
옷감 소재	연화문단/명주
옷감 너비	-

길	뒷길이	47
	화장	97(31+36+15+13) / 거들지 접음 75
	뒤품	48
소매	진동	28
	소매 너비	25.5
	수구	20.5
고대		16
깃	깃 총길이	82.5
	깃 너비	11.5
	겉깃 길이	33
	안깃 길이	34.5
	동정 너비	5
	동정 시작점	13.7
섶	겉섶 너비 (上/下)	5.5/19.5
	겉섶 길이 (內/外)	38.7/19
	안섶 너비 (上/下)	8/10.7
	안섶 길이 (內/外)	28.7/11.5
도련 너비(뒷길 / 겉길 / 안길)		50/41.5/34.5
고름	겉 (길이×너비)	40×2.8
	안 (길이×너비)	32.5×2.8
비 고		거들지·동정 격자문단

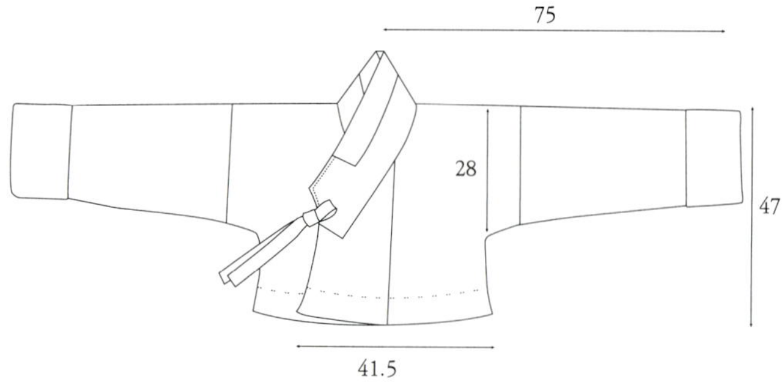

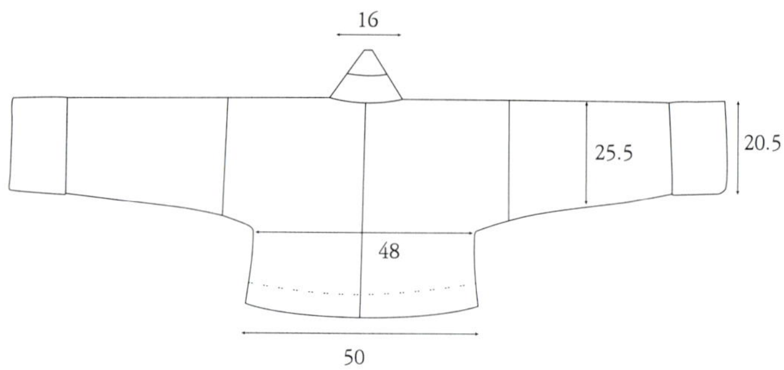

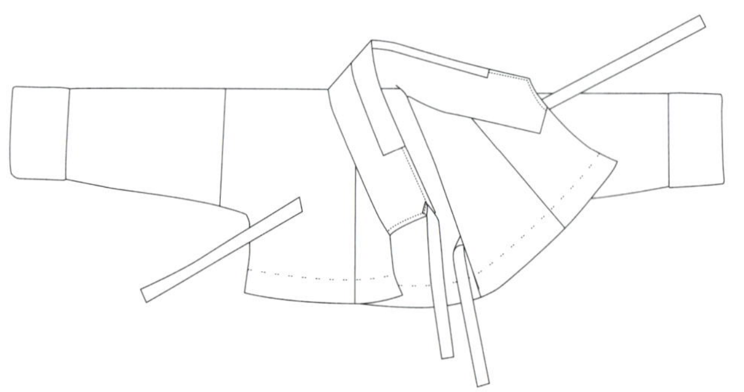

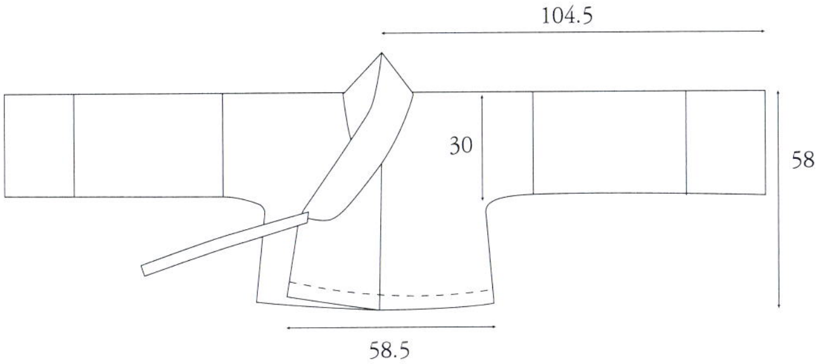

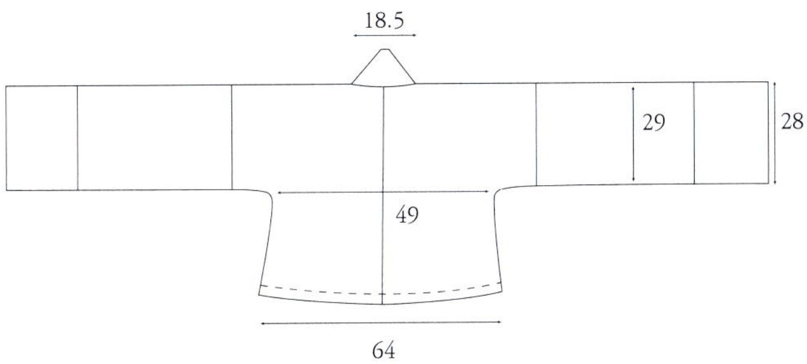

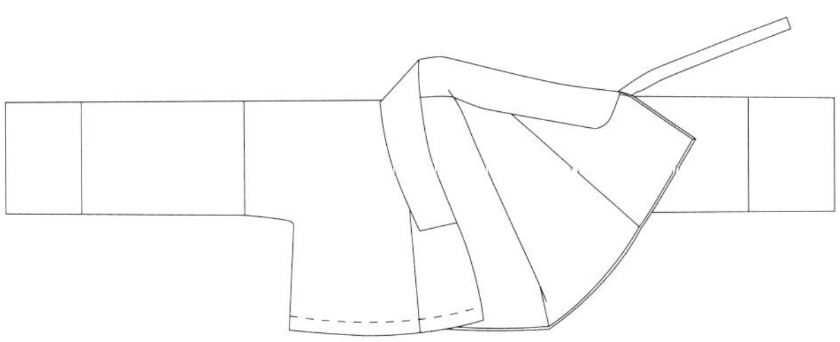

속적삼 | B003993

	구성	홑
	옷감 소재	문주
	옷감 너비	43
길	뒷길이	58
	화장	104.5(43+42+20)
	뒤품	49
소매	진동	30
	소매 너비	29
	수구	28
고대		18.5
깃	깃 총길이	97
	깃 너비	10
	겉깃 길이	45
	안깃 길이	34.5
섶	겉섶 너비 (上/下)	20.5/26
	겉섶 길이 (內/外)	39/21.5
	안섶 너비 (上/下)	10.5/16.5
	안섶 길이 (內/外)	31/25
옆선	옆선 길이 (진동점~도련끝)	26
	뒷트임	
도련 너비(뒷길 / 겉길 / 안길)		64/58.5/49
고름	겉 (길이×너비)	47×3
	안 (길이×너비)	
비 고		

누비바지 | B004011

구분	항목	내용
	구성	누비
	옷감 소재	명주 / 명주
	옷감 너비	-
공통	총길이(말기 포함)	118.5
	길이(말기 제외)	99.5
	허리둘레	128
	허리 말기 너비	19
바지	바지 형태	사폭
	엉덩이너비(1/4)	62.5×4
	바지통 너비(1/2)	49
	부리(1/2)	35(10+19.5+6.5)
	밑위 길이	47
	밑아래 길이	82
누비		1~1.3 / 허리 2
기타		선단 1.2㎝

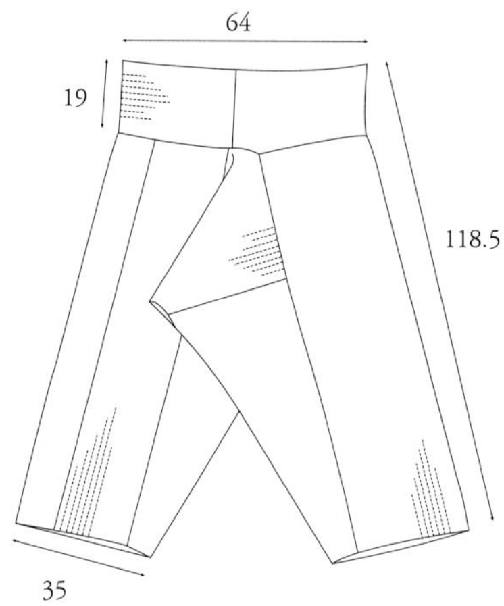

누비바지 | B004012

구분	항목	내용
	구성	누비
	옷감 소재	명주 / 명주
	옷감 너비	
공통	총길이(말기 포함)	119.5
	길이(말기 제외)	100.5
	허리둘레	130
	허리 말기 너비	18.5
바지	바지 형태	사폭
	엉덩이너비(1/4)	62
	바지통 너비(1/2)	48
	부리(1/2)	36(7.5+18.5+10)
	밑위 길이	47
	밑아래 길이	78
누비		2~2.5, 허리 3
기타		선단 1.8

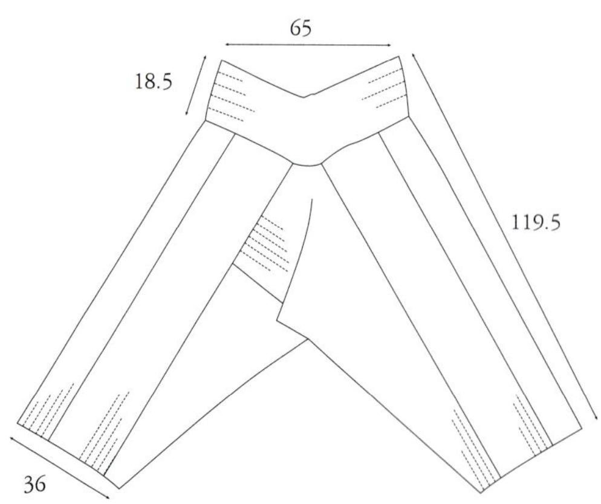

겹바지 | B004013

구성	누비
옷감 소재	명주 / 명주
옷감 너비	-

공통	총길이(말기 포함)	119
	길이(말기 제외)	103.5
	허리둘레	65.5
	허리 말기 너비	17.5
바지	바지 형태	사폭
	엉덩이너비(1/4)	59.5
	바지통 너비(1/2)	부리(1/2) 34.5(7+22+5.5)
	부리(1/2)	33.5(6+18.5+9)
	밑위 길이	38
	밑아래 길이	92
기타	허리 안감 일부 소실, 솜바지 추정, 18간격 징귀줌	

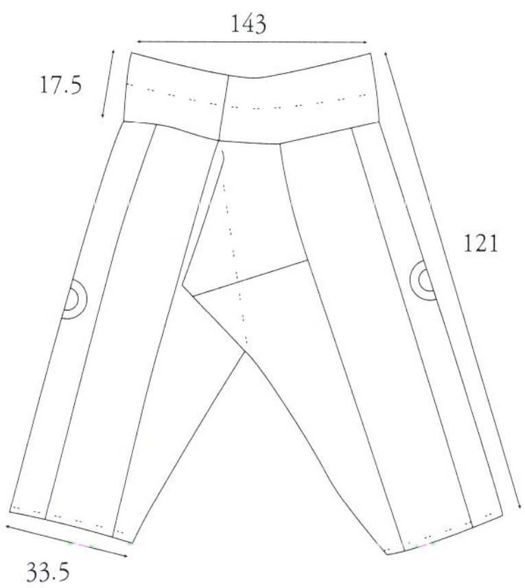

겹바지 | B004014

구성	겹
옷감 소재	명주 / 명주
옷감 너비	

공통	총길이(말기 포함)	122
	길이(말기 제외)	103.5
	허리둘레	67
	허리 말기 너비	18.6
바지	바지 형태	사폭
	엉덩이너비(1/4)	58
	바지통 너비(1/2)	45
	부리(1/2)	34.5
	밑위 길이	41
	밑아래 길이	85
	기타	-

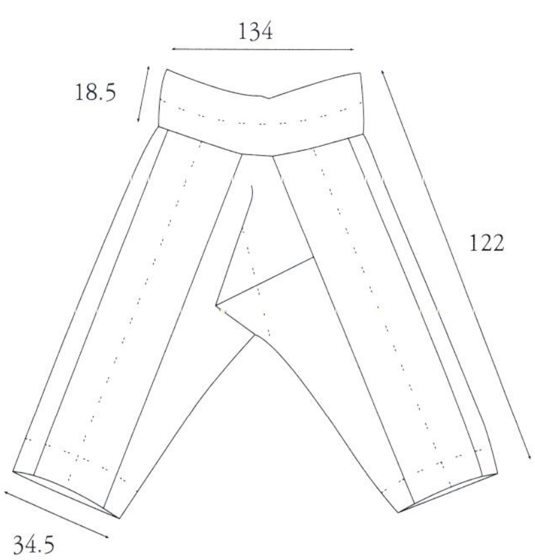

겹바지 | B004015

구성		겹
옷감 소재		명주
옷감 너비		-
공통	총길이(말기 포함)	117.5
	길이(말기 제외)	100.5
	허리둘레	66
	허리 말기 너비	17
바지	바지 형태	사폭
	엉덩이너비(1/4)	58×4
	바지통 너비(1/2)	42.5
	부리(1/2)	34(9.5+17.5+7)
	밑위 길이	38
	밑아래 길이	85
기타	일부 소실, 솜추정, 솔기부분 18 간격으로 2땀 상침 흔적있음	

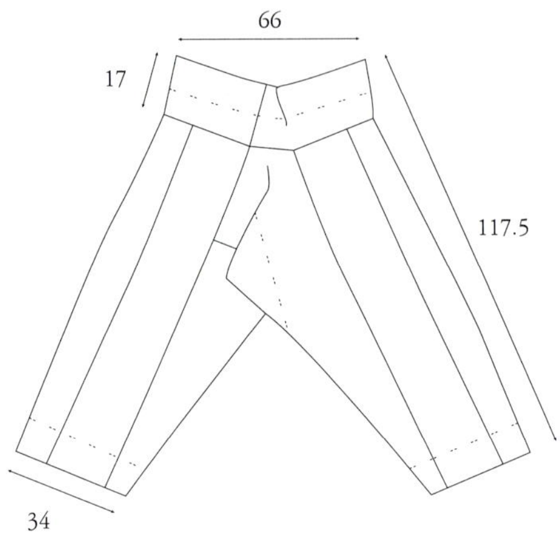

홑바지 | B004016

구성		홑
옷감 소재		문주
옷감 너비		-
공통	총길이(말기 포함)	113
	길이(말기 제외)	97
	허리둘레	124
	허리 말기 너비	19
바지	바지 형태	사폭
	엉덩이너비(1/4)	55
	바지통 너비(1/2)	41
	부리(1/2)	28(21+7)
	밑위 길이	38
	밑아래 길이	87
기타	직물 안쪽면을 겉으로 제작	

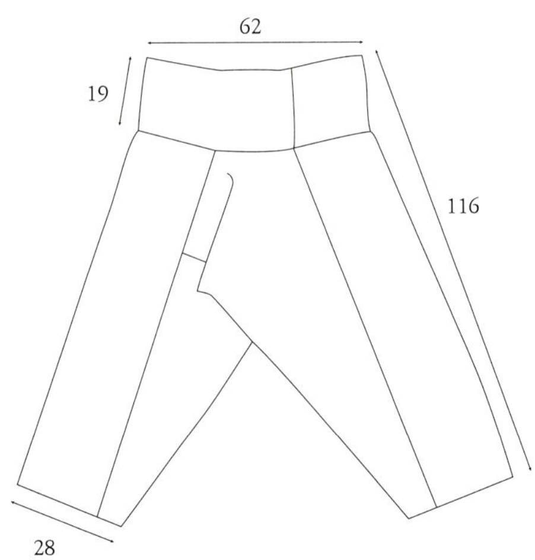

누비저고리 | B003994

	구성	누비
	옷감 소재	명주 / 명주
	옷감 너비	-
길	뒷길이	66
	화장	33+@
	뒤품	58
소매	진동	27
	소매 너비	-
	수구	-
고대		20
깃	깃 총길이	97
	깃 너비	12
	겉깃 길이	44
	안깃 길이	-
	동정 너비	-
	동정 시작점	-
섶	겉섶 너비 (上/下)	16/26
	겉섶 길이 (內/外)	32/40
	안섶 너비 (上/下)	6/17
	안섶 길이 (內/外)	42.5/40
옆선	옆선 길이 (진동점~도련끝)	37.5
	뒷트임	-
도련 너비(뒷길 / 겉길 / 안길)		63/55/50
고름	겉 (길이×너비)	-
	안 (길이×너비)	-
누비 간격		7.5
비 고		양쪽소매 부착됨

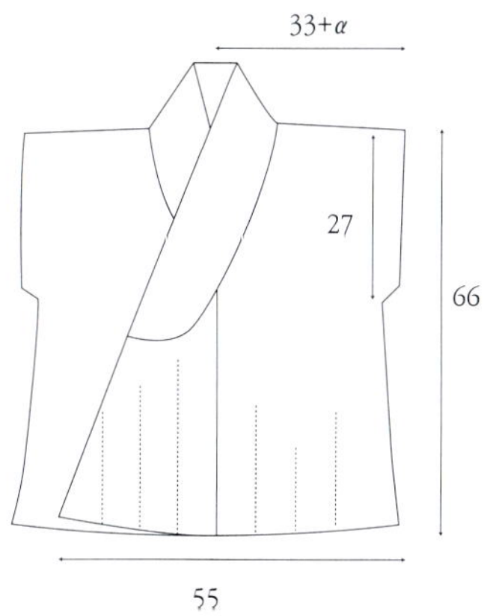

도포 | B003990

구성	안감만 남음
옷감 소재	명주
옷감 너비	-

길	뒷길이	130
	화장	114
	뒤품	65.5
소매	진동	37
	소매 너비	59
	수구	22
비 고		뒷자락 겹침

누비중치막(반제품) | B004017

구성	누비
옷감 소재	명주 / 명주
옷감 너비	-

길	뒷길이	128
	화장	110.5(36.5+37+37)
	뒤품	-
소매	진동	-
	소매 너비	55
	수구	-
고대(단령/직령)		18
깃	깃 총길이(단령/직령)	104
	깃 너비(단령/직령)	13
누비 간격		1.5~1.7
비 고	깃, 소매 등 분리되어 있었으나 임시로 부착해 놓아 치수 알 수 없음 전체 가장자리 1㎝가량 접착제추정 되는 흔적 남아있음	

도포 | B003991

구성	안감만 남음
옷감 소재	명주
옷감 너비	-

길	뒷길이	128.5
	화장	115
	뒤품	58
소매	진동	30
	소매 너비	58
	수구	22
비 고		뒷자락 벌어짐

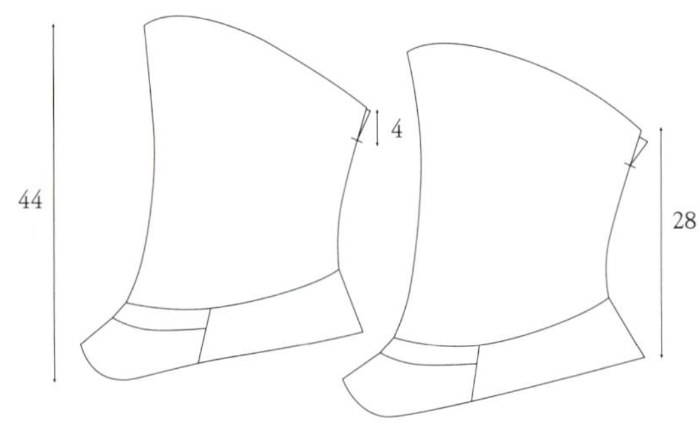

습신 | B003996

구성	-
옷감 소재	공단
옷감 너비	-

높이	44(뒤 3-4 트임)
발길이	37
뒤축	8
앞축	9
옆높이	6
뒷축길이	27
발목	24.5
비고	바닥, 안감 소실

사모 | B003997

구성	-
옷감 소재	공단
옷감 너비	-
길이	24.5
둘레	65.5
양각	23.5×6
비고	-

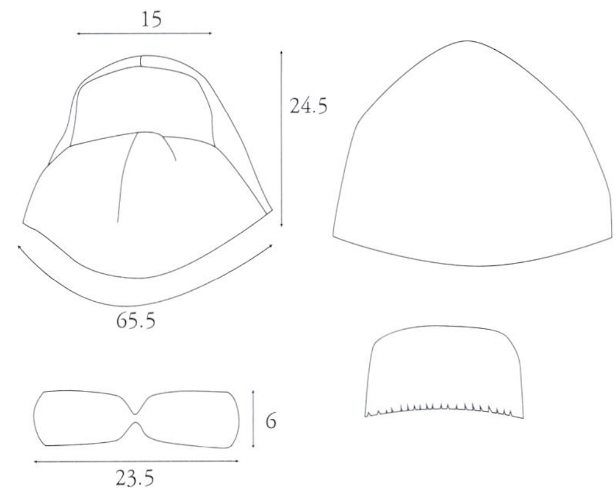

망건 | B004002

구성	홑
옷감 소재	공단
옷감 너비	-
길이	68
너비	12.3
끈	59.5×0.8
비고	관자 그림으로 표현함

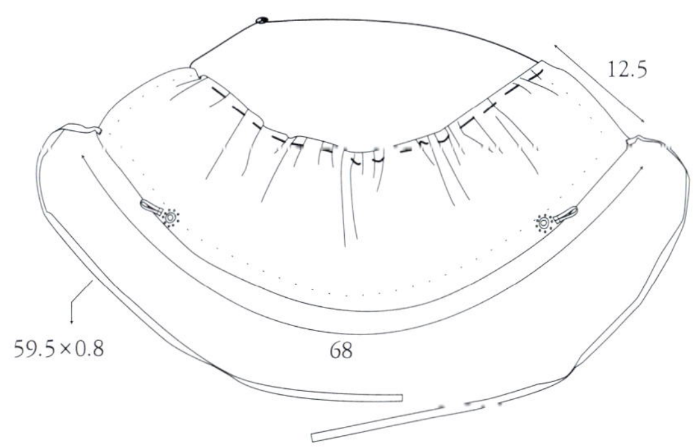

가화대 | B004003

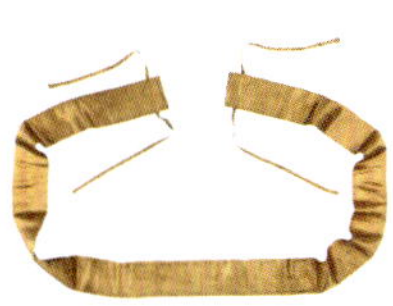

구성	겹
옷감 소재	공단
옷감 너비	-
길이	177
너비	6.7
끈	60×0.7
비고	장식 그림으로 표현함

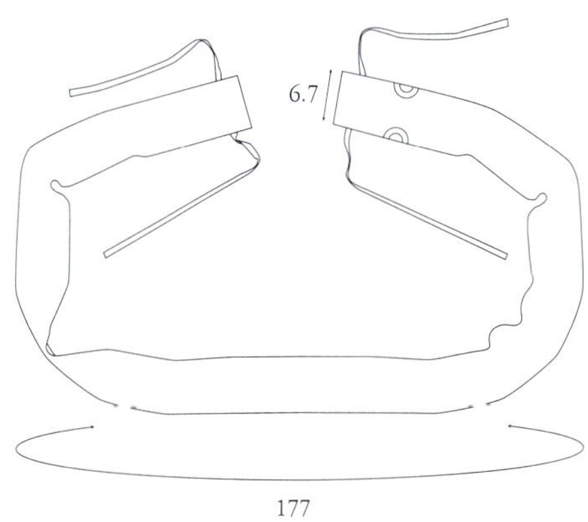

베개 | B003998

구분	내용
구성	겹
옷감 소재	연화보문단
옷감 너비	-
길이	15
너비	21
비고	-

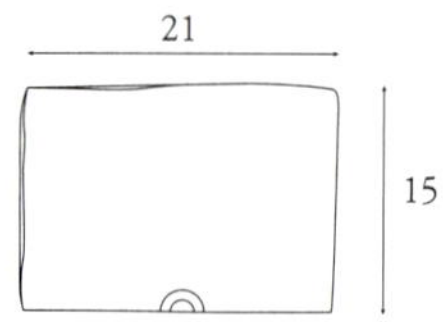

두발낭 | B003999

구분	내용
구성	홑
옷감 소재	연화문단
옷감 너비	
길이	12
너비	12
비고	-

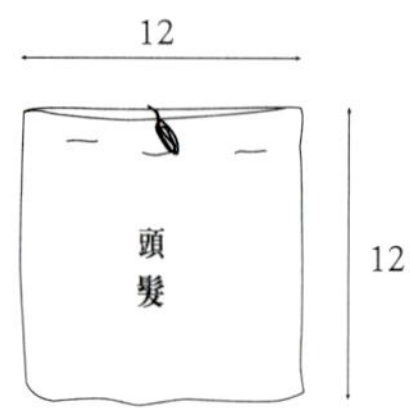

우족낭 | B004000

구분	내용
구성	홑
옷감 소재	연화문단
옷감 너비	
길이	7.5
너비	11
비고	-

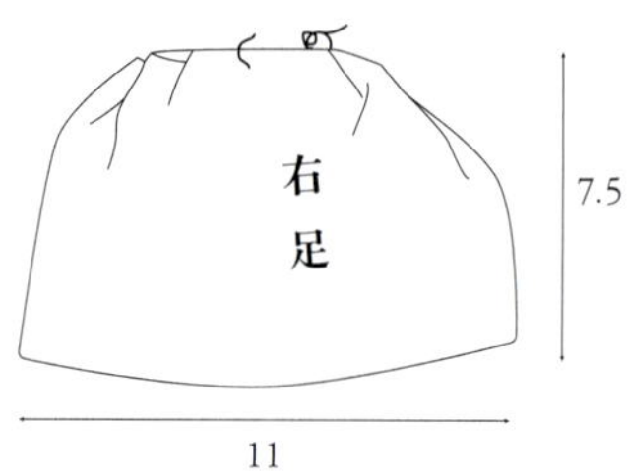

좌수낭 | B004001

구분	내용
구성	홑
옷감 소재	연화문단
옷감 너비	
길이	7
너비	9
비고	

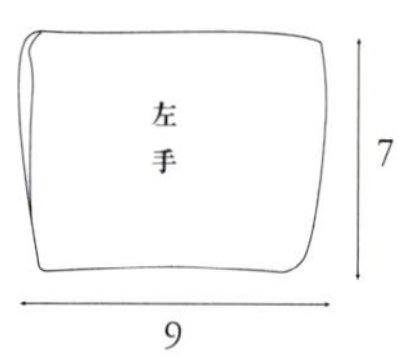

악수 | B004004

항목	내용
구성	겹
옷감 소재	공단 / 연화문사
옷감 너비	
길이	27
너비	11.3
끈	63.5×1 / 59×1
비고	-

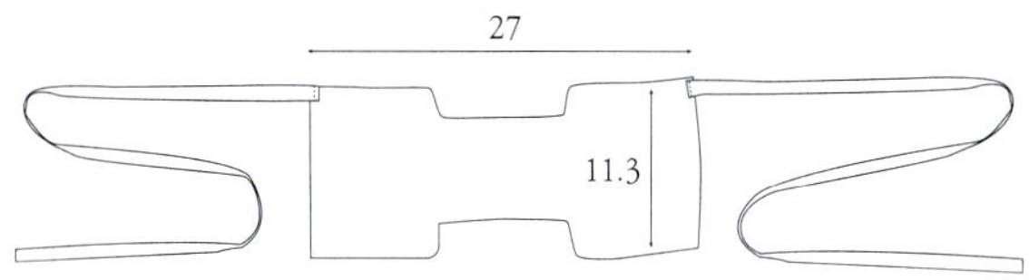

요대 | B004005

항목	내용
구성	겹
옷감 소재	명주
옷감 너비	
길이	144
너비	7.5
비고	-

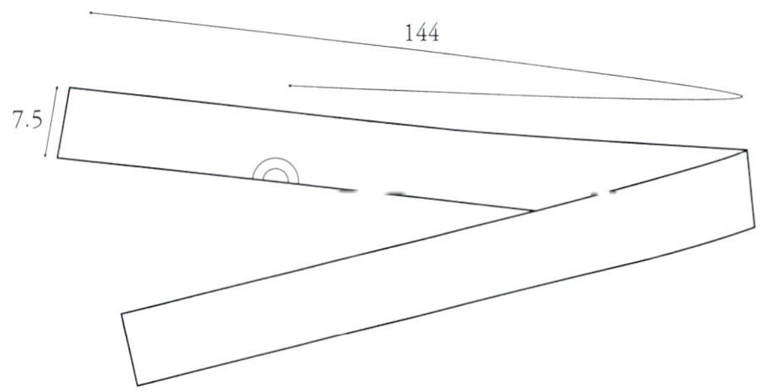

천금 | B004006

항목	내용
구성	겹
옷감 소재	주·운보문단·운보문단 / 주
옷감 너비	
길이	170(6.5+16+147.5)
너비	上 45 / 下 39
비고	운보문단 방향 다르게 부착됨

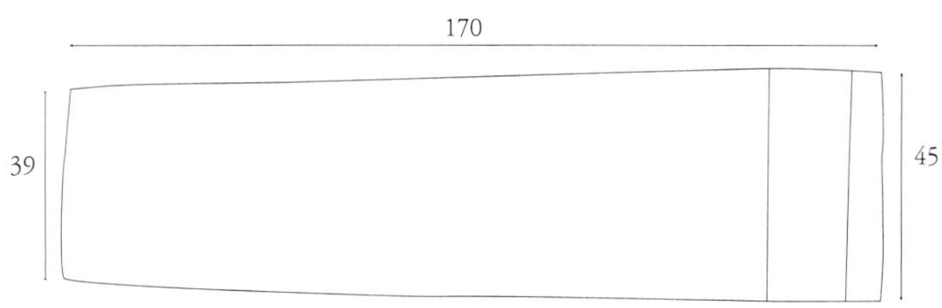

지요 | B004007

항목	내용
구성	겹
옷감 소재	보상화문단
옷감 너비	
길이	187
너비	上 42 / 下 38.5
비고	-

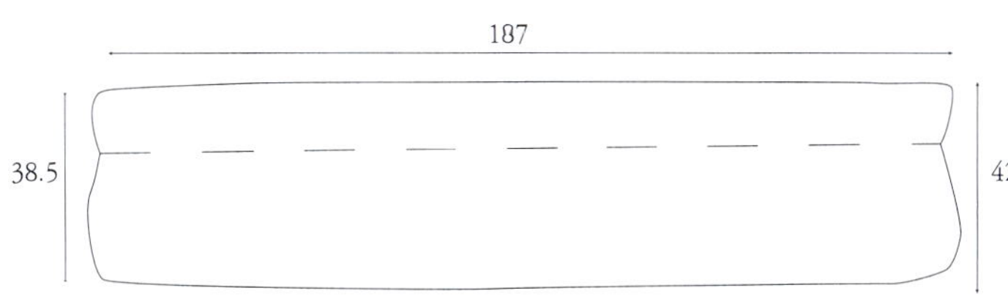

구의 | B004008

구성	홑
옷감 소재	연화문사
옷감 너비	-
길이	191
너비	上 60 / 下 52
높이	50
비고	-

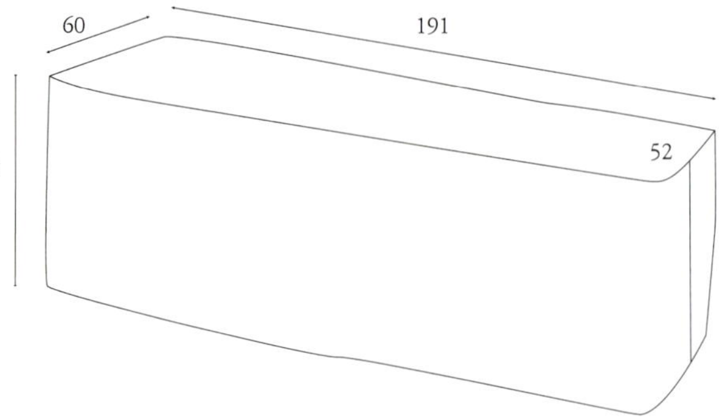

소렴금 | B004009

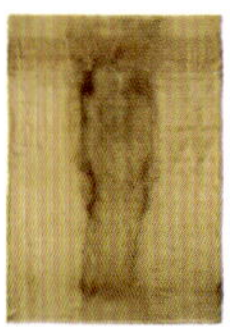

구성	겹
옷감 소재	문주 · 연화보문단 · 연화문단 / 명주
옷감 너비	3폭
가로	183
세로	268
동정	19
깃	29.5
비고	-

대렴금 | B004010

구성	겹
옷감 소재	문주 · 운문보단 · 연화문단 / 명주
옷감 너비	3폭
가로	188.5
세로	250.5
동정	20
깃	23
비고	-

훈 | B004018

	구성	홑
	옷감 소재	화문단
	옷감 너비	65.5
길이	180	
너비	65.5	
비고	모서리부분 잘림, 끝부분 도장 찍혀있음	

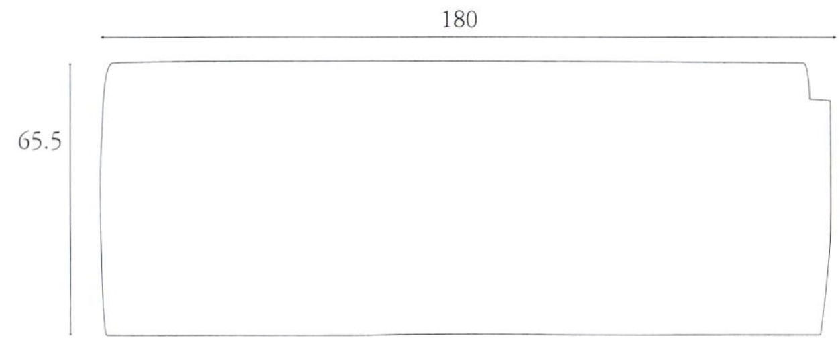

현 | B004019

	구성	홑
	옷감 소재	화문단
	옷감 너비	63.5
길이	173.5	
너비	63.5	
비고	끝부분 도장 찍혀 있음	

명정 | B004020

	구성	홑
	옷감 소재	공단
	옷감 너비	65.5
길이	290	
너비	65.5	
비고	위아래 2 접어 공그르기	

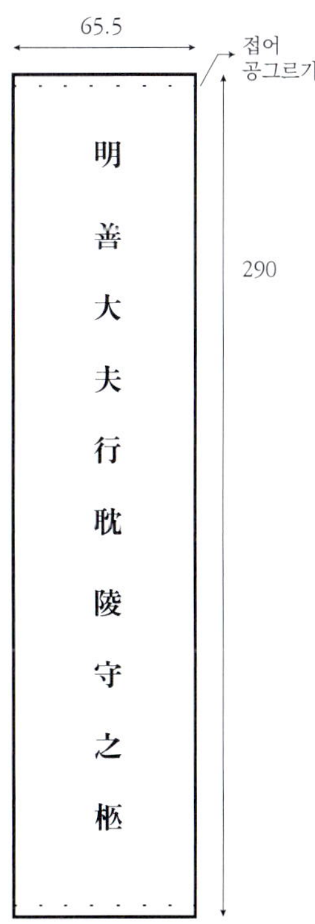

기획총괄 이종수
전시기획 황진영
행정지원 이지영
전시진행 황진영, 채정민, 오호석, 기수연, 한광순, 김지희
보조진행 박양희, 김이숙, 권은주, 최진경, 김나경, 염창석
글 황진영, 채정민, 오호석
영문번역 홍보경
일러스트 김윤미
전시협조 김해자, 유선희, 김영숙, 박영애, 박양희, 고명신
허길연, 김나윤, 김별비, 유숙경
전시디자인 시키나 수
디 자 인 디자인 예담
사 진 서헌강 사진연구소
펴 낸 이 김수복
기 획 남재걸
제 작 성두현
마 케 팅 이어진
엮 은 곳 단국대학교석주선기념박물관
전화 031-8005-2390 팩스 031-8021-7157
펴 낸 곳 단국대학교 출판부
등록 1968.2.27 : No. 제03-00095호
주소 경기도 용인시 수지구 죽전로 152
전화 031-8005-2404 팩스 031-8021-7154

2023년 5월 10일 인쇄
2023년 5월 15일 발행

값 35,000원

Published by Dankook University Press

Printed in Korea

ISBN 978-89-7092-819-7 94380
ISBN 978-89-7092-418-2(세트)